T0243675

EL
AUTISMO
SIN
MÁSCARA

La información contenida en este libro se basa en las investigaciones y experiencias personales y profesionales del autor y no debe utilizarse como sustituto de una consulta médica. Cualquier intento de diagnóstico o tratamiento deberá realizarse bajo la dirección de un profesional de la salud.

La editorial no aboga por el uso de ningún protocolo de salud en particular, pero cree que la información contenida en este libro debe estar a disposición del público. La editorial y el autor no se hacen responsables de cualquier reacción adversa o consecuencia producidas como resultado de la puesta en práctica de las sugerencias, fórmulas o procedimientos expuestos en este libro. En caso de que el lector tenga alguna pregunta relacionada con la idoneidad de alguno de los procedimientos o tratamientos mencionados, tanto el autor como la editorial recomiendan encarecidamente consultar con un profesional de la salud.

Título original: UNMASKING AUTISM: Discovering the New Faces of Neurodiversity
Traducido del inglés por Elsa Gómez Belastegui
Diseño de portada: Editorial Sirio, S.A.
Maquetación: Toñi F. Castellón

© de la edición original
   2022 de Devon Price

   Edición publicada mediante acuerdo con Harmony Books, un sello de Random House, una división de Penguin Random House LLC.

© de la fotografía del autor
   J. E. de la Cruz

© de la presente edición
   EDITORIAL SIRIO, S.A.
   C/ Rosa de los Vientos, 64
   Pol. Ind. El Viso
   29006-Málaga
   España

www.editorialsirio.com
sirio@editorialsirio.com

I.S.B.N.: 978-84-19685-87-2
Depósito Legal: MA-2122-2024

Impreso en Imagraf Impresores, S. A.
c/ Nabucco, 14 D - Pol. Alameda
29006 - Málaga

Impreso en España

Puedes seguirnos en Facebook, Twitter, YouTube e Instagram.

Cualquier forma de reproducción, distribución, comunicación pública o transformación de esta obra solo puede ser realizada con la autorización de sus titulares, salvo excepción prevista por la ley. Diríjase a CEDRO (Centro Español de Derechos Reprográficos, www.cedro.org) si necesita fotocopiar o escanear algún fragmento de esta obra.

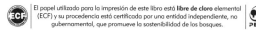

El papel utilizado para la impresión de este libro está **libre de cloro** elemental (ECF) y su procedencia está certificada por una entidad independiente, no gubernamental, que promueve la sostenibilidad de los bosques.

Dr. Devon Price

EL

SIN
MÁSCARA

Los Nuevos Rostros *de la*
Neurodiversidad

EDITORIAL
SIRIO

A todos los autistas que conocí en línea,
antes de yo mismo saber quién era.
Vuestra amistad me proporcionó un oasis
cuando estaba completamente a la deriva.

Índice

INTRODUCCIÓN

Alienación

Cuando me mudé de Cleveland a Chicago en el verano de 2009, ni siquiera se me había pasado por la cabeza que necesitara hacer amigos. Tenía veintiún años, era una persona seria, retraída, y creía de verdad que no necesitaba a nadie. Me había trasladado a la ciudad para hacer los estudios de posgrado, y pensé que podría volcar toda mi energía en las clases y la investigación y no pensar en nada más.

La soledad había sido una buena aliada hasta entonces. Además de tener un excelente expediente académico, ocuparme en todo momento con «cosas de la mente» me evitaba preocuparme demasiado por mis muchos problemas. Tenía un trastorno de la conducta alimentaria, que me había destrozado el sistema digestivo, y disforia de género,* que me creaba desconfianza y malestar por cómo me miraba todo el mundo, aunque todavía no entendía por qué. No sabía cómo establecer contacto o iniciar una conversación, ni me interesaba lo más mínimo aprender a hacerlo, dado que la mayoría de las interacciones me dejaban una sensación de enfado y de que nadie me

---

* N. de la T.: La disforia de género es la sensación de disconformidad o angustia que pueden sentir las personas cuya identidad de género difiere del sexo que se les asignó al nacer o de las características físicas relacionadas con ese sexo.

escuchaba. Las pocas amistades que había tenido habían sido siempre relaciones de enredo: me responsabilizaba de los problemas de los demás, intentaba resolver por ellos sus emociones y carecía por completo de la capacidad para decir «no» a ninguna petición, por abusiva que fuera. Sabía que quería dedicarme a la docencia pero, aparte de eso, no tenía ni idea de qué me importaba en la vida. No sentía el menor deseo por formar una familia, no tenía aficiones, y creía que tampoco cualidades para que nadie me quisiera realmente. Por otro lado, sacaba buenas notas y mi intelecto me valía muchos elogios, así que concentraba toda mi energía exclusivamente en esos aspectos. Hacía como que todo lo demás era una distracción sin sentido.

Cuando empezaron las clases en la escuela de posgrado, casi nunca salía con mis nuevos compañeros. Las pocas veces que lo hice, tuve que beber hasta emborracharme para poder superar las inhibiciones y dar una imagen alegre. Por lo demás, me pasaba los fines de semana enteros en mi apartamento sin ver a nadie, leyendo artículos de revistas y navegando sin fin por Internet, saltando de un tema a otro, a cuál más extraño. No me permitía tener aficiones. Apenas hacía ejercicio ni cocinaba. Ocasionalmente me juntaba con alguien si tenía ganas de sexo, o incluso de recibir un poco de atención, pero eran siempre interacciones rutinarias que me dejaban impasible. No sentía en absoluto que fuera un ser humano multifacético.

Para cuando llegó el invierno me había convertido en un individuo solitario, aislado, una ruina humana. Me sentaba en el suelo de la ducha y me quedaba allí, a veces durante una hora, con el agua caliente lloviéndome encima, sin voluntad para ponerme en pie. En la escuela me costaba muchísimo hablar con la gente. No se me ocurría ninguna idea que investigar y perdí por completo el interés en lo que estaba estudiando. Una de mis supervisoras me llamó la atención hecha una furia por poner cara de aburrimiento durante las tutorías. Por la noche, los sollozos de desesperación y ansiedad me sacudían hasta los huesos, y daba vueltas por la habitación gimiendo y golpeándome las sienes con la base de las muñecas. La soledad me había acabado aprisionando, pero tenía tal dificultad para relacionarme y tan poca conciencia de mis emociones que no veía la manera de salir.

No entendía cómo había llegado a aquella situación patética. ¿Cómo iba a imaginar yo que necesitaría amigos y una vida de verdad? Pero ¿qué posibilidades tenía de conectar con alguien, cuando era siempre tan frustrante cada intento? ¿Qué me gustaba realmente hacer, qué me importaba? Estando con la gente, me obligaba a censurar cada una de mis reacciones espontáneas y a fingir sentimientos e intereses normales. Además, la gente me resultaba insoportablemente abrumadora. Todo el mundo era estridente e impredecible, con aquellos ojos que se me clavaban como rayos láser y me hacían encogerme por dentro. Lo único que quería era sentarme a oscuras y que nadie me molestara ni me juzgara.

Tenía el convencimiento de que había en mí algo esencialmente malogrado, alguna clase de trastorno profundo que no habría sabido explicar, pero que a los demás les resultaba obvio a primera vista. Pasé varios años más languideciendo así, trabajando hasta el agotamiento, explotando en crisis emocionales, dependiendo de mis ocasionales parejas para tener cierto contacto social y sentir que valía algo, y tecleando en Google a mitad de la noche frases del tipo «cómo hacer amigos». Durante todo este tiempo, nunca me planteé buscar ayuda terapéutica ni confiarle a nadie lo que sentía. Me atenía a unas reglas de vida muy estrictas, y entre ellas destacaba la de ser por encima de todo independiente e invulnerable.

Las cosas finalmente empezaron a cambiar en 2014, mientras pasaba el día con mi familia en el parque de atracciones de Cedar Point en Sandusky, Ohio. Íbamos todos los años durante las vacaciones; éramos una familia amante de nuestras rutinas. Estando en un *jacuzzi* con mi primo, que se había ido a estudiar fuera hacía unos meses y estaba teniendo muchas dificultades para adaptarse, me confesó que hacía poco le habían diagnosticado Autismo. Yo acababa de doctorarme en Psicología Social, así que me preguntó si sabía algo sobre el trastorno del espectro Autista. «Lo siento, la verdad es que no sé nada sobre ese tema —le dije—. No estudio a personas que tengan enfermedades mentales; lo que investigo es el comportamiento social de personas "normales"».

Empezó a hablarme de las distintas cosas que le estaban haciendo la vida muy difícil, de cuánto le costaba relacionarse con sus compañeros de clase, de lo perdido y sobreestimulado que se sentía. Un terapeuta había sugerido que el Autismo podría ser la explicación. Después, mi primo me fue describiendo todos los rasgos Autistas que había observado en nuestra familia. No nos gustaban los cambios, ninguno éramos capaces de hablar de nuestras emociones y la mayoría nos relacionábamos ajustándonos a un guion superficial. Algunos teníamos manías con la textura de los alimentos y con los sabores fuertes. Hablábamos sin fin sobre los temas que a nosotros nos interesaban, y nos daba igual aburrir soberanamente a quien estuviera escuchando. Hasta el menor cambio nos desestabilizaba y rara vez salíamos al mundo para vivir nuevas experiencias o hacer amigos.

Oír a mi primo contar todo esto me dio pavor. No quería que nada de lo que decía fuera cierto, porque en mi mente el Autismo era una enfermedad vergonzosa que te arruinaba la vida. Me trajo el recuerdo de Chris, un compañero del colegio, un niño Autista descoordinado que provocaba una mezcla de lástima y repulsión, y al que nadie trataba bien. La palabra *Autismo* me hacía pensar en personajes de televisión retraídos, quisquillosos, esquivos, como el Sherlock que interpreta Benedict Cumberbatch o Sheldon, de *The Big Bang Theory*. Me traía a la mente la imagen de los niños Autistas que no hablan y entran en el supermercado con esos auriculares toscos enormes y la gente los mira como si fueran objetos más que personas. Pese a haber estudiado psicología, lo único que conocía sobre el Autismo era el más generalizado y deshumanizado de los estereotipos, según el cual ser Autista significaría tener que aceptar que era una persona defectuosa, una calamidad sin remedio.

Claro está que ya me sentía una calamidad desde hacía años.

En cuanto volví a casa de las vacaciones, solté la maleta, me senté en el suelo y con el portátil en las rodillas empecé a leer obsesivamente sobre el tema. Devoré artículos de revistas, entradas de blogs, vídeos de YouTube y cuestionarios de evaluación diagnóstica. Le oculté esta lectura obsesiva a la que entonces era mi pareja, lo mismo que les había ocultado mis obsesiones más profundas a todas las personas que había habido en mi vida. Pronto me enteré de que *este* era otro rasgo común entre los Autistas. Solemos engancharnos a temas que nos fascinan y nos sumergimos en ellos con un fervor que a los demás les resulta incomprensible; así que, cansados de que se burlen de nuestras pasiones, mantenemos esos *intereses especiales* en secreto. Había empezado a pensar ya en el Autismo desde la perspectiva del *nosotros*; veía en la comunidad Autista un claro reflejo de mí, lo cual me producía a la vez miedo y una singular excitación.

Cuanto más leía sobre el Autismo, más cosas empezaban a encajar. Siempre me habían alterado los sonidos estridentes y las luces intensas. Me enfadaba sin explicación aparente cuando estaba en medio de una multitud; las risas y la cháchara podían hacerme explotar de rabia. En situaciones de mucho estrés, o cuando me invadía la tristeza, me resultaba imposible hablar. Durante años, no había querido prestar atención a ninguna de estas cosas porque pensaba que admitirlas significaría aceptar que era una criatura triste, una pobre gilipollas que no merecía que nadie la quisiera. Ahora empezaba a preguntarme por qué pensaba de mí cosas tan espantosas.

El Autismo era mi nueva obsesión; no paraba de leer y de pensar sobre el tema. Pero en el pasado había tenido ya muchos otros intereses especiales. Recordaba que en el colegio me apasionaban los murciélagos y las novelas de terror; y todos, los niños y los adultos, se metían conmigo porque me interesaran con «locura» cosas tan «raras». Era «demasiado» en todos los sentidos. Mis lágrimas les parecían rabietas inmaduras y mis opiniones, diatribas condescendientes. Al ir haciéndome mayor, aprendí a demostrar menos intensidad, a ponerme menos en evidencia, a ser menos yo. Estudiaba los gestos que hacían los demás, cómo se comportaban. Dedicaba mucho tiempo a diseccionar en la cabeza las conversaciones y leía sobre psicología para entender mejor a la gente. Gracias a eso me doctoré en Psicología Social; llevaba toda la vida estudiando detenidamente las normas sociales y los patrones de pensamiento que, al parecer, eran naturales en todos los demás seres humanos.

Después de investigar sobre el Autismo en privado durante un año, descubrí la comunidad de autodefensa Autista. Había todo un movimiento liderado por personas Autistas que sostenían que debíamos considerar esta discapacidad como una forma de diferencia humana totalmente normal. Estos pensadores y activistas decían que nuestra manera de ser no es en sí misma un problema; que lo que nos hace sentirnos unos ineptos es que la sociedad no sea capaz de adaptarse a nuestras necesidades. Personas como la rabina Ruti Regan (autora del blog *Real Social Skills*) y Amythest Schaber (creadora de la serie de vídeos *Neurowonderful*) me enseñaron sobre la *neurodiversidad.** Acabé entendiendo que muchas discapacidades se agravan, o incluso están provocadas, por la exclusión social. Así que, con estos conocimientos como arma, y una nueva confianza en mí, empecé a conocer a personas Autistas en la vida real, a publicar información sobre el Autismo en Internet y a asistir a reuniones de personas neurodiversas.

Descubrí que había miles de Autistas como yo, que habían tomado conciencia de su discapacidad en la edad adulta tras años de confusión y autodesprecio. En su infancia, era visible que había en estos individuos una particular torpeza, pero la gente se burlaba de ellos en lugar de ayudarlos. Al igual que yo, habían ideado estrategias para no llamar la atención; cosas como mirar fijamente a la frente de una persona para simular contacto visual o memorizar guiones de conversación basados en diálogos que veían en la televisión.

---

* N. de la T.: El concepto de neurodiversidad permite considerar las diversas características neurológicas, sensoriales, comunicativas y sociales de los individuos como diferencias naturales en el desarrollo humano.

Muchos de estos Autistas furtivos se habían valido de su intelecto u otros talentos para ganarse la aceptación general. Otros muchos se volvieron extremadamente pasivos, porque atenuando su personalidad tenían menos riesgo de que se los considerara demasiado «intensos». Pero debajo de esa apariencia inofensiva o profesional que se habían creado, su vida era una ruina. Muchos sufrían trastornos de la conducta alimentaria o habían desarrollado tendencias autodestructivas, acompañadas a menudo de alcoholismo. Estaban atrapados en relaciones abusivas o insatisfactorias y no tenían la menor noción de qué hacer para que se los comprendiera y valorara. Casi todos estaban deprimidos, atormentados por un profundo sentimiento de vacío. Su vida entera había estado marcada por la desconfianza en sí mismos, el odio hacia sus cuerpos y el miedo a sus deseos.

Me di cuenta de que había patrones claros del tipo de Autistas que sucumbían a este destino. Con frecuencia, las mujeres y las personas transgénero y de color habían tenido que soportar desde la infancia que se ignoraran sus particularidades o que sus síntomas de profundo malestar se interpretaran como actos «manipuladores» o «agresivos». Otro tanto ocurría en el caso de los Autistas que habían nacido y vivido en la pobreza, sin acceso a recursos de salud mental. Los hombres homosexuales o con disforia de género no se ajustaban lo suficiente a la imagen masculina del Autismo como para que pudiera hacérseles un diagnóstico acertado. Y los Autistas de edad avanzada ni siquiera habían tenido la oportunidad de que se los evaluara, ya que cuando eran niños se tenía un conocimiento muy limitado de esta discapacidad. Estas exclusiones sistemáticas obligaron a una numerosa población diversa de personas discapacitadas a vivir en las sombras. Esto dio lugar a lo que aquí llamo *Autismo enmascarado*, una versión camuflada de la discapacidad que, todavía hoy, es como si no existiera para la mayoría de los investigadores, profesionales de la salud mental y organizaciones de defensa del Autismo que no estén dirigidas por personas Autistas, como la muy denostada Autism Speaks.

Cuando utilizo la expresión *Autismo enmascarado*, me refiero a cualquier presentación de la discapacidad que se desvíe de la imagen típica en que se basan la mayoría de las herramientas de diagnóstico y que nos muestran casi todos los medios de comunicación. Dado que el Autismo es una condición bastante compleja y multifacética, esa expresión abarca multitud de rasgos distintos, que pueden manifestarse de muchas maneras diferentes. Con ella me refiero también a la situación de cualquier persona Autista cuyo sufrimiento no se tomara en serio por motivos de clase, raza, género, edad, imposibilidad de recibir atención sanitaria o la presencia de otras afecciones.

Por lo general, es a los chicos blancos con intereses y aficiones convencionalmente «masculinos» a los que se señala de pequeños como potencialmente Autistas. Incluso dentro de esta categoría relativamente privilegiada, se identifica casi exclusivamente a los niños Autistas pudientes, de clase media alta.[1] Este ha sido siempre el prototipo del Autismo que describen los médicos o muestran los medios de comunicación; todos los criterios para diagnosticar la discapacidad están basados en cómo se manifiesta en este grupo. Lo cierto es que toda persona Autista sufre a causa de esa concepción tan restringida del Autismo, incluidos los varones blancos, ricos y cisgénero, que tienen más probabilidades de verse reflejados en ella. Hace ya demasiado tiempo que se nos define tomando únicamente como base las «molestias» que los chicos Autistas blancos les causaban a sus padres acomodados. La complejidad de nuestra vida interior, nuestras necesidades especiales, el sentimiento de alienación y las mil maneras en que las personas neurotípicas (neurológicamente típicas) nos confundían, nos desconcertaban e incluso nos maltrataban se han ignorado durante décadas debido a esta lente. Se nos definía solo por aquello de lo que parecíamos carecer y solo por las dificultades que nuestra discapacidad les creaba a nuestros cuidadores, profesores, médicos y demás personas que tuvieran poder sobre nuestra vida.

Por otra parte, desde hace unos años los psicólogos y psiquiatras hablan de la existencia del «Autismo femenino», un supuesto subtipo que se manifiesta con mucha más levedad y resulta menos chocante socialmente que el Autismo «masculino».[2] Es probable que quienes sufren el llamado «Autismo femenino» sean capaces de establecer contacto visual, mantener una conversación u ocultar sus tics y su hipersensibilidad sensorial. Puede que pasen las primeras décadas de su vida sin tener la menor idea de que son Autistas y achaquen sus dificultades a la timidez o a su sensibilidad extrema. En los últimos años, el público ha ido asimilando poco a poco la idea de que existen mujeres con Autismo, y varios libros excelentes, como *Divergent Mind* [Mente divergente], de Jenara Nerenberg, y *Aspergirls* [Chicas Asperger], de Rudy Simone, han contribuido a concienciar al público sobre la existencia de esta población. También ha ayudado el hecho de que mujeres muy conocidas, como la humorista Hannah Gadsby y la escritora Nicole Cliffe, hayan declarado públicamente que son Autistas.

Sin embargo, el concepto de «Autismo femenino» no resuelve varios problemas importantes. Es una calificación que no explica satisfactoriamente por qué hay Autistas que enmascaran sus cualidades Autistas o por qué se ignoran sus necesidades durante años. De entrada, no todas las mujeres que tienen Autismo presentan el subtipo de «Autismo femenino». Es bien visible que cantidad de mujeres Autistas se autoestimulan (hablaremos más de esto en el siguiente capítulo), tienen mucha dificultad para relacionarse y experimentan bloqueos y crisis. La científica y activista Autista Temple Grandin es un buen ejemplo de ello. Habla en tono monótono, evita el contacto visual, e incluso de niña sentía un deseo imperioso de estimulación sensorial y presión física. Aunque a nosotros hoy nos resulte visible y típicamente Autista, a Grandin no le diagnosticaron Autismo hasta la edad adulta.[3]

La razón de que el Autismo se pase por alto en las mujeres no es la levedad de sus «síntomas». Incluso aquellas que tienen comportamientos Autistas clásicos pueden no recibir un diagnóstico hasta la edad adulta, sencillamente porque son mujeres y los profesionales se toman menos en serio sus experiencias que si fueran las de un hombre.[4] Y las mujeres no son las únicas cuyos rasgos Autistas tienden a ignorarse o subestimarse: a muchos hombres y personas de género no binario también se nos «niega» el Autismo.* Considerar que la forma de Autismo más sigilosa y camuflada socialmente es una versión «femenina» de esta discapacidad viene a decir que el enmascaramiento es un fenómeno que depende del género, o incluso del sexo asignado al nacer, en lugar de un fenómeno de exclusión social de mucho mayor alcance. No es que las mujeres tengan un Autismo «más leve» debido a su biología, sino que las personas marginadas tienen un Autismo al que no se presta atención debido a su estatus periférico en la sociedad.

Cuando a una persona Autista no se le facilitan los recursos que necesitaría para conocerse a sí misma, y cuando en la infancia se le dice que sus rasgos estigmatizados no son más que señales de lo molesta, hipersensible o insoportable que es, no tiene otro remedio que crearse una máscara neurotípica. Y mantener esa fachada no solo provoca una profunda sensación de inautenticidad, además es agotador.[5] En realidad, no es que sea una elección consciente; el enmascaramiento es un estado de exclusión que se nos impone desde fuera. No es que una persona gay que oculte su orientación sexual decidiera un día encerrarse en el armario; esencialmente, nació en el armario, porque la heterosexualidad era la norma y ser gay se consideraba una ocurrencia caprichosa e incomprensible o una aberración. Del mismo modo, los Autistas nacemos con la máscara de la neurotipicidad pegada a la cara. Se da por hecho que todos los individuos piensan, se relacionan, sienten, expresan sus emociones, procesan la información sensorial y se comunican más o menos de la misma manera. Se espera que todos cumplamos las reglas de nuestra cultura y nos integremos en ella con la mayor facilidad. A quienes necesitamos vías distintas para expresarnos y comprendernos, se nos niegan; por lo

---

* N. de la T.: A lo largo del libro, «género no binario», *queer* y «género no conforme» son tres de los distintos nombres con que se definen a sí mismas las personas que no se identifican con el binarismo de género. Otros son «tercer género», «género fluido», «pangénero» y «agénero», cada uno con sus propias inflexiones de significado.

tanto, nuestra primera experiencia en el mundo como personas es la de sentirnos marginados y confundidos. No tenemos posibilidad de quitarnos la máscara hasta que nos damos cuenta de que existen otras formas de ser.

Yo he descubierto que mi vida entera, y prácticamente cada problema grave que ha ido apareciendo en el camino, respondían a la perspectiva de una lente Autista enmascarada. El trastorno de la conducta alimentaria era una forma de castigar a mi cuerpo por sus extravagancias Autistas, además de una vía para obligarlo a ajustarse a los cánones de belleza convencionales y protegerme así de las miradas de menosprecio. El aislamiento social era una forma de rechazar a la gente antes de que la gente me rechazara a mí. La adicción al trabajo era un signo de hiperfijación Autista, a la vez que una excusa aceptable para mantenerme a distancia de los sitios públicos que me provocaban un desbordamiento sensorial. Me enredaba en estériles relaciones de codependencia porque necesitaba aprobación y no sabía cómo conseguirla, así que me convertía en lo que mi pareja de ese momento estuviera buscando.

Tras varios años de investigar el Autismo, y de ir viendo hasta qué punto era el enmascaramiento un fenómeno social, empecé a escribir sobre el tema en Internet. Resultó que miles de personas se sentían identificadas con lo que contaba, así que ser Autista no era tan raro después de todo (hoy en día se diagnostica a aproximadamente el dos por ciento de la población, y hay cantidad de personas más que presentan rasgos subclínicos o que no tienen posibilidad de acceder a un diagnóstico).[6] Muchos individuos de mis círculos profesionales y sociales me declararon en privado que eran neurodiversos. Conocí a personas Autistas que trabajaban desde hacía años en el campo del diseño visual, la interpretación, los musicales o la educación sexual, que no son campos que la gente suela asociar con nuestra mente lógica y supuestamente «robótica». Conocí además a Autistas negros, mestizos e indígenas que durante mucho tiempo habían tenido que soportar un trato deshumanizador por parte de la comunidad psiquiátrica. Conocí a Autistas a los que en un principio se les habían diagnosticado otras afecciones, como trastorno límite de la personalidad (*Borderline Personality Disorder*), trastorno negativista desafiante o trastorno narcisista de la personalidad. Y encontré también a decenas de Autistas transgénero y de género no conforme, como yo, que siempre se habían sentido «diferentes», tanto por su género como por su neurotipo.[*]

En la vida de cada una de estas personas, ser Autista era una fuente de singularidad y belleza. Sin embargo, el capacitismo circundante les había causado un sentimiento de alienación y un dolor indescriptibles.[**] La mayoría habían ido dando tumbos durante décadas antes de descubrir quiénes eran realmente; y después de tanto tiempo, a casi todas les resultaba muy difícil quitarse la máscara. A mí, incluso un hecho tan triste como este me hacía sentirme más a gusto dentro de mi piel, menos roto y menos solo. Éramos muchos los que habíamos aprendido que teníamos que escondernos; sin embargo, cuanto más nos uníamos en comunidad, menos presionados nos sentíamos a enmascararnos.

Pasar tiempo con otras personas Autistas me hizo ver que la vida no tenía por qué ser una angustia constante soportada en secreto. Cuando estaba con gente Autista, me costaba menos hablar claro y expresar con firmeza lo que necesitaba. Era capaz de pedir que atenuaran las luces de la sala o que abrieran una ventana para que se diluyera el hedor del perfume de alguien. Cuanto más veía a la gente

---

[*] N. de la T.: Se consideran de género no conforme todas las personas cuya presentación de género no coincide con el que se les asignó al nacer o con los rasgos típicos de su género identitario. Es decir, todas aquellas que expresan su identidad de género de manera no convencional. Esto significa que incluso una persona cisgénero y heterosexual puede considerarse de género no conforme; por ejemplo, si siendo hombre viste de manera femenina o siendo mujer viste o se expresa de manera masculina. Entrarían también en esta categoría las personas de género no binario que eligen no vestirse de manera andrógina.

[**] N. de la T.: Se entiende por capacitismo la discriminación y el prejuicio social contra las personas con discapacidad. Incluye estereotipos dañinos, conceptos erróneos, barreras físicas y opresión en mayor escala.

relajarse, y hablar apasionadamente de las cosas que les interesaban mientras se mecían adelante y atrás con entusiasmo, menos vergüenza sentía de ser quien era y de cómo funcionaban mi cerebro y el resto de mi cuerpo.

Llevo años utilizando todo lo que sé sobre psicología social para profundizar en la literatura científica sobre el Autismo y comunicándome luego con activistas, investigadores, asesores y terapeutas Autistas para que me confirmaran lo que he entendido acerca de nuestro neurotipo común. También me he dedicado con energía a desenmascararme, a entrar en contacto con la versión vulnerable, errática y extravagante de mí que, condicionado por las expectativas sociales, me había obligado a ocultar. He tenido ocasión de conocer a muchas de las figuras más destacadas de la comunidad de autodefensa Autista y de familiarizarme con los numerosos recursos que han desarrollado activistas, terapeutas y asesores Autistas para ayudarse a sí mismos y ayudar a otros a reducir sus inhibiciones y dejar caer la máscara.

Hoy no oculto que me molestan los ruidos fuertes y las luces brillantes. Pido directamente a quien sea una explicación cuando no encuentro lógica a sus palabras o a su lenguaje corporal. Los puntos de referencia tradicionales de la «edad adulta», como tener coche o hijos, no me atraen, y he comprendido que es perfectamente aceptable. Duermo todas las noches con un animal de peluche y el ventilador funcionando a plena potencia, para amortiguar el ruido ambiental de la vecindad. Cuando algo me parece emocionante, agito las manos y me retuerzo allí donde esté. En los días buenos, descarto con facilidad la idea de que cualquiera de estas cosas signifique que soy infantil, o lastimoso, o malo. Me quiero tal como soy, y todo el mundo tiene la oportunidad de ver y querer a mi verdadero yo. Ser más auténtico sobre quién soy me ha permitido llegar de verdad a la gente como profesor y como escritor. Cuando mis alumnos tienen algún problema, puedo conectar con ellos y decirles que sé lo difícil que es llevar una vida normal. Cuando escribo con mi propia voz y desde mi propia perspectiva, conecto con el público a un nivel mucho más profundo que cuando intentaba parecer un respetable profesional genérico. Antes de empezar a desenmascararme, sentía que estaba maldito y casi muerto por dentro. La existencia me parecía un interminable esfuerzo por aparentar un entusiasmo que estaba lejos de sentir. Ahora, aunque la vida siga siendo difícil en muchos momentos, me siento intensamente vivo.

Quiero que todas las personas Autistas sientan el enorme alivio y la sensación de comunidad que yo encontré cuando me reconocí por lo que soy y empecé a desenmascararme. También creo que es fundamental para el futuro de la comunidad de autodefensa Autista que cada uno de nosotros empecemos a vivir siendo más auténticamente quienes en verdad somos y a pedir las adaptaciones que necesitemos. Con este libro, espero ayudar a otras personas Autistas a comprenderse a sí mismas, a unir fuerzas con gente neurodiversa como ellas y a encontrar poco a poco la confianza suficiente para quitarse la máscara.

Desenmascararse tiene el potencial de mejorar radicalmente la calidad de vida de una persona Autista. Los estudios han demostrado repetidamente que mantener encerrado nuestro verdadero yo es devastador, a nivel emocional y físico.[7] Amoldándonos a los estándares neurotípicos podemos conseguir cierta aceptación provisional, pero el coste que tiene para nuestra existencia es muy alto. El enmascaramiento es una simulación agotadora, que provoca extenuación física, fatiga mental, depresión, ansiedad[8] e incluso pensamientos suicidas.[9] Si nos enmascaramos, encubrimos además el hecho de que el mundo es inaccesible para nosotros en infinidad de sentidos. Si la gente alística (no Autista) nunca nos oye expresar lo que necesitamos y no ve lo difícil que nos resulta vivir en un mundo hecho a su medida, no hay razón para que nadie se adapte a nosotros o se plantee la importancia de incluirnos. Debemos exigir el trato que merecemos y dejar de tener como principal objetivo en la vida aplacar a quienes siempre nos han ignorado.

Negarse a representar el papel de la neurotipicidad es un revolucionario acto de justicia para las personas con discapacidad. También es un acto radical de amor propio. Pero para que los Autistas nos quitemos la máscara y mostremos al mundo nuestro yo auténticamente discapacitado, que es nuestro yo real, antes tenemos que sentirnos lo bastante seguros como para poder reencontrarnos con quienes realmente somos. Desarrollar autoconfianza y compasión hacia nosotros mismos es en sí todo un viaje.

Este libro va dirigido a cualquier persona que sea neurodiversa (o sospeche que lo es) y quiera alcanzar un nuevo nivel de autoaceptación. La neurodiversidad es un marco que incluye a individuos muy variados, desde Autistas hasta personas con TDAH (trastorno por déficit de atención con hiperactividad), esquizofrenia, lesiones cerebrales o trastorno narcisista de la personalidad. Aunque el libro se centra en los Autistas enmascarados, he descubierto que existe un considerable solapamiento entre los Autistas y otros grupos neurodiversos. Muchos tenemos en común síntomas psicológicos y desajustes de la salud mental, y nuestros diagnósticos se solapan o existe en nosotros comorbilidad (coexistencia de dos o más trastornos generalmente relacionados). Todos hemos interiorizado el estigma de la enfermedad mental y hemos sentido la vergüenza de desviarnos de lo que se considera «normal». Prácticamente todas las personas que tienen una enfermedad o discapacidad mental se han sentido aplastadas bajo el peso de las expectativas neurotípicas y han insistido y fracasado repetidamente en su intento de ganarse la aceptación siguiendo las reglas de un juego cuya intención de base era perjudicarnos. Por eso, para casi todos los neurodiversos, el camino hacia la autoaceptación implica aprender a desenmascararse.

En los siguientes capítulos, te presentaré a una serie de personas Autistas que se salen de los estereotipos populares. Te explicaré también cómo se ha definido el Autismo a lo largo de la historia y el lugar marginal y oscuro al que eso nos ha llevado, en el que nos encontramos aún. Utilizaré casos reales de personas Autistas, así como un montón de estudios psicológicos, para ilustrar las numerosas formas en que puede presentarse el Autismo enmascarado y para explicar por qué somos tantos los que no nos damos cuenta de que tenemos una discapacidad dominante hasta una etapa relativamente tardía de nuestra vida. Hablaré de lo dolorosa que puede llegar a ser una vida de enmascaramiento e incluiré datos que reflejan el coste real que tiene la máscara para nuestra salud mental y física y nuestra capacidad de relación social.

Pero lo más importante es que este libro propone estrategias que puede adoptar una persona Autista enmascarada para dejar de ocultar sus rasgos neurodiversos y describe cómo sería un mundo que aceptara mejor la neurodiversidad. Mi esperanza es que, algún día, cada uno de nosotros pueda aceptarse a sí mismo como el individuo maravillosamente peculiar y rompedor de moldes que realmente es y vivir siendo quien es, sin miedo al ostracismo o la violencia. He hablado con distintos educadores, terapeutas, asesores y escritores Autistas para desarrollar estos recursos, los he puesto a prueba en mi vida y he entrevistado a personas Autistas que los han utilizado para mejorar las suyas. Estas experiencias ofrecen ejemplos concretos de cómo es en la realidad una existencia sin máscara (o menos enmascarada). Cuando dejas de juzgarte aplicando la mirada neurotípica, todo, desde tus normas de relación y hábitos cotidianos hasta la forma de vestirte y diseñar tu casa, tiene libertad para cambiar.

Cada uno de nosotros tenemos la posibilidad real de llevar una vida menos atrapada bajo la máscara. Pero construirnos una vida así puede ser en muchos momentos extremadamente desalentador. Pensar en las razones por las que empezamos a enmascararnos despierta en nuestro interior todo el dolor del pasado. Heather R. Morgan, una de las asesoras y defensoras de personas con discapacidad cuyo trabajo ha contribuido a la elaboración de este libro, insistió en que, antes de examinar nuestras respectivas máscaras y aprender a quitárnoslas, debemos reconocer que la versión de nosotros mismos que hemos estado ocultando al mundo es alguien en quien podemos confiar.

«Creo que es arriesgado que una persona trate de averiguar de dónde viene su máscara y piense en quitársela sin saber antes que, debajo de ella, hay un ser humano que merece su confianza —me dijo—. Sin tener un lugar seguro donde aterrizar, el solo hecho de hablar de desenmascararse puede ser aterrador».

Lo que he visto en mi propia vida, y en la de las personas Autistas a las que entrevisté para este libro, confirma que indudablemente el proceso de desenmascararse vale la pena. Pero si acabas de iniciar este viaje, y te sientes a la deriva y confuso sobre quién eres realmente, puede que todavía no te creas del todo que, esperándote al otro lado, hay una versión de ti que de verdad merece la pena conocer. Puede que aún te persigan las imágenes negativas del Autismo que aparecen en los medios de comunicación, o te preocupe que quitarte la máscara te complique la vida a nivel práctico, o te haga parecer demasiado raro o, en definitiva, alguien a quien es imposible amar. Probablemente seas consciente también de que permitir que tu discapacidad sea visible entraña riesgos reales y materiales, sobre todo si ocupas una posición marginada en la sociedad. Es posible que tengas razones fundadas para asociar la autenticidad con la ausencia de seguridad material y que no veas nada claro cómo y cuándo podría en tu caso merecer la pena desenmascararte. Así que lo primero que vamos a hacer es dedicar un momento a considerar los aspectos positivos de desenmascararse y lo que podría significar en la práctica una vida menos inhibida.

A continuación, te propongo un ejercicio que desarrolló Heather R. Morgan y que suele utilizar en el primer encuentro con sus clientes. Está ideado para ayudar a las personas enmascaradas a aprender a confiar más en sí mismas y a considerar en serio que existe algo hermoso al otro lado de la máscara.

INTEGRACIÓN BASADA EN VALORES
Paso 1: Descubre tu porqué

Instrucciones: Piensa en cinco momentos de tu vida en los que te sintieras PLENAMENTE VIVO(A).

Trata de encontrar momentos en distintas épocas (la infancia, la adolescencia, la edad adulta; en el colegio, el trabajo, durante las vacaciones, relacionados con alguna afición).

Tal vez algunos de esos momentos te causen una sensación de asombro y te quedes maravillado: «Guau, si fuera siempre así, ¡la vida sería fantástica!».

Quizá al recordar algunos de ellos notes una revitalización profunda y te sientas listo para afrontar el siguiente reto o te llene una sensación de satisfacción y plenitud.

Escribe cada uno de esos momentos. Cuenta la historia de cada uno con el mayor detalle posible. Trata de pensar exactamente por qué te impactó tanto como para quedársete grabado.

Momento n.º 1:	
Momento n.º 2:	
Momento n.º 3:	
Momento n.º 4:	
Momento n.º 5:	

Quizá te lleve algún tiempo completar este ejercicio. Puedes pasarte días o incluso semanas reflexionando sobre él, asegurándote de que recuerdas momentos de distintos entornos y épocas. Volveremos a hablar de esos momentos en capítulos posteriores, pero por ahora puedes simplemente saborear lo bien que te sientes recordando los ejemplos que te vengan a la memoria.

Mientras lees sobre las fuerzas sistémicas que a muchos de nosotros nos llevaron a enmascararnos y sobre los daños que causa el enmascaramiento en la vida de las personas Autistas, tal vez te ayude volver a estos recuerdos de vez en cuando y sacar fuerzas de ellos. Deja que sean un recordatorio de que no eres un ser defectuoso y de que el proyecto para crearte una vida auténtica y gratificante está ya en ti.

CAPÍTULO 1

¿Qué es el Autismo, realmente?

Cuando Crystal era pequeña, mostraba muchos comportamientos que los psicólogos de hoy reconocerían como típicamente Autistas: alineaba los muñecos en filas, en lugar de jugar con ellos; mordía una pequeña manta mientras miraba fijamente la pared y tenía dificultad para entender los chistes y las bromas. Pero no «parecía suficientemente Autista» como para que, en los años noventa del pasado siglo, fuera fácil emitir un diagnóstico durante su infancia.

«La verdad es que mi madre pensaba que convenía que me hicieran una evaluación –dice–, pero mi abuelo le quitó la idea de la cabeza. Repetía: "No, no, de ninguna manera, ¡Crystal es una niña tan buena! No le pasa nada. Ni se te ocurra pensar en esas cosas"».

El abuelo de Crystal probablemente pensaba que la estaba protegiendo de quedarse para siempre con esa calificación que la obligaría a tener que soportar abusos toda su vida. No es el único, desde luego, que lo entiende así. Evitar que se nos ponga una etiqueta (es decir, hacer lo posible por eludir el diagnóstico) es una consecuencia muy común del estigma que llevan impreso la discapacidad y los problemas de salud mental.[1] Identificarnos públicamente como discapacitados significa exponernos a que mucha gente nos considere menos competentes e incluso menos humanos. Por muy perjudicial y contraproducente que sea camuflar nuestra discapacidad, no es en absoluto un acto paranoico: es una reacción racional a los prejuicios a que se enfrentan a diario todas las personas discapacitadas. Porque tampoco es algo exclusivo del Autismo; en muchos casos, aquellos que tienen trastornos mentales o discapacidades físicas no patentes optan por evitarse la vergüenza que podría suponer un diagnóstico.[2, 3]

Mi padre ocultó durante toda su vida que tenía parálisis cerebral y trastorno convulsivo. Nadie sabía nada aparte de mi abuela, mi madre y, con el tiempo, yo. No fue a la universidad porque habría tenido que revelar su necesidad de utilizar los recursos del campus para discapacitados. Solo solicitaba trabajos que no requirieran escribir o mecanografiar, para no revelar su escaso control de la motricidad fina.* Era yo quien le mecanografiaba los folletos para su pequeña empresa de cortacéspedes porque él no era capaz de desenvolverse con el ordenador. Sin embargo, no me enteré de su enfermedad hasta entrar en la adolescencia; me lo confesó entre sollozos, como si fuera un secreto terrible, después de que su matrimonio con mi madre se hubiera desmoronado. Me contó que su madre lo había obligado a ocultar su discapacidad porque habría sido inadmisible que la revelara abiertamente en el pequeño pueblo de los Apalaches donde vivían. La vergüenza y el desprecio hacia sí mismo lo persiguieron hasta el día que murió a causa de la diabetes, que había desarrollado de adulto y que también se negó a tratar.

Yo no descubrí que era Autista hasta muchos años después de su muerte, pero él fue la primera persona que me mostró lo doloroso y autodestructivo que puede ser ocultar una discapacidad. Él había

---

* N. de la T.: El control de la motricidad fina es la capacidad de coordinar músculos, huesos y nervios para producir movimientos pequeños y precisos de las manos, muñecas, dedos, pies, boca y lengua, en muchos casos en combinación con los ojos.

erigido toda una vida en torno a ocultar quién era, y sus mecanismos de defensa lo habían matado lentamente.

En los años noventa del siglo XX, los padres de niños potencialmente Autistas solían evitar que a sus hijos les colgaran la etiqueta, porque era una afección incomprendida y demonizada.[4] Se daba por hecho que los Autistas eran discapacitados intelectuales, y a los discapacitados intelectuales no se los valoraba ni respetaba, así que muchas familias hacían todo lo posible por que sus hijos no tuvieran que cargar con la etiqueta de Autistas. Aunque el abuelo de Crystal pretendía protegerla de la intolerancia y la infantilización, le negó por otro lado la posibilidad de conocerse realmente y de beneficiarse de importantes recursos educativos y un lugar en la comunidad Autista. Sin consultarla a ella, su familia decidió que le convenía más sufrir y ocultar su neurodiversidad que poder poner nombre a su posición marginada en el mundo. Las consecuencias de aquella decisión son una dificultad más con la que Crystal sigue teniendo que batallar como mujer adulta que recibió un diagnóstico cuando tenía casi treinta años.

«Ahora sé que soy Autista, pero es como si me hubiera enterado demasiado tarde –dice–. Si se lo cuento a la gente, no se lo pueden creer. Tengo una vida demasiado organizada como para que comprendan lo difícil que me resulta todo. Nadie quiere oírme hablar ahora de lo duro que ha sido siempre..., de lo duro que sigue siendo, esa es la verdad».

A estas alturas, he oído a cientos de Autistas contar distintas versiones de la historia de Crystal. Cambian algunos detalles, pero el arco narrativo es siempre el mismo: un niño muestra señales de dificultad a edad temprana, pero sus familias y profesores no quieren saber nada cuando se les habla de una posible discapacidad. Los padres o los abuelos que tienen rasgos del espectro Autista quitan importancia a las quejas del niño y las justifican diciendo que todo el mundo se agobia en lugares públicos, siente ansiedad en las interacciones sociales y tiene hipersensibilidad sensorial, problemas de estómago o confusión cognitiva, que es lo que ellos llevan experimentando desde siempre. En la vida del niño, todos los que hay a su alrededor ven la discapacidad no como una explicación de cómo funciona una persona (y de qué ayuda necesita para funcionar), sino como una señal de desperfecto irreversible. Así que apartan de su vista la palabra *Autismo* y le dicen a su hijo que deje de armar tanto jaleo. Creen que así lo están ayudando a «superar» una limitación y a hacerse fuerte, cuando en realidad le están enseñando a no mostrar abiertamente su rareza o a no pedir nunca ayuda.

Aunque un niño Autista enmascarado no tiene forma de explicarse por qué la vida le resulta tan difícil, sufre igualmente. Sus compañeros detectan en él algo «raro» a lo que no saben poner nombre y lo excluyen, aunque hagan un esfuerzo por ser amables con él. Cuando el niño se inhibe y no molesta ni se queja, se le concede un poco del afecto que ansía, y necesita, con desesperación. Así que aprende a inhibirse cada vez más, a no escuchar la voz interior que le dice que el trato que recibe no es justo. Trabaja con tenacidad, apenas pide nada y observa las reglas de la sociedad lo mejor que puede. Se convierte en un adulto aún más discreto y menos capaz de expresar lo que siente. Y luego, al cabo de décadas de forzarse a encajar en el restrictivo molde neurotípico, sufre algún tipo de derrumbe que finalmente hace que toda la agitación que bulle bajo la superficie sea imposible de ignorar. Es entonces cuando descubre que es Autista.

En el caso de Crystal, el punto de ruptura tomó la forma de una extenuación que le duró meses. El *burnout* Autista es un estado de profundo agotamiento crónico en el que las habilidades de la persona empiezan a degradarse y se reduce enormemente su tolerancia al estrés.[5] A Crystal se le vino encima como un camión, en cuanto acabó el trabajo principal de final de carrera. Había tardado unos años más que sus amigos en terminar la universidad, aunque no comprendía exactamente por qué. Lo cierto es que con frecuencia tenía que faltar a clase para poder ocuparse de su vida y que las cosas funcionaran. Llevar al día todas las asignaturas le resultaba sencillamente imposible. Cuando le preguntaban, mentía y decía que, además de estudiar, trabajaba a jornada completa.

En su último año de universidad, Crystal tuvo que supervisar la escenografía del mayor espectáculo que el departamento de teatro había organizado ese año. Diseñar docenas de elementos de atrezo, conseguir los materiales para construirlos, dirigir la construcción y hacer un seguimiento de cada detalle en una gran hoja de cálculo de Google le causó un estrés que no era capaz de tolerar, teniendo en cuenta que además de esto tenía exámenes de las demás asignaturas. Perdió peso y se le empezó a caer el pelo. Se esforzó hasta el límite, pero en cuanto el proyecto estuvo terminado, se derrumbó.

«Después de licenciarme, pasé tres meses en cama en casa de mi madre —dice—. No buscaba trabajo. Apenas me duchaba. Tenía ni sé cuántos envoltorios de McDonald's desparramados por el suelo de la habitación, y mi familia seguía empeñada en que sencillamente era una perezosa».

Al cabo de un tiempo, Crystal se encontraba en un estado tan letárgico que ya no quería ni ver la televisión ni jugar con el perro. A su madre esto la preocupó lo suficiente como para sugerirle que fuera a ver a un terapeuta. Poco después le comunicaron el diagnóstico de Autismo.

«Al principio no me lo podía creer —dice Crystal—. Mi familia sigue sin creérselo. Han tenido delante todos los indicios, toda mi vida, pero no quieren verlo».

Al fin, Crystal tenía una explicación de por qué no era capaz de rendir lo mismo que sus compañeros y de por qué cosas tan básicas como ir al banco o asistir a una conferencia de dos horas la dejaban tan agotada que no podía ni pensar ni decir una palabra. La realidad era que llevar una vida normal le exigía más fuerza de voluntad que al resto. Las personas Autistas suelen experimentar desidia al empezar cualquier tarea[6] y tienen la necesidad de dividir actividades complejas en pequeños pasos que sigan una secuencia lógica.[7] Esto puede hacer que todo, desde las tareas domésticas más elementales hasta solicitar empleo o hacer la declaración de la renta, les resulte increíblemente costoso o incluso imposible sin ayuda de alguien.

Además de todas las dificultades cognitivas y peculiaridades sensoriales básicas que el Autismo suponía para Crystal, tenía que invertir mucha energía en parecer siempre «normal». Constantemente luchaba contra el impulso de chuparse los dedos; cuando alguien le hablaba, tenía que hacer un esfuerzo enorme para enfocar la atención en sus palabras y en su cara; tardaba el doble que una persona corriente en leer un libro. Al volver a casa por la tarde, no le quedaba energía más que para sentarse en la cama a comer patatas fritas. A pesar de todo, su madre y su abuelo no estaban satisfechos con la explicación que acababan de recibir. Decían que si de verdad Crystal lo hubiera pasado tan mal toda la vida, ellos se habrían dado cuenta.

«Ojalá pudiera hacerles entender —dice—: "el Autismo no es lo que vosotros creéis"».

Definición de Autismo

Una de las razones por las que a menudo el Autismo pasa desapercibido en mujeres como Crystal es el concepto equivocado que tienen los profesionales y el público sobre lo que es este trastorno. Hasta hace relativamente poco, la mayoría de la gente creía que el Autismo no era una afección frecuente, que solo se presentaba en varones y a edad temprana y que siempre era fácil de reconocer. Pensemos en Dustin Hoffman en la película *Rain Man*: de pequeño lo internan en un centro especializado porque tiene una discapacidad intelectual grave y es un niño demasiado «difícil» como para atenderlo en casa. Nunca mira a los ojos; en cuanto no se lo vigila de cerca, empieza a andar en cualquier dirección y desaparece, lo que significa que pone constantemente su vida en peligro, y además tiene un talento innato para las matemáticas que su hermano neurotípico explota en beneficio propio. Esto es lo que a todos se nos enseñó que era esta discapacidad: un trastorno espantoso que te convierte en un bicho raro y dependiente y hace que tu vida valga lo que tus habilidades de sabio para quienes consiguen aprovecharse de ellas.

Para mediados de los años noventa, cuando Crystal era una niña, algunas personas tenían también una vaga idea de lo que entonces se llamaba trastorno de Asperger. Este síndrome se estereotipó como una modalidad de Autismo «de alto funcionamiento» que se había detectado en hombres muy inteligentes, con un alto coeficiente intelectual, que trabajaban en campos como la tecnología y eran generalmente groseros e irrespetuosos. En ambos casos, el Autismo se asociaba con ser torpe, descortés (y hombre) y tener debilidad por los números. La gente sabía poco o nada sobre las causas del Autismo o lo que se siente siendo Autista, o sobre que esta discapacidad tiene características en común con otras disfunciones como la epilepsia, el trastorno de ansiedad social (TAS), el trastorno por déficit de atención con hiperactividad (TDAH) o el trastorno por estrés postraumático (TEPT).

Pero a pesar de lo que la gente cree, el Autismo no está definido por la grosería, la masculinidad ni la habilidad para las matemáticas. En la literatura científica, se discute incluso si debería definirse esta discapacidad por la presencia de síntomas conductuales claros, como dificultad para interpretar los matices del lenguaje y el comportamiento sociales o vacilación a la hora de establecer contacto.[*] En lugar de buscar señales externas de Autismo que puedan detectarse a simple vista, es importante fijarse en los marcadores neurobiológicos del neurotipo y en las experiencias y dificultades internas que los propios Autistas relatan.

El Autismo es neurológico. El Autismo es una discapacidad del desarrollo que puede afectar a varios miembros de una familia,[8] ya que al parecer tiene un origen principalmente genético.[9] A la vez, sin embargo, está *multideterminado*, es decir, no tiene una causa única:

---

[*] N. del A.: Algunas personas que, por lo demás, presentan rasgos del espectro Autista y dicen tener dificultades cognitivas de carácter Autista no muestran señales sociales o conductuales de Autismo, como consecuencia de camuflar los síntomas: L. A. Livingston, B. Carr y P. Shah. (2019). Recent advances and new directions in measuring theory of mind in autistic adults. *Journal of Autism and Developmental Disorders, 49,* 1738-1744.

toda una serie de genes diferentes parecen estar asociados con él,[10] y el cerebro de cada persona Autista es único y muestra sus propios patrones de conectividad particulares.[11] El Autismo es una discapacidad *del desarrollo* porque, en comparación con los hitos del desarrollo neurotípicos, aquí se producen con retraso: muchos Autistas siguen desarrollando sus habilidades sociales y emocionales hasta una etapa de la vida muy posterior a lo que es habitual en las personas alísticas, o neurotípicas.* (No obstante, esto podría deberse al hecho de que los Autistas estamos obligados a desarrollar nuestras habilidades sociales y emocionales partiendo de cero, dado que los métodos neurotípicos que nos enseñan no concuerdan con nuestra forma de procesar la información. Hablaremos de esto más adelante). El Autismo está asociado a diferencias específicas y dominantes de la anatomía cerebral que nos hacen desviarnos de los estándares neurotípicos en cuanto a la forma en que nuestro cerebro filtra la información y le da sentido.

Los Autistas presentan diferencias en el desarrollo del córtex cingulado anterior,[12] una parte del cerebro que ayuda a regular la atención e interviene en la toma de decisiones, el control de los impulsos y el procesamiento emocional. Además, en todas las zonas del cerebro, tenemos un desarrollo retrasado y reducido de las neuronas de Von Economo (VEN), o neuronas en huso, un tipo de células cerebrales que ayudan a procesar situaciones complejas de forma rápida e intuitiva.[13] Asimismo, los cerebros Autistas difieren de los cerebros alísticos en el grado de excitabilidad neuronal.[14] Simplificando mucho, esto significa que las neuronas se activan fácilmente y no distinguen con claridad entre una «variable molesta», que el cerebro preferiría ignorar (por ejemplo, un grifo que gotea en la habitación de al lado), y un dato crucial que merece toda nuestra atención (por ejemplo, una persona querida que empieza a llorar en la habitación de al

---

* N. del A.: Las personas Autistas de todos los géneros siguen desarrollando sus habilidades sociales y su capacidad de comunicación a lo largo de toda la vida. Véase Rynkiewicz, A., Schuller, B., Marchi, E. *et al.*, (2016). An investigation of the «female camouflage effect» in autism using a computerized ADOS-2 and a test of sex/gender differences. *Molecular Autism 7*, 10. https://doi.org/10.1186 /s13229-016-0073-0.

lado procurando que no se la oiga). Esto quiere decir que un estímulo insignificante puede distraernos con facilidad y, por el contrario, quizá uno verdaderamente importante se nos escape.

Los cerebros Autistas tienen patrones de conexión muy singulares, que difieren de los que se observan normalmente en las personas neurotípicas. El cerebro de los recién nacidos suele estar hiperconectado, y gran parte del desarrollo humano es un lento proceso de «poda» de las conexiones inútiles y de potenciación de las respuestas al entorno basadas en la experiencia y el aprendizaje. En los cerebros Autistas, sin embargo, se ha descubierto que algunas regiones permanecen hiperconectadas a lo largo de toda la vida, mientras que otras podrían estar relativamente infraconectadas. Es difícil sintetizar cuáles son estos patrones de conectividad porque, como han descubierto neurobiólogos del Instituto Weizmann de Ciencias, cada cerebro Autista presenta un patrón de conectividad diferente. El cableado de nuestro cerebro parece ser en realidad más diverso que el de los cerebros neurotípicos, posiblemente porque estos últimos han estado sometidos a un constante patrón de ajustes y recortes.[15] La teoría que proponen los investigadores del Instituto Weizmann es que los cerebros Autistas tienen una respuesta particular al entorno: a diferencia de los cerebros neurotípicos, que se adaptan fácilmente a la información sensorial y social que reciben del mundo exterior, el desarrollo y la «poda» del cerebro Autista parecen estar «trastocados».[16]

Las personas Autistas presentan, además, una menor *interferencia global-local*, como se denomina en lenguaje neurocientífico:[17] somos propensos a centrarnos en pequeños detalles, incluso aunque esos detalles no encajen con la imagen de conjunto que podría ver una persona no Autista. Por ejemplo, una serie de estudios revelaron que los Autistas somos mucho más hábiles que los alísticos a la hora de copiar el dibujo de un objeto tridimensional distorsionado que no podría existir en la vida real.[18] Los alísticos se quedaban tan desconcertados al verlo que se bloqueaban, por lo imposible e ilógica que era la imagen en conjunto, mientras que los Autistas eran capaces de enfocarse individualmente en cada línea y cada forma que componían la imagen y recrear el dibujo a partir de los detalles. Este alto grado de atención al detalle es aplicable también a la forma en que nos desenvolvemos en situaciones sociales: nos fijamos en los pequeños rasgos específicos de un rostro, en lugar de en sus semejanzas o en la expresión emocional como un todo, por ejemplo.[19] Esto explica en parte por qué muchas personas Autistas tienen *prosopagnosia* (incapacidad para reconocer un rostro),[20] así como dificultad para interpretar las emociones en los rostros neurotípicos.

En conjunto, todo esto se traduce en que los Autistas solemos tener las siguientes cualidades:

- Somos hiperreactivos, incluso ante estímulos mínimos de nuestro entorno
- Nos cuesta distinguir entre información o datos sensoriales que deberían ignorarse y datos que deberían tenerse muy en cuenta
- Prestamos mucha atención a los detalles en lugar de a la imagen o el concepto en conjunto
- Somos profunda y deliberadamente analíticos
- El proceso que seguimos a la hora de toma de decisiones es más metódico que eficiente; no nos fiamos de los atajos mentales ni de las «corazonadas»
- Procesar una situación nos lleva más tiempo y energía que a una persona neurotípica

Ahora que he explicado algunos de los marcadores neurológicos correlacionados con el Autismo, creo que es importante aclarar un aspecto más sutil: el hecho de que una discapacidad tenga algunos marcadores biológicos no significa que sea más «real» o legítima que una discapacidad que solo puede observarse en el comportamiento de una persona. Y el Autismo todavía se diagnostica tomando como base no un escáner cerebral, sino el comportamiento del individuo Autista y sus dificultades para desenvolverse en el mundo. El hecho de que el Autismo tenga características neurológicas no significa que esté más directamente relacionado con el sistema nervioso simpático que, por ejemplo, un trastorno de la conducta alimentaria o la dependencia de sustancias adictivas. Tampoco significa que los Autistas estemos condenados a funcionar siempre de una manera determinada o a tener siempre dificultades en todo.

Aunque comprender la biología de las diferencias humanas puede ser útil en muchos sentidos, reducir una discapacidad a sus «causas» físicas entraña un auténtico riesgo, que es el de sembrar en los demás la idea de que nuestra biología es nuestro destino y de que somos inferiores a la población neurotípica. De hecho, los resultados de algunos estudios indican que cuando la gente entiende que discapacidades como la depresión o el trastorno por déficit de atención con hiperactividad (TDAH) son de origen puramente biológico, estigmatizan más a quienes las padecen, no menos.[21] La idea de que un grupo de personas con discapacidad *no pueden evitar ser como son* es deshumanizadora y restrictiva, aunque haya también a quienes les parece una liberación y un reconocimiento.

Cuando la sociedad empieza a considerar superficialmente la posibilidad de aceptar a un grupo marginado, esa aceptación suele estar envuelta en una narrativa del tipo de *es que nacieron así*. Por ejemplo, durante los primeros años del siglo XXI, muchas personas heterosexuales se hicieron «aliadas» de la gente homosexual porque consideraban que ser gay no era una elección y que no podíamos evitar ser como somos. En aquella época se publicaron muchos libros y artículos de divulgación científica que hablaban sobre la búsqueda del «gen gay»[22] y sugerían que, mientras el feto se desarrollaba en el útero, la exposición a ciertas hormonas podía haberlo predispuesto a ser gay. Hoy en día ya no se habla mucho de las causas biológicas de la homosexualidad. Al menos en Estados Unidos, la homosexualidad ha empezado a aceptarse lo suficiente como para que las personas atípicas no tengamos que justificar nuestra existencia diciendo que no podemos evitar ser así. Si alguien eligiera ser gay o lesbiana, ya no supondría un problema, porque ser gay o lesbiana está bien. Del mismo modo, los Autistas merecemos que se nos respete, no porque no podamos evitar tener el cerebro que tenemos, sino porque está bien ser Autista.

El Autismo está asociado con un estilo de procesamiento deliberativo. Para comprender las cosas y tomar decisiones, los Autistas solemos apelar a la lógica y la razón, en lugar de a la emoción o la intuición. Examinamos a fondo todos los pros y los contras, a veces en exceso, lo cual nos hace no saber dónde trazar la línea entre una variable importante y otra que carece de relevancia. Tendemos a no acostumbrarnos a las situaciones o estímulos habituales tan fácilmente como los demás, por lo que a menudo procesamos por entero una situación como si fuera nueva por completo aunque en realidad no lo sea.[23] Todo esto nos exige dedicar muchísima energía, concentración y tiempo, así que nos agotamos y nos sentimos desbordados con bastante facilidad. Sin embargo, también nos hace menos proclives a cometer errores. La investigación experimental ha revelado que las personas Autistas somos poco susceptibles de dejarnos confundir por la parcialidad de la que suelen ser víctimas las personas alísticas.[24] Por ejemplo, consideremos este problema relativamente sencillo:

Un bate de béisbol y una pelota cuestan juntos un dólar y diez centavos. El bate cuesta un dólar más que la pelota. ¿Cuánto cuesta la pelota?

En los estudios experimentales, más del ochenta por ciento de los participantes no Autistas se equivocan. Leen la pregunta a todo correr, se dejan llevar por el instinto y responden que la pelota debe de costar diez centavos.[25] La respuesta correcta es que la pelota cuesta cinco centavos y el bate cuesta un dólar más, es decir, un dólar y cinco centavos, que juntos suman un dólar y diez centavos. Hace falta dedicar un momento más, y procesar la pregunta meticulosamente, para saltarse la respuesta «obvia» (e incorrecta) y responder lo correcto. En la mayoría de las personas alísticas, la forma de pensar por defecto es inclinarse por lo que parece obvio. Pero como los Autistas no procesamos la información de un modo intuitivo, no vemos respuestas «obvias» a las cosas y tenemos que desmenuzar con cuidado la pregunta. Esto hace que tengamos muchas más probabilidades de acertar con la respuesta.

Este estilo de procesamiento lento y deliberativo tiene también sus desventajas. No siempre captamos los significados implícitos «obvios» de las palabras, o su ironía, si alguien no los hace explícitos. La gente alística suele acusarnos de dar demasiadas vueltas a las cosas o de ser demasiado lentos y vacilar a la hora de dar una respuesta. También nos sentimos abrumados cuando alguien nos presenta montañas de datos, algo que a las personas neurotípicas les resulta mucho más fácil simplemente ignorar.

Los Autistas procesamos el mundo de abajo arriba (de lo individual y detallado a lo global). Si quieres entender rápidamente lo que es el Autismo, como discapacidad y como fuente de diferencias humanas, la mejor forma de sintetizarlo es la siguiente: lo procesamos todo con meticulosidad, de un modo sistemático, y en sentido ascendente, partiendo de los detalles para construir el todo. Las personas alísticas, en cambio, procesan el mundo de arriba abajo, o en sentido descendente (parten del todo y van definiendo cada vez con más precisión los detalles): entran en un entorno desconocido, por ejemplo un restaurante al que van por primera vez; echan un vistazo rápido a su alrededor, y sacan conclusiones razonables sobre cómo pedir, dónde sentarse, qué tipo de servicio es probable que reciban e incluso el tono de voz en que deben hablar. De inmediato su cerebro empieza a filtrar sonidos, luces y otros estímulos, y se ajustará en consecuencia. Por ejemplo, puede que por un momento capte su atención el ruido metálico de la máquina recreativa que hay en la esquina, pero pronto se acostumbrarán a él y podrán ignorarlo. Cuando se acerca el camarero, por lo general son capaces de comunicarse con soltura, aunque algo difiera de lo que esperaban o se haya terminado el plato que pensaban pedir. No dependen de guiones de conversación memorizados ni tienen que analizar minuciosamente cada dato para darle sentido. Son capaces de improvisar.

Los Autistas, por el contrario, no nos basamos en suposiciones instintivas ni en rápidos atajos mentales para tomar decisiones. Procesamos cada elemento de nuestro entorno por separado, con deliberación, y damos muy pocas cosas por sentadas. Si es la primera vez que vamos a cierto restaurante, quizá tardemos un rato en entender cómo está distribuido o cómo se pide la comida. Necesitaremos indicaciones muy claras sobre si es el tipo de sitio en el que te sientas y el camarero viene a la mesa a tomar nota o si tienes que ir al mostrador a pedir lo que quieres. (Muchos intentamos disimularlo investigando a fondo el restaurante antes de entrar). Nuestro sistema sensorial capta cada destello de luz, cada risa y cada olor individualmente, en lugar de combinarlos en un todo cohesionado. Para no ponernos nerviosos ante lo impredecible, analizamos de antemano nuestras experiencias en busca de patrones y memorizamos las reglas: «Si el camarero dice X, yo respondo Y». Cuando ocurre algo inesperado, tenemos que decidir con calma cómo responder. Un exceso de cambios nos puede agotar o hacernos perder los nervios.

El Autismo afecta a todos los aspectos de la vida de la persona Autista. Por supuesto, es posible que muchos individuos no Autistas se sientan identificados con algunos de los sentimientos y sensaciones que acabo de describir. Es diferente ser *alístico* (que significa simplemente no ser Autista) que ser totalmente *neurotípico* (que significa no tener ninguna clase de trastorno mental o discapacidad cognitiva). Una persona alística que tenga un trastorno de ansiedad social podría sentirse igual de agobiada en bares y restaurantes concurridos que una persona Autista. A alguien que tenga trastorno por estrés postraumático podría ponerlo igual de nervioso el ruido de una máquina recreativa. Sin embargo, la diferencia entre el Autismo y estos otros trastornos es que el Autismo es una afección cognitiva y sensorial que afecta a todos los ámbitos de la vida. No es probable que alguien que tiene ansiedad social se sienta abrumado por el ruido de un radiador cuando está solo en su casa, por ejemplo (a menos que sea además Autista o sufra un trastorno del procesamiento sensorial).

Dado que las características neuronales y cognitivas del Autismo son tan dominantes, afectan prácticamente a todos los aspectos del cerebro y el resto del cuerpo: condicionan la coordinación y el tono muscular, la capacidad para interpretar las emociones en los rostros, las habilidades comunicativas, el tiempo de reacción e incluso la forma en que se reconocen las sensaciones de dolor o de hambre.[26] Cuando miro la cara de una persona, no veo de entrada que irradie «alegría» o «tristeza», por ejemplo; veo minúsculos cambios en los ojos, la frente, la boca, la respiración y la postura, que a continuación tengo que esforzarme por ensamblar para hacerme una figuración fundamentada de cómo se siente. Muchas veces, si hay demasiados datos discordantes, no soy capaz de armarlos y hacerme una idea precisa. Y cuando no tengo energía suficiente para procesar con meticulosidad cada expresión de las personas con las que estoy hablando, son para mí inescrutables, lo cual me provoca mucha ansiedad.

El Autismo puede influir en la intensidad con la que nos concentramos en una actividad y en cómo percibimos las texturas, los sabores y los sonidos.[27] Puede predisponernos a ser fanáticos de lo que nos interesa (es lo que suele denominarse *intereses especiales*) y a cumplir las normas a rajatabla.[28] A muchos nos cuesta identificar el sarcasmo o interpretar las señales no verbales. Cualquier alteración de nuestras rutinas o expectativas puede provocarnos un ataque de ansiedad y bloquearnos por completo. Aprender una habilidad nueva nos cuesta generalmente mucho más que a otra gente.

El Autismo es conductual. El Autismo está asociado con conductas repetitivas de autoestimulación (*stimming*),[29] que pueden consistir en algo tan benigno como agitar las manos o tan grave como morderse los dedos hasta hacerlos sangrar. El *stimming* es un importante medio de autorregulación. Nos ayuda a calmarnos cuando estamos ansiosos o desbordados por el estrés y es una vía para expresar alegría y entusiasmo. Hay muchas formas de autoestimularse, haciendo uso de cualquiera de los cinco sentidos. Algunos utilizamos la *ecolalia*, la repetición de palabras, sonidos o frases que al vibrar en la garganta nos dan una sensación de bienestar. Otros se autoestimulan valiéndose del *sistema propioceptivo* (el sistema de neuronas que registra el movimiento físico del cuerpo) y dan saltos o se balancean sin moverse del sitio. Chupar caramelos, oler velas perfumadas, contemplar lámparas de lava o escuchar grabaciones de lluvia y truenos son algunas de las actividades autoestimulantes que solemos utilizar. Todos los seres humanos se autoestimulan en alguna medida (si no fuera así, los pequeños juguetes antiestrés, *fidget spinners*, no se habrían hecho tan populares desde hace unos años), pero los Autistas lo hacemos con más frecuencia y de un modo más repetitivo e intenso que los neurotípicos.

Según el *Manual diagnóstico y estadístico de los trastornos mentales* (*DSM* por sus siglas en inglés: *Diagnostic and Statistical Manual of Mental Disorders*), la repetitividad es una característica clave del comportamiento Autista; y es cierto que muchos de nosotros necesitamos intensamente la estabilidad que proporciona la repetición. Como el mundo social exterior nos resulta tan impredecible, la mayoría preferimos la constancia de las rutinas. A menudo comemos lo mismo un día tras otro o solo disfrutamos comiendo una gama de alimentos determinada (a veces en la comunidad se los llama *samefoods*, es decir, los mismos alimentos). Nos concentramos tanto en las actividades que nos apasionan y llegamos a estar tan absortos en ellas que a veces se nos olvida comer o parar un rato para estirar las piernas. Repetimos frases que oímos en las películas y la televisión porque nos ayudan a emular el comportamiento social «normal», o porque carecemos de palabras propias para expresar lo que sentimos, o simplemente porque nos resulta agradable la vibración que producen en nuestras cuerdas vocales cuando las pronunciamos. Incluso tener *intereses especiales* puede considerarse un comportamiento repetitivo. Muchos de nosotros vemos las mismas películas una y otra vez, o leemos y recopilamos datos sobre nuestros temas favoritos hasta traspasar con mucho la línea de lo que le resultaría entretenido a una persona alística.

Sin embargo, muchos Autistas enmascarados sienten que deben mantener ocultos estos comportamientos repetitivos. Si te muerdes mucho los dedos o no paras de tararear la misma melodía de tres notas, la gente se dará cuenta y se burlará de ti. Si das la imagen de estar *demasiado* obsesionado con un tema raro (por ejemplo, la ciencia mortuoria), a mucha gente tu entusiasmo le causará aversión, y mantendrán las distancias. La mayoría tenemos que ingeniárnoslas para disimular nuestros estímulos e intereses especiales. Es posible que tengamos un blog secreto relacionado con ellos, por ejemplo, o que encontremos alguna forma socialmente aceptable de descargar la energía, como correr largas distancias o juguetear con el teléfono móvil.

Las personas Autistas estamos en situación de riesgo. Timotheus Gordon Jr. es un activista e investigador Autista y el fundador de Autistics Against Curing Autism Chicago ('Autistas de Chicago contra la cura del Autismo'). Me cuenta que, para él, la decisión de autoestimularse en público o no (o la manera de hacerlo) depende sobre todo del barrio en el que esté y de la posible reacción de la gente.

«Cuando entro en ciertos barrios de Chicago, o voy andando por la zona metropolitana, no puedo llevar los auriculares puestos y escuchar música —dice— porque es probable que me los roben. O si doy unas vueltas por un parque mientras me entretengo con algún juguete antiestrés, la policía o ciertas personas del barrio pensarán que soy raro o que estoy haciendo algo ilegal, y puede que me detengan, me peguen un tiro o me den una paliza».

Timotheus dice que, en algunas circunstancias, enmascara su necesidad de autoestimularse optando por una vía de escape que tenga más aceptación social, como botar una pelota de baloncesto. Siendo un Autista negro, con frecuencia tiene que «tomar la temperatura ambiental» para hacerse una idea de cómo podría reaccionar la gente a sus acciones y modularse en consecuencia. Los riesgos de ser él mismo son demasiado grandes como para no tenerlos en cuenta.

Las personas Autistas tienen un alto riesgo de sufrir actos de violencia, así como problemas de salud mental a consecuencia de sus propios actos. Como no podemos autoestimularnos abiertamente ni manifestar otras conductas repetitivas, hay Autistas enmascarados que tratan de controlar el estrés recurriendo a estrategias de afrontamiento a menudo perjudiciales. Tenemos un elevado riesgo de padecer trastornos de la conducta alimentaria,[30] alcoholismo y drogadicción,[31] y de establecer vínculos interpersonales inseguros.[32] Tendemos a mantener relaciones superficiales, por miedo a que la gente nos rechace si llega a conocer nuestro «verdadero yo». Es posible que nos retraigamos y acabemos por aislarnos de todo el mundo, lo cual tiene repercusiones emocionales y psicológicas adversas. Y cuanto más aislados estamos y menos práctica de relación social tenemos, más entramos en un bucle de inseguridad y vergüenza social.

El Autismo está muy relacionado también con diversos síntomas fisiológicos, como problemas gastrointestinales,[33] trastornos del tejido conjuntivo y convulsiones,[34, 35] en gran medida por razones genéticas. En un alto porcentaje de los casos, suele coexistir con otras discapacidades, como el trastorno por déficit de atención con hiperactividad (TDAH) y la dislexia.[36, 37] El pasado de muchas personas Autistas ha estado marcado por el trauma, y presentan síntomas por estrés postraumático. Y como ya he mencionado, toda una vida de enmascaramiento nos hace particularmente proclives a padecer trastornos como la depresión y la ansiedad.[38] Estas son algunas de las afecciones más comunes que coexisten con el Autismo, pero más adelante hablaremos de otros trastornos que se solapan (o se confunden) con él.

El Autismo es una neurodivergencia. El Autismo es un tipo de funcionamiento (o *neurotipo*) que difiere de lo que la psicología define como normativo o neurotípico (NT). El Autismo es una forma particularmente diversa y variada de neurodivergencia, y se nos castiga de innumerables maneras por desviarnos de la norma. Cada caso de Autismo es un poco diferente, y los rasgos que presentan algunos Autistas son en apariencia totalmente opuestos a los que presentan otros. Hay quienes no hablan y quienes son increíblemente locuaces y desde edad temprana manejan un vocabulario muy extenso. Algunos leen con tanta facilidad las emociones en la cara de una persona que les resulta abrumador; otros empatizan con los animales o los objetos, pero no con las personas, y algunos no sentimos ninguna clase de empatía emocional.[39] Pero todos somos seres humanos plenamente formados y con capacidad para respetar a los demás y comportarnos éticamente. Hay Autistas que no tienen «intereses especiales» y los hay que son fanáticos de docenas de temas. Algunos somos diestros en ciertas habilidades y otros necesitamos ayuda en todas las facetas de nuestra existencia. Lo que nos une, en términos generales, es un estilo de procesamiento ascendente que afecta a todos los aspectos de nuestra vida y a nuestra manera de desenvolvernos en el mundo, así como las innumerables dificultades prácticas y sociales que conlleva ser diferente.

Las normas que rigen lo que se considera un comportamiento aceptable son tan estrictas que hay incontables formas en que alguien puede divergir y ser castigado por ello. Tener frecuentes ataques de ansiedad es una neurodivergencia, al igual que mostrar señales de un trastorno de la conducta alimentaria. Y si tienes dificultades en tus relaciones más íntimas debido a un trauma relacionado con el apego emocional o a un imperioso miedo al rechazo, también eres neurodivergente (y también es posible que te pongan una particular etiqueta estigmatizante, por ejemplo la de trastorno límite de la personalidad).

Prácticamente a todo el mundo podría considerársele anormal o defectuoso atendiendo al actual modelo medicalizado del trastorno mental, al menos durante los periodos más difíciles de su vida, en que esté deprimido o no se sienta capaz de hacer frente a la realidad. Por tanto, la neurotipicidad es más una norma cultural opresiva que la identidad privilegiada de una persona. Básicamente, nadie está a la altura de los estándares neurotípicos en todo momento, lo que significa que la rigidez de esos estándares perjudica a todo el mundo.[*]

---

[*] N. del A.: Este artículo de Damian Milton lo resume bien: «... no hay un modelo neurotípico del que desviarse, como no sea el constructo fantástico e idealizado de medición psicológica de inspiración galtoniana». (Francis Galton es el inventor de la eugenesia. Gracias a Jesse Meadows por enviarme este artículo). http://www.larry-arnold.net/Autonomy/index.php/autonomy/article/view/AR10/html.

De la misma manera que la heteronormatividad perjudica tanto a los heterosexuales como a los no heterosexuales, la neurotipicidad nos perjudica a todos independientemente de cuál sea nuestro estado de salud mental.

El Autismo es solo uno de los muchos tipos de *neurodiversidad* que hay en nuestro mundo. El término *neurodiverso* hace referencia al amplio espectro de individuos cuyos pensamientos, emociones o comportamientos se han estigmatizado como enfermizos, anormales o peligrosos. Fue la socióloga Judy Singer quien acuñó el término en 1999. En su tesis doctoral, habló sobre la dificultad que tenía para entender las discapacidades de su hija, que se parecían mucho a los rasgos que presentaba su propia madre cuando Singer era pequeña. En los momentos en que estaba redactando su tesis, los conocimientos médicos sobre el Autismo eran muy superficiales, y los adultos con rasgos Autistas, como la madre de Singer (y la propia Singer), rara vez recibían un diagnóstico. Su hija parecía vivir en un espacio intermedio, entre el Autismo, el trastorno por déficit de atención con hiperactividad (TDAH) y otras discapacidades. Las tres mujeres eran difíciles de clasificar, lo cual no hacía sino encubrir lo marginadas y socialmente desmotivadas y perdidas que se sentían. El que sus disfunciones no se pudieran clasificar con facilidad no significaba que no existieran.

«Mi vida como madre era un campo de batalla en el que se enfrentaban distintos sistemas de creencias —escribe—.[40] Y todos tenían algo en común: la imposibilidad de dar cabida a la variabilidad humana».

Singer y su familia tenían una discapacidad que nadie sabía cómo nombrar, así que ella ideó un nombre: eran personas *neurodiversas*, y sufrían porque el mundo exigía que fueran *neurotípicas*. El periodista Harvey Blume popularizó estos términos, que pocos años más tarde habían adoptado todos los que trabajaban en favor de las personas con discapacidad. La calificación *neurodiverso* es de gran alcance; incluye tanto a individuos con TDAH como con síndrome de Down, trastorno obsesivo-compulsivo o trastorno límite de la personalidad. También a quienes han sufrido lesiones cerebrales o accidentes cerebrovasculares; a los que se ha clasificado como «de baja inteligencia», o a los que, aun careciendo de un diagnóstico formal, se ha patologizado con el calificativo de «locos» o «incompetentes» a lo largo de toda su vida. Como bien observó Singer, la neurodiversidad no consiste de hecho en tener un «defecto» específico y catalogado para el que el sistema psiquiátrico tenga una explicación. Tiene que ver con ser diferente en cualquier sentido que a otros les cueste entender o se nieguen a aceptar.

El Autismo es diverso. Aunque las características neurológicas y mentales del Autismo afectan a una amplia gama de personas, la forma en que se presenta en cada caso es siempre un poco diferente. De hecho, los rasgos Autistas pueden manifestarse de formas francamente paradójicas. A veces, puedo estar tan concentrado en una tarea (como leer o escribir) que el resto del mundo desaparece por completo. Cuando estoy hiperabstraído, no me doy cuenta por ejemplo de si alguien me está hablando o de que la habitación está llena de humo porque me he olvidado de apagar el horno. En otros momentos, soy un atajo de nervios y me distrae el vuelo de una mosca; no soy capaz de leer una sola frase de un libro porque mi chinchilla está saltando dentro de la jaula y haciendo tintinear los barrotes. Estas dos respuestas tan dispares tienen la misma causa: la sobreexcitabilidad de las neuronas en las personas Autistas y la forma incoherente en que filtramos los estímulos (al menos en comparación con la gente alística). Tendemos a perturbarnos con facilidad por los sonidos de nuestro entorno y a la vez solemos ser incapaces de distinguir cuándo un ruido merece realmente que le prestemos atención.[41] A menudo me fuerzo a prestar atención a algo, y la manera de hacerlo es cerrándome al resto del mundo. Creo que también es probable que el enmascaramiento de toda una vida me haya vuelto hipervigilante, casi como si se tratara de la respuesta típica a raíz de un suceso traumático. Mi sistema sensorial está acostumbrado a escanear el entorno para determinar si estoy solo y, por tanto, lo bastante «a salvo» como para ser yo mismo. Quienes han sobrevivido a una experiencia traumática se vuelven hipervigilantes, lo cual suele ir acompañado de alteraciones sensoriales intensas.[42] Algunos investigadores han teorizado que también los problemas sensoriales de los Autistas están causados, al menos en parte, por la ansiedad y la hipervigilancia que experimentamos al vivir en un mundo que no se acomoda a nosotros y que a menudo nos trata con hostilidad.[*]

La mayoría de la gente ha oído decir que el Autismo es un espectro, y realmente es así: cada uno de nosotros tiene una constelación única de rasgos y características, todos ellos en distinto grado de intensidad. Por otro lado, hay personas que son Autistas subclínicas, lo que significa que, a ojos de los psiquiatras, tal vez no cumplen los requisitos para un diagnóstico formal, pero tienen en común con nosotros suficientes dificultades y experiencias como para pertenecer a la comunidad. Los familiares de aquellos a los que se ha diagnosticado de Autismo, por ejemplo, suelen presentar síntomas subclínicos.[43] Por supuesto, lo que determina que un caso se considere «subclínico» suele ser más la capacidad de la persona para mantener un empleo y ajustarse a las normas sociales que su grado de sufrimiento.

«Todo el mundo es un poco Autista» es una frase muy común que nos dice la gente a los Autistas enmascarados cuando salimos del armario. Es un comentario que puede resultar un poco irritante, porque da la sensación de que trata de quitar importancia a nuestras experiencias. Es parecido a cuando a las personas bisexuales se les dice que «todo el mundo es un poco bisexual». En la mayoría de los casos, quien hace un comentario de este tipo da a entender que, como la nuestra es una diferencia tan generalizada, no tiene sentido que nos sintamos oprimidos a causa de nuestra situación y que deberíamos

---

[*] N. del A.: Aunque, por supuesto, el agobio sensorial puede contribuir también a la ansiedad. Es probable que se trate de una relación bidireccional; véase Green, S. A. y Ben-Sasson, A. (2010). Anxiety disorders and sensory over-responsivity in children with autism spectrum disorders: Is there a causal relationship? *Journal of Autism and Developmental Disorders, 40*(12), 1495-1504.

cerrar la boca. Aun así, creo que el hecho de que una persona alística diga que todo el mundo es un poco Autista es un gran avance, ya que pone de algún modo en entredicho la concepción social de los trastornos mentales: ¿por qué declaramos «defectuosas» a algunas personas y normales a otras, cuando presentan exactamente los mismos rasgos? ¿Dónde trazamos la línea y por qué nos molestamos en trazarla? Si un Autista goza de más flexibilidad en el trabajo y más paciencia por parte de la sociedad, ¿por qué no extender esas mismas ventajas a todo el mundo? Las personas Autistas somos una parte natural de la humanidad y tenemos rasgos que es fácil observar en cualquier otro ser humano no Autista. De modo que sí, todo el mundo es un poco Autista. Razón de más para expandir la definición social de lo que merece ser tratado con dignidad y aceptación.

El Autismo puede presentarse en cualquier tipo de persona, independientemente de su edad, clase, sexo, raza o de que tenga otras discapacidades. Sin embargo, a pesar de la variedad tan enorme de presentaciones posibles, y de las enormes diferencias entre Autistas, el individuo común (e incluso muchos profesionales de la salud mental) tiene una sola imagen del Autismo. A veces oímos la expresión *Autismo de presentación típica*, pero en realidad es una expresión desacertada y engañosa. Debería decirse más bien *Autismo estereotipado*.

El Autismo «*típico*»

El Autismo «típico» es visible desde edad temprana y normalmente se diagnostica incluso antes de que el niño empiece la educación primaria. Los Autistas típicos no se comunican del modo que la sociedad neurotípica espera; es posible que no hablen, o que aprendan a hablar muy lentamente, y que eviten mirar a los ojos o acercarse a nadie. Tienen comportamientos repetitivos fáciles de reconocer: se balancean, se dan palmadas en la cabeza o gritan y dan chillidos. El dolor sensorial y el agobio en situaciones sociales son casi constantes, y no pueden ocultar lo mucho que sufren. Sus padres no saben cómo responder a sus crisis y sobrecargas sensoriales, que interpretan como «problemas de comportamiento» o «rebeldía»; tal vez se quejen de que el Autismo les ha «robado» a su bebé, que antes se portaba bien. Los Autistas típicos son probablemente varones, y probablemente blancos, y es probable que hayan nacido en familias ricas o de clase media alta, que pueden acceder a un reconocimiento médico, un diagnóstico y ayuda terapéutica (y que suelen tener normas bastante restrictivas sobre lo que significa «portarse bien» en público).

Pero, en realidad, los Autistas típicos no son tan típicos. La inmensa mayoría de quienes han recibido un diagnóstico de Autismo incumplen de un modo u otro este conjunto de criterios absurdamente rígidos,[44] a pesar de que todas las herramientas de diagnóstico se idearan pensando precisamente en los varones ricos, blancos y conformes con su género. Si tenemos en cuenta que, como es evidente, esta discapacidad está infradiagnosticada en las niñas, las personas de color, indígenas,[45] asiáticas y latinas y la gente pobre,[46] entre otros grupos, vemos que el Autismo «típico» es probablemente menos típico aún de lo que las cifras oficiales quieren hacernos creer.

La línea que separa el Autismo «típico» del «atípico» es bastante permeable, y a menudo está más definida por la posición que ocupe una persona en la sociedad que por la supuesta gravedad de sus rasgos Autistas. Crystal presentaba todos los indicadores clásicos del Autismo: juego repetitivo, falta de integración social, conductas autoestimulantes y dificultad para concentrarse en las tareas escolares. Pero como no parecía el «típico» caso de Autismo, la mayoría de la gente que había a su alrededor no pensaba que tuviera una discapacidad. A pesar de la gran angustia que sufría, los profesores y orientadores escolares descartaron una vez la posibilidad y nunca volvieron a planteársela.

«Los boletines de notas decían que era un placer tenerme en clase y que era una chica *sensible* —cuenta—, una forma tramposa de decir que pensaban que lloraba demasiado y que me sentía demasiado herida cuando mis compañeros se burlaban de mí. Que estuviera totalmente ausente en clase de matemáticas no les parecía una señal de alarma de que me estaba retrayendo y encerrando por completo en mí misma. Solo veían a una chica soñadora que a veces lloraba, lo que para muchos de mis profesores varones era probablemente el ideal femenino, si lo piensas».

Esa ausencia denominada *desconexión Autista* se produce cuando estamos tan sobreestimulados y estresados que ya no somos capaces de procesar el entorno.[47] Es la contrapartida, más tranquila e íntima, de la *crisis Autista*, que suele conllevar llanto, autolesiones o agresividad dirigida hacia el exterior. Las desconexiones son básicamente una forma de disociarnos del entorno. Es un poco como si de repente nos quedáramos dormidos, sin capacidad para responder, o simplemente nos ausentáramos (que es como se presentaba en el caso de Crystal). Crystal sospecha que si hubiera sido un chico, sus ausencias o desconexiones se habrían visto de otra manera. Como se supone que los chicos tienen iniciativa y confianza en sí mismos y se relacionan activamente con el mundo, aquel carácter evasivo y depresivo habría sido tal vez lo bastante inusual como para que alguien interviniera durante la etapa escolar, en lugar de convertirse en un secreto familiar inconfesable. Pero, en lugar de eso, a Crystal sus padres le decían que dejara de ser «tan rara», que irguiera la espalda y que pusiera cara de «estar viva». Cuando la confusión y la frustración la hacían querer derrumbarse y llorar, le decían igualmente que reprimiera esos impulsos.

«Encogerme y no pedir nada era la manera de que la gente no estuviera todo el día diciéndome lo sensible que era —cuenta—. Eso y asumir que si una asignatura no me entraba, significaba que no me iba a entrar nunca. Así que mejor no preguntar».

Ahora que sabe que es Autista, Crystal está intentando desaprender estas creencias tan arraigadas sobre sí misma. Quiere ser alguien que no se disculpe por llorar y que no siempre afronte el estrés aislándose del mundo. Quiere ser capaz de construir su vida sobre la base de que una semana laboral de veinte o treinta horas es lo máximo que puede rendir. Y quiere volver a aprender matemáticas con un tutor que no la juzgue, que le explique las cosas con claridad y paciencia, sin significados implícitos ni sexismo latente.

«¿Podré mirar atrás algún día y decirme que todas las cosas que detesto de mí son en realidad mis mayores cualidades? —se pregunta—. No sé. Alguien debería haberme dicho estas cosas hace mucho tiempo. Intentas aceptar lo que pasó. Pero yo todavía no puedo. Estoy demasiado cabreada».

Al igual que muchas personas que acaban de descubrir que son Autistas, Crystal aún no ha encajado su nueva identidad y no puede dejar de pensar en el trato tan injusto que recibió en el pasado. Hay todo un sector de personas Autistas a las que se ha excluido y marginado de esta manera, y conoceremos a muchas más de ellas en los próximos capítulos. Pero antes, es importante que veamos por qué la imagen del Autismo típico es precisamente la que es.

¿Por qué es el Autismo sinónimo de «niños blancos con pasión por los trenes»?

Resulta que, al final, los Autistas que más necesidad tienen de enmascararse suelen ser aquellos que no han recibido un diagnóstico, por motivos de sexo, raza o posición socioeconómica. A estos mismos grupos de personas Autistas suele exigírseles desde la infancia que sean más educadas y agradables que a sus compañeros blancos. Por ejemplo, en los estudios de psicología del desarrollo se ha visto repetidamente que a las niñas no se les consienten ni los actos más inofensivos de agresividad lúdica y que a menudo los padres y los profesores castigan ese tipo de actos que a su entender son «inaceptables». Puede que a una niña se la reprenda por chocar un par de juguetes entre sí, por ejemplo, mientras que a la mayoría de los niños se les permite ser bruscos en sus juegos y a veces incluso violentos.[48] Como las niñas tienen que obedecer unas normas sociales mucho más restrictivas que los niños, aprenden a ocultar mucho antes cualquier rasgo de Autismo potencialmente problemático, «violento» o perturbador.

Las personas Autistas de color y las personas Autistas trans de diversas identidades, así como otros Autistas enmascarados, tienen dinámicas muy parecidas.[49]

Durante mucho tiempo, los investigadores del Autismo creyeron que la afección era realmente menos grave y menos común en las personas de color y en las niñas. Hoy en día, algunos todavía están convencidos de que el «Autismo femenino» es menos grave, aunque la mayoría de los profesionales reconocen que a los miembros de estos grupos marginados sencillamente no se les da tanta libertad social para manifestar comportamientos extraños o perturbadores, y que una misma tendencia se percibe de manera diferente en un niño y en una niña.[50] A pesar de ello, la tradición de omitir en el mapa del Autismo a las niñas, las personas trans, las de género no conforme y a otras poblaciones marginadas aún persiste.

La idea de que el Autismo es una discapacidad «de chicos» se remonta a cuando se describió la afección por primera vez, a principios del siglo xx. Aunque Hans Asperger y otros investigadores de la época estudiaron el Autismo en las niñas, por lo general no las incluyeron en los informes que publicaron sobre las investigaciones.[51] Asperger, en concreto, evitó escribir sobre las niñas Autistas porque tenía intención de presentarles a los nazis —que habían tomado Austria y estaban empezando a exterminar en masa a las personas discapacitadas— un tipo de personas Autistas inteligentes y de «alto funcionamiento» que podían serles «valiosas». Como cuenta Steve Silberman en su excelente libro *NeuroTribes* [Neurotribus], Asperger quería evitar que los chicos Autistas de «alto funcionamiento» que había conocido fueran enviados a los campos de exterminio nazis. Silberman lo describe en tono comprensivo: Asperger era un científico que no tuvo más remedio que colaborar con el régimen fascista y salvar a los pocos niños que pudo. Sin embargo, varios documentos que han salido a la luz más recientemente dejan claro que fue mucho más cómplice de lo que se creía en el exterminio nazi de niños y niñas con discapacidades.[52] Aunque tenía en gran estima a los Autistas inteligentes del tipo «pequeño profesor», envió a sabiendas a los centros de exterminio a Autistas visiblemente más debilitados.

Inspirado por ideales eugenésicos que solo otorgaban derechos a aquellos que eran «valiosos» para la sociedad, Asperger se limitó a describir el Autismo como un trastorno de chicos inteligentes pero atormentados, normalmente de familias ricas. A las niñas discapacitadas las consideraba menos necesarias, así que prefirió no tenerlas en cuenta.[53] Sobre los Autistas negros y mestizos, ni Asperger ni la mayoría de sus contemporáneos escribieron una sola palabra, ni siquiera los que investigaban el Autismo en países con mayor diversidad racial, como Estados Unidos. Asimismo, se ignoró la existencia de Autistas LGBTQ y de género no conforme. Es más, el desarrollador del primer «tratamiento» terapéutico para el Autismo, la terapia de análisis conductual aplicado, fue Ole Ivar Lovaas, que inventó también la terapia de conversión antigay.[54] Ese legado todavía atormenta a muchos Autistas LGBTQ, que a menudo se sienten fuera de lugar tanto en los espacios no heterosexuales convencionales como en los grupos de Autismo.[55]

Dado que las primeras investigaciones que se publicaron, lo mismo en inglés que en alemán, describían solo a niños Autistas, algunos psiquiatras de la época llegaron a la conclusión de que la enfermedad estaba causada por un «cerebro extremadamente masculino»[56] y de que los Autistas eran supuestamente demasiado analíticos, racionales e individualistas como para poder funcionar con autonomía en la sociedad. Este punto de vista influyó en la redacción de todas las directrices diagnósticas y creó un bucle de retroalimentación que perduró durante décadas: los Autistas que recibían un diagnóstico eran principalmente varones blancos adinerados, y esos varones siguieron marcando la pauta de lo que era el Autismo y de cómo se entendía en los estudios que se realizaban.[57] Para que a una niña blanca se le diagnosticara Autismo, lo cual rara vez ocurría, tenía que ser muy obviamente «masculina» la forma en que se manifestaba en ella la discapacidad. A los Autistas no blancos se los identificaba, en cambio, como desafiantes, antisociales o esquizofrénicos, calificaciones que se prestaban a que fuera fácil encarcelarlos o internarlos por la fuerza en centros psiquiátricos.[58]

Un siglo después del inicio de estas tendencias, siguen existiendo enormes disparidades de género y raza en los diagnósticos de Autismo. Durante décadas, los niños Autistas han superado considerablemente en número a las niñas. Por cada niña a la que se le diagnosticaba Autismo, recibían el diagnóstico cuatro varones.[59] A las chicas como Crystal se las sigue ignorando; se les niega una evaluación porque tienen una conducta demasiado discreta y agradable como para ser «realmente» Autistas. A las personas Autistas de color y a las personas transgénero se las excluye también.[60] Cuando alguno de nosotros descubre su identidad y sale del armario, corre el riesgo de que le digan que «no parece Autista».

En los medios de comunicación, casi todos los personajes Autistas son hombres blancos de voz monótona, comportamiento grosero y afición por la ciencia. Pensemos en Rick, el irascible genio de la serie de televisión estadounidense *Rick y Morty*,* el hipercompetente pero distante Shaun Murphy de *The Good Doctor* o el empollón y condescendiente Sheldon Cooper de *The Big Bang Theory*. En este panorama cultural, hay poco espacio para los Autistas sensibles, emocionalmente expresivos, artísticos o que carecen de interés por el éxito académico. La palabra *Autismo* se asocia hasta tal punto con ser un gilipollas que, de entrada, muchos detestamos que se nos identifique con esa idea y tratamos de compensarla siendo excesivamente tolerantes y no conflictivos. Hacen falta muchos años de investigación y de conocer ejemplos de lo contrario en la vida real para que la mayoría comprendamos que el Autismo no es la disfunción robótica y fría que nos han contado.

---

* N. del A.: Aunque los *fans* sospecharon durante mucho tiempo que Rick era Autista (al igual que su creador, Dan Harmon), esto no se confirmó oficialmente hasta el final de la tercera temporada, «The Rickchurian Mortydate», donde durante un breve diálogo Rick reconoce el hecho ante Morty.

Estar expuestos a estos conceptos erróneos y estereotipos tan superficiales puede influir peligrosamente en cómo nos vemos a nosotros mismos los Autistas y en las cualidades que intentamos enmascarar.

En el ejercicio que te propongo a continuación, me gustaría que reflexionaras sobre los mensajes relacionados con el Autismo que tal vez absorbiste en la infancia y sobre cómo pueden haber influido en la percepción que tienes de ti y en tu máscara. Por razones que examinaremos con más detalle en los próximos capítulos, la máscara de una persona Autista tiende a estar determinada por las cualidades Autistas que más se le ha enseñado a odiar o temer.

ESTEREOTIPOS DEL AUTISMO:
¿Cómo te han afectado a ti?

1. Piensa en imágenes del Autismo que vieras en la televisión o en las películas. Si es posible, nombra a algunos de los personajes o figuras Autistas que veías en tu infancia o adolescencia.
2. Escoge a unos pocos de entre esos personajes Autistas (o que parecieran Autistas) y descríbelos utilizando entre tres y cinco palabras. Por ejemplo, yo podría describir al Rain Man que interpretó Dustin Hoffman como un genio, distante y desamparado.

    Personaje: _____   Rasgos: _____
    Personaje: _____   Rasgos: _____
    Personaje: _____   Rasgos: _____

3. Completa la frase: «Antes de tener una información más precisa, daba por hecho que todos los Autistas eran _____, _____, y _____».
4. ¿En qué te diferencias tú de esas imágenes del Autismo?
5. ¿Alguna vez te han dicho que «no pareces Autista» o que «no es posible que seas Autista»? ¿Qué crees que querían decir? ¿Qué sentiste al oírlo?

En estos tiempos sí se han difundido imágenes variadas de personas Autistas. Abed Nadir, de la serie de televisión *Community*, es un palestino musulmán agudo e ingenioso al que le apasiona el cine, además de tener la típica conducta distante y dificultad para sonreír. En el popular juego multijugador *Overwatch*, Symmetra es una chica india Autista y segura que revienta a sus oponentes con torretas que ella misma ha inventado. Beth Harmon, de la serie de Netflix *Gambito de dama*, es una bella jugadora de ajedrez adicta a las drogas, y todo parece indicar que es Autista. No empecé a ver personajes como estos hasta tener veintitantos años, cuando ya sabía que era Autista y, tras haber conocido a una diversidad de personas Autistas en la vida real, había empezado a buscar representaciones del Autismo que se salieran del molde del genio blanco atormentado. Profundizar en mis conocimientos del Autismo y en la diversidad de formas en que podía manifestarse era absolutamente fundamental para poder comprender quién era y empezar poco a poco a quererme y aceptarme. Para muchos de los Autistas enmascarados a los que entrevisté cuando decidí escribir este libro, fue igual de importante conocer a una variedad de Autistas «atípicos», de orígenes sociales y geográficos muy diferentes, personas que rompieran el molde.

¿Sospechas que eres Autista?

Hay Autistas enmascarados por todas partes, aunque precisamente a causa del enmascaramiento pasemos desapercibidos. Se nos puede encontrar en numerosos campos laborales que la gente nunca asociaría con el comportamiento Autista estereotipado, entre ellos el sector de ventas o de servicios y el mundo de las artes. Como somos tantos los que nos enmascaramos adoptando una actitud inhibida y reservada, es probable que no destaquemos y que socialmente no se nos considere bichos raros, al menos no de una manera obvia. Aunque muchos de nosotros tenemos particularidades sensoriales, ansiedad, crisis nerviosas y síntomas mentales debilitantes, relegamos la mayor parte posible de ese sufrimiento al ámbito privado. Los esmerados velos que utilizamos como mecanismos de afrontamiento y camuflaje pueden crear la engañosa idea de que no necesitamos ayuda. A menudo conseguimos camuflarnos detrás de ellos a costa de renunciar a aquellas áreas de la vida en que podríamos necesitarla. Es posible que nos abstengamos de relacionarnos, abandonemos programas académicos extenuantes, evitemos puestos de trabajo que conlleven establecer contactos y socializar, o no queramos saber nada de actividades que supongan utilizar el cuerpo, por lo desconectados que nos sentimos de él y la consiguiente falta de coordinación física. A la mayoría nos persigue la sensación de que hay algo que «falla» o que «falta» en nuestra vida; de que, simplemente para poder vivir, sacrificamos mucho más de nosotros mismos que otra gente y recibimos mucho menos a cambio.

Como son tantas las personas Autistas que nunca llegan a recibir un diagnóstico, es difícil calcular la prevalencia de este neurotipo. Lo que sí sabemos es que a medida que la conciencia pública del Autismo ha aumentado, y que los procedimientos de diagnóstico han empezado a ser un poquitín menos tendenciosos, la tasa de diagnóstico ha ido creciendo a ritmo constante. En 2020, se diagnosticó Autismo a uno de cada cincuenta y cuatro niños y niñas, cuando hacía tan solo cuatro años se diagnosticaba a uno de cada sesenta y ocho. En la década de 1990, solo se diagnosticaba de Autismo a uno de cada dos mil quinientos.[61] No hay ninguna señal de que esta tendencia al alza vaya a detenerse, ya que todo parece indicar que la patología sigue estando seriamente infradiagnosticada en las mujeres, las personas trans, la población negra y mestiza, las personas en situación de pobreza y las que no tienen acceso a pruebas de detección y terapia. En Estados Unidos, hasta el cincuenta por ciento de quienes por el motivo que sea necesitan apoyo de salud mental carecen de acceso a él,[62] por lo cual estamos hablando de una tasa de infradiagnóstico auténticamente masiva.

A la vista de estos datos, cabe suponer que, en la actualidad, al menos la mitad de los Autistas de Estados Unidos no reciben un diagnóstico. Y esta es una estimación conservadora, basada en el supuesto de que todas las personas Autistas con acceso a terapia reciben un diagnóstico preciso, algo que sabemos que no es cierto. También hay que tener en cuenta que el Autismo es hereditario y que por cada niño o niña Autista diagnosticado que refleja este gráfico, probablemente haya varios familiares más que presenten rasgos del espectro Autista. En mi caso, prácticamente todos los miembros de mi familia tienen algún rasgo Autista y puede considerárselos parte de la comunidad Autista, aunque algunos de ellos no cumplan los requisitos que la evaluación formal considera necesarios para el diagnóstico, o no tengan interés en identificarse como personas discapacitadas.[63]

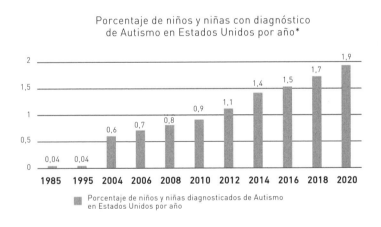

Porcentaje de niños y niñas con diagnóstico de Autismo en Estados Unidos por año*

Porcentaje de niños y niñas diagnosticados de Autismo en Estados Unidos por año

* Fuente: Centers for Disease Control and Prevention (CDC) ['centros para el control y la prevención de enfermedades'].

Si estás leyendo este libro, probablemente tienes la sospecha de que podrías ser un Autista enmascarado, o neurodiverso de alguna otra manera, o de que alguien que conoces podría serlo. Llevo muchos años escribiendo sobre mi propio viaje de autodescubrimiento Autista, y cada vez que publico en Internet algo sobre el tema, recibo una avalancha de mensajes de personas que se preguntan si pertenecen al espectro y que quieren que las oriente sobre cómo descubrirlo. Normalmente, su primera pregunta es cómo hacerse la prueba del trastorno del espectro Autista (TEA). Mi respuesta inicial es formularles tres preguntas:

1. ¿Tienes un seguro médico que cubra las evaluaciones de Autismo?
2. ¿Tienes posibilidad de encontrar en tu zona un especialista en evaluación del Autismo que tenga un historial de haber trabajado eficazmente con adultos Autistas?
3. ¿Qué esperas conseguir con un diagnóstico formal?

Responder a las dos primeras preguntas puede resultar bastante desmoralizador. En Estados Unidos, muchos de los planes de seguro médico que la gente contrata no cubren la evaluación del Autismo en adultos.[64] Por otro lado, son muy pocos los especialistas que están cualificados para evaluar y diagnosticar el Autismo (un psicólogo normal no lo puede hacer), y el proceso de diagnóstico suele conllevar múltiples pruebas, encuestas selectivas e incluso entrevistas con la familia y los amigos de la persona. Sin cobertura de seguro, este proceso puede costar entre mil doscientos y cinco mil dólares.[65, 66]

Incluso en el caso de que alguien pueda permitirse una evaluación, dar con un especialista que sepa diagnosticar a adultos Autistas puede resultar exorbitantemente difícil. Mi amigo Seb (que tiene veintitantos años) se presentó para una evaluación en el Reino Unido, y las pruebas que le hicieron estaban pensadas para niños pequeños. Un terapeuta le pidió que colocara varios juguetes encima de una mesa e inventara una historia sobre cada uno de ellos, lo cual forma parte de una herramienta de diagnóstico común llamada Escala de observación para el diagnóstico del Autismo (o ADOS: Autism Diagnostic Observation Schedule) y que se ideó para ser utilizada en la infancia.[67] A la madre de Seb se le entregó un cuestionario para que lo rellenara, y a él no se le permitió mirar lo que había escrito. Durante el proceso entero, Seb sintió que le habían arrebatado todo poder. Algunas de las personas a las que entrevisté para este libro contaban que varios evaluadores, uno detrás de otro, las habían rechazado por cosas tan simples como ser mujer, o ir bien vestidas, o no tener una voz absolutamente monótona. Otras veces, los evaluadores deciden ponerle a la discapacidad adulta un nombre que consideren menos estigmatizante, como trastorno de aprendizaje no verbal, en lugar de identificar a la persona explícitamente como Autista.

«Tuve que ir a dos especialistas —me cuenta Crystal—. El primero me dijo básicamente lo mismo que decía mi abuelo: las chicas no suelen ser Autistas. Te defiendes estupendamente. No te preocupes».

Todavía en la actualidad, la mayoría de las herramientas de evaluación del Autismo están basadas en las que se diseñaron hace décadas para niños varones blancos de familias ricas y de clase media.[68] Al cabo de años de experiencia clínica, algunos expertos aprenden a reconocer el Autismo en quienes lo enmascaran. Puede que sepan, por ejemplo, que los Autistas enmascarados son capaces de establecer contacto visual, aunque en comparación con los estándares neurotípicos muchos fijemos demasiado la mirada o durante demasiado tiempo seguido. Puede que estén al tanto de que las mujeres Autistas y las personas de color no tienen más remedio que hacerse las simpáticas, como estrategia de supervivencia, por lo que su tono de voz podría no ser totalmente plano. Tal vez esos expertos son incluso conscientes de la relación que hay entre el Autismo y la dependencia de sustancias adictivas o los trastornos de la conducta alimentaria, sobre todo entre las personas que tienen que fingir neurotipicidad el día entero en sus trabajos. Sin embargo, ninguno de estos hechos está incluido en la formación que reciben los evaluadores, y muchos se pasan toda su carrera profesional reforzando las viejas nociones supremacistas (sexistas y racistas) sobre cuáles deben ser las manifestaciones visibles de la discapacidad.

Esto nos trae a la tercera pregunta que formulo: ¿qué esperas conseguir con un diagnóstico formal? La respuesta podría ser disfrutar de los beneficios sociales y jurídicos que se especifican en la Ley para Estadounidenses con Discapacidades (ADA: Americans Disabilities Act) o leyes similares y estatutos antidiscriminatorios del mundo entero. O quizá confíes en que la gente se tomará más en serio tus dificultades cuando un psiquiatra las haya certificado. Un diagnóstico formal significa que puedes beneficiarte de ciertas adaptaciones en tu centro de estudios o en el trabajo, y que puedes emprender acciones legales si el gerente de una empresa o el arrendador de una vivienda dan señales documentables de parcialidad contra ti. En algunos países, un diagnóstico puede darte derecho a obtener un permiso para adquirir marihuana medicinal o a solicitar un animal de compañía adiestrado. Tal vez los miembros de tu familia, que siempre te han dicho que eres un quejica y un vago, te dejen en paz cuando sepan que tienes un trastorno del desarrollo. O es posible que tu terapeuta o tu médico adapten a tu neurotipo el tratamiento que hasta ahora recibías. Este es el tipo de beneficios que muchas personas neurodivergentes esperan conseguir cuando buscan a alguien que las evalúe formalmente.

Por desgracia, un diagnóstico no garantiza que vayas a recibir ninguno de estos beneficios. Demostrar ante un tribunal que se te ha discriminado por ser Autista supone reunir abundante documentación que lo corrobore[69] y tiene un coste prohibitivo para la mayoría de las personas discapacitadas. Por otro lado, aunque sobre el papel una discapacidad diagnosticada te dé derecho a disfrutar de ciertas adaptaciones, muchos empresarios y educadores se niegan a proporcionarlas, o tratan mal a los empleados y estudiantes que las solicitan (encontrarás más información sobre las limitaciones de la ADA y su irregular aplicación en el capítulo ocho). Y aunque me gustaría mucho asegurarte que, una vez que se te reconozca formalmente como Autista, tus amigos y tu familia dejarán de desvalorizarte a cada momento, he oído demasiados ejemplos de lo contrario como para atreverme a afirmar que realmente será así. Puede que a los miembros de tu familia les parezca aún más inquietante tu discapacidad una vez que esté médicamente confirmada o que el diagnóstico de Autismo les dé permiso para infantilizarte o no tomarse en serio tus opiniones. Con esto no pretendo disuadirte de que busques a alguien que te evalúe; simplemente no quiero que nadie tenga la impresión de que un trozo de papel firmado por un psiquiatra te brindará por arte de magia un conjunto de recursos y respeto social.

Además, un diagnóstico de Autismo no te da acceso a ninguna terapia o medicación concretas, ya que no existen procedimientos basados en pruebas científicas para tratar el Autismo en adultos. La mayoría de los terapeutas no han recibido formación específica para trabajar con personas Autistas adultas, y muchos de ellos tienen una comprensión muy superficial y anticuada de lo que es el neurotipo. Incluso los que se han especializado en el tratamiento del Autismo normalmente han aprendido a trabajar sobre todo con niños y niñas Autistas para «ayudarlos» a comportarse de una manera más agradable y pasiva. Aquí en Chicago, solo conozco a un terapeuta que sea competente en el tratamiento de adultos Autistas enmascarados, y sé que es competente únicamente porque otras personas Autistas me han asegurado que lo es. Sí conozco a varios profesionales de la salud mental de otras ciudades que, en privado, me han confesado que son Autistas y que les encanta trabajar con pacientes Autistas. Sin embargo, uno a uno me han dicho que no pueden identificarse abiertamente como Autistas en el ámbito profesional, ya que es más que probable que sus colegas los consideren incompetentes o poco profesionales si hablan con franqueza de su neurodivergencia.

Claro está que incluso la idea de buscar un tratamiento «para» el Autismo parte de la premisa de que somos seres humanos defectuosos o enfermos, y esta es una idea que el movimiento de la neurodiversidad rechaza por completo. No hay medicamentos para el Autismo, no hay cura ni hay manera de cambiar el neurotipo. Como comunidad, la mayoría de los Autistas se oponen a los intentos médicos de «arreglarnos». En la actualidad, se han incorporado ciertas modificaciones a los métodos terapéuticos existentes que los hacen más aptos para tratar a Autistas adultos; pero a menos que un terapeuta dedique tiempo a formarse específicamente, es posible que no sepa que existen estos tratamientos modificados. En su mayor parte, reconocerse como Autista es un viaje de autoaceptación, de relación con otras personas Autistas y de defensa creciente de quien somos, y puede que ni siquiera necesites o quieras un diagnóstico formal para recorrer este camino.

Por todas las razones que he expuesto hasta ahora, apoyo firmemente la autodeterminación Autista. Prefiero los términos *autodeterminación* o *autoidentificación* a *autodiagnóstico*, porque creo que es más sensato considerar la identidad Autista a través de una lente social que de una estrictamente médica.[70] El proceso de diagnóstico formal es una verja de acceso restringido, que se le cierra de golpe en la cara y le deja grabadas las marcas de sus barrotes a cualquier persona que sea demasiado pobre, demasiado trabajadora, demasiado negra, demasiado femenina, demasiado inclasificable sexualmente o demasiado no conforme con su género, entre otras. Son precisamente los Autistas que no tienen acceso a un diagnóstico ecuánime los que más necesitan solidaridad y justicia, y no podemos dejarlos fuera.

Aunque las personas como Crystal a menudo se lamentan de no haber recibido un diagnóstico de Autismo a edad temprana, los niños y niñas Autistas que sí reciben un diagnóstico en la infancia tienen, por un lado, mayor acceso a ciertos recursos y, por otro, un estigma institucionalizado más intenso. Que se nos identifique formalmente como personas discapacitadas es un arma de doble filo; cabe incluso la posibilidad de que ese diagnóstico se utilice en contra nuestra en un proceso de divorcio o un caso de custodia de menores, o para someternos legalmente a una tutela económica. Esto no significa que desaconseje el diagnóstico en todos los casos. Conozco a padres y madres Autistas enmascarados que están muy contentos de que a sus hijos Autistas los evaluaran y diagnosticaran cuando eran pequeños. Muchas veces, es precisamente el diagnóstico de sus hijos lo que propicia su propia exploración de una identidad Autista. Además, el hecho de que en la familia haya algún caso de Autismo formalmente reconocido contribuye a que los profesionales te tomen más en serio si tienes la sospecha de que eres Autista (así ha sido en mi caso).

Los padres y madres que conozco para los que la evaluación ha sido una experiencia positiva comenzaron el proceso de diagnóstico sabiendo que tendrían que librar muchas batallas para que se respetara la autonomía psicológica y la humanidad de su hijo o su hija. Lo mismo puede decirse de los adultos que se han sometido a una evaluación formal. Por desgracia, las personas Autistas nos encontramos con frecuencia en la situación de tener que educar a los propios profesionales médicos que nos atienden. El niño y la niña Autistas, en particular, necesitan defensores firmes que luchen por que se respeten sus límites personales y por que el tratamiento que se les administre sea realmente lo mejor para *ellos*. Si deseas que te den un diagnóstico o se lo den a tu hijo, debes iniciar el proceso con expectativas precisas, con toda la información posible y dispuesto a pelearte o a cambiar de profesional las veces que sea necesario.

Si no deseas enfrentarte al largo, arduo y a menudo costoso proceso de que te evalúen, no tienes por qué hacerlo. La documentación médica no hace que tu experiencia sea más real. Los Autistas autoidentificados no son miembros inferiores de la comunidad. En la mayoría de los espacios de autodefensa Autista que frecuento, no tengo ni idea de quién ha recibido un diagnóstico formal y quién no, porque la verdad es que no importa.

Creo que las personas Autistas tenemos derecho a definir quiénes somos, y que la autodefinición es un medio de reclamar nuestro poder a la clase médica que durante tanto tiempo ha intentado acorralarnos y controlarnos. Nuestra desviación de la norma no tiene por qué ser la parte fundamental de cómo nos entendemos a nosotros mismos. Podemos presionar para que se expandan las normas sociales hasta conseguir que el Autismo se considere un hecho neutral acerca de cómo es una persona, en el mismo nivel que tener pecas o necesitar gafas. A medida que vayamos avanzando en la concienciación pública y la defensa de nuestros derechos, empezaremos a ocupar en la sociedad una posición *menos discapacitada*. Pero seguiremos siendo Autistas. Por tanto, no debemos dejar que el concepto del Autismo como impedimento modele la manera en que nos vemos a nosotros mismos o determine quién de nosotros está incluido y quién no.

Algunos comentarios sobre la terminología

A lo largo de todo el libro, escribo «Autista» con mayúscula por la misma razón que los miembros de la comunidad Sorda escriben «Sordo» con mayúscula, para indicar que es una parte de mi identidad de la que me siento orgulloso y para destacar que las personas Autistas tenemos nuestra propia cultura, historia y comunidad. Desde que Eugene Bleuler acuñó la palabra a principios del siglo xx, el término *Autismo* se ha utilizado en la mayoría de los casos con un sentido negativo y deshumanizador, y es un término que todavía hoy sigue atemorizando a muchos padres y educadores. Al escribir Autismo con mayúscula, quiero enfatizar que en realidad es un aspecto importante de quienes somos, un aspecto fundamental que no deberíamos rehuir.

También me referiré al Autismo como una discapacidad. *Discapacidad* no es una palabra ofensiva, dado que estar discapacitado no es algo vergonzoso. No es que tengamos «capacidades diferentes»; tenemos una discapacidad, porque se nos han robado el poder y la posibilidad de ser quienes somos en un mundo que no está hecho para nosotros. Los eufemismos *personas especiales*, *personas con capacidades diferentes* y otros similares los crearon en los años ochenta del pasado siglo los padres y madres de hijos discapacitados, en un intento por evitar que a sus hijos los marginaran. Luego popularizaron estos términos los políticos,[71] a los que les resultaba incómodo reconocer la opresión que las personas discapacitadas experimentaban de hecho.[72] Todos esos eufemismos pretenden ocultar la realidad y reflejan la incomodidad que siente mucha gente ante un cuerpo o un cerebro discapacitados. Alguien que está completamente ciego no tiene una «diferencia visual», sino que carece de una capacidad que tiene la mayor parte de la gente y vive en un mundo diseñado por y para personas que ven. El mundo *discapacita* activamente a las personas al no proporcionarles las adaptaciones que necesitan. Nombrar la realidad de la discapacidad muestra respeto por las personas discapacitadas y conciencia de que viven oprimidas. La expresión *con capacidades diferentes* intenta silenciarlo con un eufemismo cursi, por lo que a muchos de nosotros nos parece una expresión ofensiva.

Por la misma razón, utilizo casi siempre el término *Autista* y no *persona con Autismo*. Muchos padres no discapacitados que tienen hijos o hijas Autistas prefieren lo que se denomina «poner la persona primero», en lugar de «poner la discapacidad primero» o «la identidad primero».[73] Las organizaciones de servicios para la discapacidad que no están dirigidas por individuos discapacitados suelen abogar también por poner a la persona primero. Igualmente, muchos psicólogos clínicos y trabajadores sociales que conozco me cuentan que en la universidad les enseñaron a separar siempre a la persona de la discapacidad.

Quienes se inclinan por poner a la persona primero dicen, normalmente, que es porque no quieren que las personas discapacitadas se sientan definidas por su discapacidad. Sin embargo, expresiones como *persona con Autismo* crean una distancia, a veces muy perjudicial, entre el estatus de discapacitada que vive una persona y su humanidad. El Autismo no es algo que se le añada; forma parte de su vida y no puede separarse de quien es. No nos referimos a la gente asiática diciendo que son «personas con asiaticidad» ni llamamos a la gente gay «personas con homosexualidad», porque nos parece que es una señal de respeto considerar esas identidades como parte de la persona que son. También expresiones del tipo *se identifica como Autista* comunican una duda de fondo. Si de verdad respeto el género de una mujer trans, por ejemplo, no diré «esta persona se identifica como mujer»; diré simplemente «es una mujer», eso es todo.

La gran mayoría de los Autistas que abogan por la inclusión real del Autismo en la sociedad prefieren el lenguaje que expresa su identidad primero y aborrecen eufemismos como *especial* y *con capacidades diferentes*, por todas las razones que acabo de exponer. También desaconsejan que se utilice la clasificación *personas de bajo (o alto) funcionamiento*, y se empleen en su lugar expresiones como *personas con gran (o escasa) necesidad de apoyo*. He aquí una tabla de los términos utilizados más comúnmente y las preferencias de la comunidad.

TERMINOLOGÍA DEL AUTISMO: términos comunes que conviene y que no conviene emplear	
Utiliza estos	**Evita estos**
Persona Autista Autista En el espectro Autista	Persona con Autismo
Es Autista	Se identifica como persona que tiene Autismo
Está discapacitado Tiene una discapacidad	Tiene «necesidades especiales» Tiene «capacidades diferentes»
Neurotípico Alístico No Autista	Normal
Tiene gran necesidad de apoyo Tiene poca necesidad de apoyo	«De bajo funcionamiento» «De alto funcionamiento»
Persona no verbal Persona con pérdida del habla	Persona muda

TERMINOLOGÍA DEL AUTISMO: términos comunes que conviene y que no conviene emplear	
Utiliza estos	**Evita estos**
Persona intelectualmente discapacitada Persona que tiene una discapacidad del desarrollo	Persona retrasada Persona subnormal Persona «especial»
Lenguaje claro sobre lo que una persona puede o no puede hacer, y el tipo de apoyo que necesita	Eufemismos, lenguaje que minimiza las dificultades, lenguaje menospreciativo o condescendiente

Dicho esto, los Autistas somos un grupo diverso y no tenemos por qué estar todos de acuerdo en la terminología con que nos gusta y no nos gusta que se refieran a nosotros. Si eres Autista, tú decides qué lenguaje es el que mejor te sienta a ti. Algunas personas prefieren decir que están «en el espectro», por ejemplo, en lugar de decir estrictamente que son Autistas. Otras se identifican como Asperger (o *Aspie*), aunque esta calificación del trastorno se haya eliminado y tenga su origen en la investigación eugenista de Hans Asperger.[74] Comprendo que las personas a las que se les impuso ese término en el pasado sientan quizá apego por él o deseen reivindicarlo. En un tiempo, la palabra *bisexual* fue el nombre que se le dio a una supuesta enfermedad mental,[75] pero no les decimos a las personas bisexuales que dejen de usar el término porque tiene una historia ofensiva. Cuando alguien como el folclorista Anand Prahlad escribe un libro como *The Secret Life of a Black Aspie* [La vida secreta de un *Aspie* negro], está claro que el uso que hace del término *Asperger* no pretende reforzar viejas nociones supremacistas blancas de lo que es la discapacidad. Creo que es mucho más importante poner en evidencia algunos hechos graves —como la idea tácita de que la vida de los Autistas «altamente funcionales» tiene más valor que la del resto de las personas Autistas– que erradicar del lenguaje de todas ellas los términos anticuados o problemáticos. Además, es esencial que todas las personas de todos los niveles de capacidad tengan acceso a la comunidad de autodefensa de las personas discapacitadas, y para ello tenemos que ser comprensivos con quienes no se comunican exactamente como nos gustaría.

Aunque la mayor parte de la comunidad desaconseja el uso de estos términos, algunas personas Autistas se identifican como «de bajo funcionamiento» o «gravemente Autistas». Etiquetar a alguien por su grado de «funcionamiento» es simplificar peligrosamente la experiencia Autista, y da a entender que se nos debe definir por lo productivos e independientes que seamos. Esto es un gran problema. Al mismo tiempo, las etiquetas relacionadas con el «funcionamiento» pueden utilizarse ocasionalmente para destacar el hecho de que aquellos de nosotros que somos capaces de hablar, vestirnos solos u ocultar nuestras crisis tenemos algunos privilegios sociales que otros Autistas no tienen. Yo no tengo un «alto» funcionamiento en todos los aspectos de mi vida, pero soy capaz de desenvolverme con más facilidad que muchos otros Autistas. De acuerdo, el que se me acepte en sociedad está condicionado a que me comporte de forma respetable y sea productivo, y esta es una realidad profundamente capacitista; pero no debería fingir que no es verdad. Aunque tener que enmascararme para parecer una persona apta y respetable sea terriblemente desmoralizador, es cierto que me protege de la violencia física, de que me internen en un centro psiquiátrico, de la pobreza y de la soledad. Entiendo perfectamente por qué mi amigo Ángel cree que vale la pena destacar que su vida, como persona con discapacidades intelectuales y que no habla, es muy diferente de la mía. Ángel dice que es de bajo funcionamiento y que tiene Autismo grave; aunque hay miembros de nuestra comunidad a los que su lenguaje les suena ofensivo, yo defiendo que tiene derecho a nombrar como quiera su propia experiencia.

Me encanta que cada persona Autista tenga ideas propias y su propia relación con estas etiquetas. Nuestros desacuerdos demuestran que es una comunidad diversa, compuesta por personas que se forman sus propias opiniones y dicen lo que piensan. No somos un grupo monolítico, y nuestros respectivos viajes individuales dan forma a cómo expresamos nuestra identidad al mundo. En este libro he hecho todo lo posible por respetar la terminología que cada persona Autista utiliza para sí misma. Esto significa que a veces diré que alguien es una «persona con Autismo» o «persona de bajo funcionamiento», a pesar de que los grupos de autodefensa tienen razones fundadas para disuadir a los Autistas de utilizar estas palabras de una forma irreflexiva. Si alguna de las personas a las que he entrevistado se autoidentifica como *Aspie* o Asperger, también lo reflejaré con precisión. Espero que, aunque tengas clara tu postura sobre los términos que a ti te gustan y los que no, puedas respetar la libertad de cada una de ellas para nombrarse a sí mismas, como yo me propuse respetar.

CAPÍTULO 2

¿Quiénes son los Autistas enmascarados?

Bobbi, una persona Autista no binaria de treinta y tantos años,[*] dice: «No me educaron ni me dieron a conocer socialmente como una niña Autista. Me criaron como a un bicho raro y un "fallo de género"».

Bobbi cuenta que en la infancia le interesaban los deportes, las plantas autóctonas, las setas y la lucha libre profesional. En el colegio, todos la llamaban «marichico» y la condenaban al ostracismo porque era desgarbada y ruda y se negaba a tener un comportamiento

---

[*] N. de la T.: Género no binario es la denominación que se aplica a las personas que asumen una identidad de género que se halla fuera del binarismo de géneros (masculino y femenino). Podrían identificarse con un tercer género ajeno al binarismo (género disidente); con dos (bigénero), tres (trigénero) o más géneros (pangénero) simultáneamente; tener un género fluido (variar entre dos o más géneros de forma perpetua o esporádica), o ser agénero (si no se identifican con ningún género total o parcialmente). Dado que la identidad de género es independiente de la orientación sexual o romántica, las personas no binarias tienen una variedad de orientaciones sexuales, incluyendo la heterosexual, al igual que las personas cisgénero. Ser una persona no binaria tampoco es lo mismo que ser intersexual; la mayoría de las personas intersexuales se identifican como hombres o mujeres.

«femenino». Incluso en las ocasiones en que se esforzaba por ajustarse a las normas de género, fracasaba estrepitosamente. Carecía del control motor fino para maquillarse o escribir con una esmerada letra cursiva. Cuando en el comedor sus compañeras se burlaban veladamente de su pelo corto, que se cortaba ella misma, Bobbi no captaba el tono de burla. Daba por hecho que si le gritaban: «Eh Bobbi, bonito corte de pelo», lo decían con sinceridad.

Nadie reconoció a Bobbi como potencialmente Autista y por supuesto nadie la reconoció como potencialmente transgénero.

«Estaba simplemente en esa categoría de "criatura rara molesta" de la que no se quiere saber mucho», me dice.

En ambos aspectos, a los adultos les resultaba más fácil ver las «rarezas» de Bobbi como un simple fastidio que como señal de que vivía marginada tanto por razones de género como de discapacidad. El Autismo enmascarado y pertenecer a una minoría de género encubierta van juntos muy a menudo, y ambas experiencias tienen muchas características en común. La familia de los adultos transgénero y Autistas suele asegurar, desconcertada, que en la infancia y la adolescencia nunca dieron «ninguna señal» de esas identidades.[1] La realidad es que normalmente dieron muchas señales, que la familia no supo interpretar o no quiso ver.[2] Lo más probable es que los padres respondieran a cualquier señal de no conformidad con una amonestación, una corrección condescendiente «por su bien» («Se te ve tan triste... ¡Sonríe un poco, por favor!») o rechazando al niño o la niña hasta que *se conformara*. Bobbi recibía cumplidos sarcásticos con bastante frecuencia, no solo por su pelo, sino por sus ademanes, por cómo hablaba y pensaba y por su forma de vestir, cómoda y práctica. Al ir haciéndose mayor, empezó a darse cuenta de lo que se esperaba de ella y modificó su aspecto para ser más femenina y que se la considerara plenamente humana.

No había nadie en la vida de la joven Bobbi que la viera como era realmente. Cuando tu sistema de creencias te enseña que la discapacidad y la divergencia de género son vergonzosas y repugnantes, es difícil mirar a tu hijo o hija y reconocer en ellos esos rasgos. Desde luego, no ayudaba nada que en las películas y programas televisivos de los años ochenta y noventa del pasado siglo los Autistas fueran siempre nulidades silenciosas y pasivas y los transgénero, pervertidos asesinos en serie o curiosidades cutres de la televisión diurna.

En la actualidad, Bobbi se rodea de compañeros Autistas y transgénero. Descubrió su discapacidad después de que a su hijo mayor lo evaluaran y recibiera un diagnóstico en la escuela primaria, y en los dos años que han pasado desde entonces ha intentado entablar relaciones que la ayuden a sentirse normal y reconocida por primera vez. Me cuenta que su grupo de amigos es como una tierra de juguetes inadaptados. Todos son personas que han sido excluidas de la sociedad regular, la mayoría por más de un motivo. Incluso el diálogo público sobre el Autismo ignora su existencia la mayor parte del tiempo.

«Tenemos que rehacer la sociedad desde cero —dice—, crearnos nuestras propias microsociedades neuro-*queer*.* Porque a nadie más se le ocurrirá incluirnos».

---

* N. de la T.: Por su misma naturaleza, el término *queer* (en inglés, 'raro' o 'inusual') escapa a cualquier definición. Para algunas personas, representa precisamente todo aquello que no se puede catalogar con una palabra. No obstante, el término tiene de fondo un espíritu de disidencia, y hay tres sentidos principales en los que se utiliza: 1. En relación con la identidad de género, se denomina de género *queer* (*genderqueer* en inglés) a todas aquellas personas no binarias que, además de tener una identidad de género no mayoritaria, tampoco se sienten identificadas con ninguna expresión social de género. 2. En relación con la orientación sexual, se considera que este debe ser un terreno libre de ataduras que permita la fluidez. Las preferencias sexuales pueden variar e incluir la atracción por personas de género binario o no binario. La pansexualidad se acercaría bastante al espectro *queer*. 3. En relación con el sistema: más allá de la identidad de género o la orientación sexual, la identidad *queer* significa en muchos casos alejarse de las normas del sistema y una negativa por ejemplo a casarse, tener hijos, trabajar bajo las normas del sistema capitalista o formar parte de la cadena alimentaria de explotación animal. Para quienes identifican lo *queer* más allá del género y la sexualidad, esta comunidad representa un acto político de rebeldía frente a las restricciones impuestas por la sociedad.

En este capítulo, me gustaría presentarte a los grupos de personas que más comúnmente se convierten en Autistas enmascarados. Son aquellos a los que se les ha negado sistemáticamente el acceso al diagnóstico durante décadas y a los que con frecuencia se sigue ignorando en los diálogos público y psiquiátrico sobre la neurodivergencia. Son mujeres como Crystal, personas transgénero como Bobbi y personas negras de género *queer* como Anand Prahlad. La neurodivergencia de algunos de ellos pasó inadvertida porque crecieron en la pobreza o porque tenían dolencias físicas que ocultaban sus rasgos Autistas. A algunos, se los considera tan «altamente funcionales» que no se cree que haya necesidad de ofrecerles adaptaciones, aunque la realidad es que sufren profundamente por la falta de accesibilidad y apoyo. Otros están claramente debilitados por la discapacidad, pero se los diagnosticó erróneamente de *borderline* (trastorno límite de la personalidad) o de narcisistas, y no de Autistas. En sus relatos, verás lo polifacética que es nuestra comunidad y lo dolorosamente restrictivos que son para cada uno de nosotros los estereotipos sobre el Autismo. Puede que te veas reflejado en esos relatos o que veas en ellos el reflejo de alguien que conoces. Cuanto más se comprenda y acepte el Autismo en toda su riqueza de diversidad, menos necesidad tendrán las personas Autistas marginadas de mantenerse ocultas tras una máscara de conformidad silenciosa.

Mujeres Autistas y minorías de género

La mayoría de los escritos e investigaciones sobre las disparidades de género en el Autismo se centran en lo raramente que, por desgracia, se emiten diagnósticos de Autismo entre las niñas. Investigadores, terapeutas e incluso personas que trabajan en el movimiento de autodefensa Autista hablan del «Autismo femenino»[3] y achacan la escasez de diagnósticos entre las niñas a que es cierto que, en su caso, las características de la discapacidad parecen en general menos graves o resultan menos evidentes.

Cuando las niñas Autistas tienen conductas autoestimulantes, tienden a ser físicamente menos dañinas: en lugar de morderse los brazos, es más frecuente que se revuelvan el pelo o abran y cierren un libro en silencio muchas veces seguidas.[4] Si una niña Autista es tímida y retraída, a la gente le preocupa menos que si un chico se mostrara igual de reservado. Por otra parte, cuando las niñas Autistas tienen una crisis, no suele dársele mucha importancia porque se considera un arrebato emocional. Y en las ocasiones en que *sí* tienen una reacción de rabia o un comportamiento agresivo, lo más probable es que se las castigue con severidad por no ser femeninas, lo que hace que aprendan a censurar su agresividad a una edad más temprana que la mayoría de los niños.[5] Los adultos se dirigen a las niñas utilizando más palabras relacionadas con las emociones que cuando se dirigen a los niños,[6] lo que significa que las niñas Autistas suelen tener ventaja en las habilidades sociales y de relación. Gran parte de los juegos estereotipados para niñas (y a los que se las anima a jugar) consisten en imitar las interacciones sociales de los adultos, como jugar a las casitas o a que tienen una tienda y venden productos desde detrás de un mostrador,[7] por lo cual muchas niñas Autistas aprenden a fingir en conversaciones rutinarias a una edad más temprana que los niños.

Por estas y otras muchas razones, no reciben un diagnóstico hasta una edad más avanzada.[8] Muchas reciben el diagnóstico cuando son adultas y a otras nunca se les llega a diagnosticar. Al igual que Crystal, muchas mujeres Autistas desarrollan una personalidad inofensiva y tranquila para contrarrestar sus limitaciones sociales. Por desgracia, adoptar una personalidad dócil dificulta aún más que su sufrimiento se perciba como un problema real.

A continuación he incluido una tabla que resume algunos de los rasgos más conocidos del «Autismo femenino». Es una adaptación de una lista publicada originalmente en el sitio web Help4Asperger's, ya desaparecido, que creó Rudy Simone, autora del libro *Aspergirls*.[9] No se trata en absoluto de una lista completa y no debe tomarse como herramienta de diagnóstico. Como decía al comienzo del libro, la idea de que todas las mujeres Autistas tienen «Autismo femenino» es reduccionista. Aun así, los médicos a menudo recurren a tablas como esta para determinar si una mujer adulta podría ser una Autista sin diagnosticar, por lo cual es algo que se debe tener en cuenta. A quienes han estudiado que existe el fenómeno del «Autismo femenino», se les enseñó algo de este estilo:

RASGOS ASOCIADOS COMÚNMENTE CON EL «AUTISMO FEMENINO»[10]

Emocionales
- Suele dar la impresión de ser emocionalmente inmadura y muy sensible.
- Propensa a los arrebatos o al llanto, a veces por cosas aparentemente insignificantes.
- Le cuesta reconocer o nombrar sus sentimientos.
- Ignora o reprime las emociones hasta que empiezan a «borbotear» y explotan.
- Puede que se altere o se sienta abrumada cuando otros están disgustados, pero no sabe cómo responder o ayudarlos.
- Se queda «en blanco» y parece como si se apagara, tras una prolongada interacción social o cuando está sobreestimulada.

Psicológicos
- Manifiesta un alto grado de ansiedad, especialmente ansiedad social.
- Los demás la perciben como una mujer malhumorada y propensa a los episodios de depresión.
- Puede que se le hayan diagnosticado trastornos del estado de ánimo, como el trastorno bipolar, o trastornos de la personalidad, como el trastorno límite o el trastorno narcisista, antes de que se considerara la posibilidad del Autismo.
- Teme intensamente el rechazo e intenta controlar cómo se sienten los demás para evitarlo.
- Tiene un sentido inestable de sí misma, tal vez muy dependiente de las opiniones de los demás.

Conductuales

- Utiliza el control para sobrellevar el estrés: cumple metódicamente las reglas estrictas que se impone, a pesar de tener una personalidad poco convencional.
- Suele sentirse más contenta en casa o en un entorno familiar y predecible.
- Parece joven para su edad, en apariencia, vestimenta, comportamiento o intereses.
- Es propensa al ejercicio exhaustivo y a la restricción calórica u otros trastornos de la conducta alimentaria.
- Descuida su salud física hasta que ya no es posible seguir ignorándola.
- Se tranquiliza haciendo pequeños movimientos repetitivos, escuchando repetidamente la misma pieza musical, revolviéndose el pelo, pellizcándose o arañándose la piel o levantándose las cutículas, etc.

Sociales

- Es un camaleón social; adopta los gestos e intereses de los grupos en los que está.
- Puede ser una gran autodidacta, pero tendrá dificultades con los aspectos sociales de la universidad o de su carrera.
- Puede ser muy tímida o callada, pero se vuelve atrevida y abierta cuando habla de un tema que la apasiona.
- Le cuesta saber cuándo hablar, en grupos grandes o en una fiesta.
- No inicia conversaciones, pero puede parecer extravertida y sentirse cómoda cuando se la aborda.
- Es capaz de socializar, pero sobre todo de una forma superficial que puede parecer casi una actuación. Le cuesta entablar amistades más profundas.
- En el momento, la hace sentirse mal decepcionar a alguien o discrepar de la opinión de alguien durante una conversación.

En esta lista de características, reconozco rasgos míos y de muchas personas adultas que conozco, de todos los géneros, a las que se les ha diagnosticado Autismo. El neurotipo suele presentarse de una forma particular en quienes hemos descubierto la identidad en una etapa avanzada de nuestra vida. Tendemos a ser emocionalmente retraídos, pero amistosos y socialmente adaptables. Somos camaleones sociales y maestros en el arte de caer bien a la gente, pero nunca dejamos que se vea mucho nuestro verdadero yo. Establecemos reglas rígidas en nuestra vida para controlar el estrés y hacer que el impredecible mundo social nos dé un poco menos de miedo: «Mantener el contacto visual durante equis segundos; comer esta comida, que es fácil de preparar, a esta hora del día; no hablar nunca de mí demasiado tiempo seguido...». Por mucho que intentemos ser agradables, la gente comenta de todas maneras lo «hipersensibles» o «inmaduros» que somos o insinúa lo difícil que es saber lo que pensamos y lo que queremos. Cuando tenemos dificultad para amoldarnos a alguna situación, se nos habla con condescendencia o en tono maternal se nos intenta «educar» socialmente para que adoptemos un comportamiento más normativo.

Este tipo de listas siguen siendo bastante populares entre los terapeutas[11] y también en Internet en los espacios para personas Autistas y sus familias.[12] A veces, si un terapeuta tiene interés en aprender sobre el «Autismo femenino», encontrará esta lista en Internet y su perspectiva del Autismo en las mujeres se basará en ella, o bien les ofrecerá a sus pacientes este listado de rasgos, tan vago y sexista y que refleja cantidad de prejuicios y convenciones culturales. ¿Qué significa, por ejemplo, «parecer joven»? ¿Se consideraría juvenil a un hombre corpulento, velludo, al que le encanta coleccionar muñequitos Funko Pop pero también participar en combates de artes marciales mixtas? ¿O esa etiqueta se aplicaría por el contrario a una mujer menuda que viste faldas plisadas y habla con voz aguda sobre su afición a los caballos? Con mucha frecuencia, la distinción entre a quién se percibe como un Autista inocente y tímido y a quién se considera desagradable, torpe y obviamente discapacitado depende más de factores como la raza, el sexo y el volumen corporal que de cualquier diferencia innata que se manifieste en la personalidad o el comportamiento. Tampoco existe una definición objetiva de qué hace que alguien se enfade por todo o sea un camaleón social. Aun así, está claro que es más fácil camuflarte socialmente si eres el tipo de persona a la que, de entrada, la sociedad no mira con demasiada suspicacia.

A este conjunto de rasgos es a lo que se suele llamar «Autismo femenino», pero la etiqueta ignora el hecho de que un porcentaje bastante alto de las personas Autistas son transgénero y de género no conforme.[13] Yo soy transgénero y Autista, y veo que mis experiencias no concuerdan del todo con las características del Autismo «femenino» ni del «masculino». Siempre he tenido algunos rasgos Autistas masculinos, como la tendencia a ser pedagógico y a hablar en un tono de seguridad, monótono, pero también fui una niña «sensible» e «inmadura» que inventaba historias para sus muñecos y que jugó con ellos hasta la adolescencia. Interpretar cualquiera de estos rasgos como una señal de «Autismo masculino» y no de «Autismo femenino» es igual de reduccionista en lo que respecta a los géneros como decir que hay un tipo de personalidad innatamente «masculina» o «femenina».

Lo mismo que Bobbi, recibí una educación de la que aprendí que era más un bicho raro que un «chico» o una «chica». Ni las chicas ni los chicos se relacionaban conmigo como un igual, y yo tampoco me identificaba ni con ellas ni con ellos. Me sentía más una criatura mitológica, un hada caída por error en una realidad que no le correspondía, que una «mujer» o incluso que un ser humano. Cuando empecé a jugar al videojuego *Legend of Zelda: Ocarina of Time* [La leyenda de Zelda: Ocarina del tiempo], por primera vez en mi vida me reconocí en su protagonista andrógino y no verbal, Link. No hablaba y era un extraño en la comunidad de elfos infantiles en la que se había criado. Su diferencia lo marcaba como un ser especial y destinado a salvar el mundo. Link era valiente, fuerte y delicadamente hermoso, todo a la vez. En la mayoría de las situaciones sociales era torpe, no sabía cómo comportarse, pero eso no le impedía hacer cosas importantes ni ser recibido con gratitud y afecto allá a donde iba. Me encantaba Link en todos los sentidos y emulé su estilo durante muchos años. Llevaba vestidos tipo túnica y una larga melena rubia, lo cual me daba un aire lo bastante «femenino», a ojos de todos, como para que me premiaran por interpretar correctamente el papel de chica atractiva. Pero, en realidad, era una forma furtiva de disfrazarme de mi personaje masculino favorito cada día sin consecuencias. Durante las acampadas con mi familia, cuando no soportaba más el calor y el ruido de la gente y que todo estuviera lleno de bichos, me iba a deambular por el bosque y fingía que era Link en una aventura por Hyrule. Necesitaba desesperadamente un modelo de cómo sentirme a gusto en mi piel, y Link estaba a mi disposición en un tiempo en el que no había nada más.

En realidad, se trata de una experiencia Autista muy común. Quizá porque muchos de nosotros estamos fuera de lugar en la vida neurotípica dominante, nos acabamos identificando con criaturas fantásticas,[14] alienígenas, robots o animales,[15] en lugar de con seres humanos.[16] Nuestras mentes hiperliterales y analíticas se van dando cuenta de que el modelo binario de género es un conjunto de reglas arbitrarias e inventadas de principio a fin,[17] así que inventamos nuestra propia identidad de género y las reglas para expresarlo; nos parece que es lo justo. A muchos de nosotros, identificarnos fuera del modelo binario (y fuera de la humanidad) nos ayuda también a explicarnos con palabras por qué nos sentimos tan desvinculados de la sociedad y de nuestro cuerpo: «¡Cómo no me va a costar tener un comportamiento "femenino", si soy un robot dentro de un traje humano!». Existe un término para denominar a las personas trans Autistas que entienden que su neurotipo y su identidad de género están inextricablemente unidos: *autigénero*.[18]

Le pregunto a Bobbi si considera que su Autismo y su transidentidad están asociados, y me dice: «Por supuesto que sí. No existe una parte de mí sin la otra. Mi Autismo es trans y mi transidentidad es Autista. Los sujetadores me resultaban incómodos por razones de género y porque no soporto la ropa ajustada. Jugaba al fútbol y al fútbol bandera para ser «uno de los chicos», y también porque mientras corría de un lado para otro nadie podía hablarme ni hacerme preguntas que fueran trampas sociales. Todo está entrelazado».

Siento lo mismo que Bobbi. Me encanta que mi Autismo y mi transidentidad estén conectados. En los días buenos, me entusiasma ser Autista y lo veo como una parte natural y neutral de mi identidad, así que nunca me ha parecido un problema que haya moldeado mi género. No soy una persona «normal», nunca lo he conseguido ser, así que identificarme fuera del binarismo de género y de la tipicidad humana me hace sentirme como en casa.

Por desgracia, muchos padres y muchos profesionales de la salud mental que defienden que el género está determinado por la biología no están de acuerdo en que haya una relación entre ambas cosas. Las personas tránsfobas suelen entender que si existe en nosotros una fuerte asociación entre la variación de género y el Autismo, es señal de que no somos «realmente» trans, sino «únicamente» Autistas muy confundidos.[19] Tienen la idea de que las personas Autistas no somos conscientes de nosotras mismas y es muy fácil manipularnos, por lo cual no debería permitírsenos tomar decisiones sobre nuestra identidad o sobre lo que hacemos con nuestro cuerpo.[20] Cuando en el verano de 2020 J. K. Rowling publicó en su blog el artículo titulado «Guerras TERF» (*trans exclusionary radical feminists*: feministas radicales excluyentes de las personas trans), expresaba concretamente su temor a que muchos hombres transgénero sean en realidad chicas Autistas que no eran femeninas en un sentido convencional y que, influenciadas en Internet por el activismo trans, dejaron de identificarse con la feminidad.[21] Al presentarse como defensora de las «chicas» discapacitadas, abogaba por restringir la libertad de los chicos y las chicas jóvenes a autoidentificarse como transgénero y, por el contrario, facilitarles el acceso a los servicios de atención sanitaria que necesitan.

La perspectiva de Rowling (que comparten muchas otras voces transexcluyentes radicales) es profundamente deshumanizadora tanto para la comunidad trans como para la Autista. Somos personas adultas, complejas, y tenemos el mismo derecho a la autonomía corporal y la autodeterminación que cualquier otro ser humano. Y no tiene ningún sentido preguntarse si una persona trans Autista sería trans de todos modos si no fuera neurodiversa de nacimiento, puesto que el Autismo forma parte esencial de quienes somos. Sin nuestra discapacidad (o nuestra identidad de género) seríamos personas distintas. Estos dos aspectos no pueden separarse de nuestro ser o nuestra personalidad; ambas son partes fundamentales.

Laura Kate Dale es una mujer transgénero, crítica de videojuegos y escritora, que ha hablado extensamente sobre cómo su neurotipo y su género han existido en paralelo a lo largo de su vida. En su libro autobiográfico *Uncomfortable Labels: My Life as a Gay Autistic Trans Woman* [Etiquetas incómodas: mi vida como mujer trans lesbiana Autista], cuenta que, aunque en su infancia todos la veían como un chico, ella no tenía la experiencia tradicional del «chico cis con Autismo».[22] Tenía muchos rasgos Autistas reconocibles, como aversión a los colores brillantes y a los sabores fuertes, y se sentía tan distanciada de la realidad física que le era imposible saber qué ropa ponerse a la vista del tiempo que hiciera cada día. Sin embargo, cuando le hicieron pruebas intentando poner nombre a sus posibles discapacidades, no pensaron siquiera en el Autismo. La sociedad la consideraba un «niño», y se daba por hecho que los «niños» con Autismo no podían ser tan dóciles y encantadores. Tenía muchos de los rasgos del «Autismo femenino», pero el mundo no la reconocía todavía como mujer.

Laura escribe: «Hay estereotipos de cómo es una criatura a la que se le ha asignado el género masculino al nacer, y yo manifestaba muy pocos de ellos al ir haciéndome mayor. Se tiene la expectativa de ver descaro, sobreexcitabilidad, bravuconería y cerrazón emocional [...] Yo era una criatura tranquila, reservada, dulce y obediente; hacía siempre lo que me decían sin rechistar».[23]

Las cosas que a Laura le interesaban eran casi siempre muy femeninas. Al igual que Crystal, en el colegio no interrumpía la clase con crisis de ansiedad ni hería los sentimientos de nadie hablándole con brusquedad o grosería. Y como su sufrimiento interior no les creaba problemas a sus compañeros ni a sus profesores, a todo el mundo le pasaba desapercibido; nadie reparaba en él, que es justo lo que les ocurre a muchas chicas Autistas cisgénero. Incluso algunos de sus rasgos Autistas se atribuían a que era un niño raro o afeminado, en lugar de discapacitado.

Las experiencias de Laura y de Bobbi son muy buenos ejemplos de por qué la expresión *Autismo femenino* es engañosa; atribuye el origen del enmascaramiento al sexo que se le asigna a una persona al nacer, o a su identidad, cuando en realidad son las expectativas sociales lo que hace que se ignore la discapacidad de una persona. El enmascaramiento es una experiencia social, no biológica. El «Autismo femenino» no es en realidad un subtipo de trastorno, sino la manera en que un individuo afronta que nadie se tome en serio su neurodiversidad. Con frecuencia son las mujeres las que se encuentran en esta situación, pero muchos otros grupos marginados pasan por lo mismo, y sus tendencias han tenido aún menos reconocimiento. Como en el caso de las mujeres, son muy pocos los Autistas de color (negros, y en particular marrones) que reciben un diagnóstico, porque el racismo ha distorsionado igualmente cómo se percibe y evalúa el trastorno en estos contextos. También ellos pagan un precio muy alto por desviarse de la norma, así que no les queda otro remedio que enmascararse como estrategia de supervivencia.

Autistas negros y marrones

El racismo ha condicionado la perspectiva de la psicología y la psiquiatría desde sus orígenes. Los primeros psicólogos clínicos procedían de entornos europeos blancos y tomaban las normas sociales de su cultura como referente de lo que significaba estar mentalmente sano.[24] Era una definición muy rígida y opresiva, que entendía como características de humanidad la gentileza, el ir bien vestido, ser culto y blanco, y cualquiera que se desviara de este modelo no era una persona, sino un animal que era necesario domesticar.[25]

El concepto moderno de enfermedad mental como afección médica se formó en Inglaterra durante el periodo victoriano, una época y un lugar en los que la contención y la dignidad se equiparaban a la cordura.[26] Incluso a la gente inglesa pobre, que no podía tener la pulida apariencia de la gente rica y observar las reglas de su gélida etiqueta, se la consideraba un poco salvaje y enferma. A las culturas que tendían a ser más expresivas emocionalmente o más espontáneas en general se las patologizaba; se las tachaba de irracionales, hipersexualizadas y agresivas. El principal interés de los primeros psiquiatras era atender los problemas de salud mental de los blancos ricos (y buscar solución a las incomodidades que los enfermos mentales ricos suponían para sus familias de elevado estatus). El resto de los individuos eran, en el mejor de los casos, poco importantes, y en el peor, unos indeseables de los que había que deshacerse.

Estas son las bases históricas que determinaron desde el principio la forma en que contemplaban y definían el Autismo los profesionales, y su legado aún sigue vigente hoy en día. Con frecuencia, las personas Autistas de color tienen que resignarse a que su Autismo se ignore a causa del racismo y la intolerancia.[27] Hay pocas probabilidades de que su médico las derive a un especialista en Autismo.[28] Les resulta increíblemente difícil encontrar atención sanitaria que sea conocedora y respetuosa de su cultura.[29] En Estados Unidos, solo el cuatro por ciento de la cifra total de proveedores de salud mental son negros,[30] aunque las personas negras representen más del trece por ciento de la población total del país. Cuando una persona Autista negra o marrón está ante un terapeuta blanco, una típica expresión emocional de enfado puede interpretarse erróneamente como excesiva o «amenazadora», por lo cual son frecuentes los errores de diagnóstico.[31] Esto, si es que llega a considerarse siquiera que la persona pueda tener algún trastorno mental, ya que a los Austistas negros no les suele quedar otro remedio que enmascarar sus rasgos y cualquier síntoma de disfunción mental inquietante, porque (al igual que a las niñas y las minorías de género) la sociedad les exige que sean más obedientes y agradables que a los varones blancos.

El cómico Chris Rock ha revelado recientemente que está en el espectro Autista; en concreto, le diagnosticaron trastorno del aprendizaje no verbal. En una entrevista para la revista *The Hollywood Reporter* cuenta que, hasta tener cincuenta y tantos años, todo el mundo había pasado por alto indicadores tan claros como su incapacidad para captar las señales sociales y su tendencia a tomarse todas las afirmaciones en sentido absolutamente literal. Como era un cómico negro y extravertido, parecía impensable que el Autismo fuera la explicación de las serias dificultades sociales y emocionales que tenía.[32] Rock añade que tampoco él se planteaba muy en serio que tal vez necesitara atención profesional, dado que había interiorizado la idea de que solo la gente blanca «va a terapia».

Esto es un problema sistémico y de gran alcance. Los Autistas blancos tienen un diecinueve por ciento más de probabilidades de recibir un diagnóstico formal que los Autistas negros y un sesenta y cinco por ciento más de probabilidades que los Autistas latinos.[33] En los casos en que se llega a diagnosticar a las personas Autistas negras y latinas, se hace además cuando están en edad avanzada, lo cual refleja su dificultad para acceder a los servicios de salud mental a edades más tempranas.[34] A los Autistas indígenas se los diagnostica aún con menor frecuencia y a edades aún más tardías.[35]

Estas diferencias de diagnóstico por razones de raza y cultura no son nuevas y persisten por distintos motivos. Cuanto más bajo es el nivel socioeconómico de una familia, menos posibilidades tiene de acceder a cualquier tipo de atención sanitaria, pero en particular a las pruebas de Autismo, que rara vez cubre el seguro médico y que pueden costar miles de dólares. Además, el racismo influye en la forma en que los profesores y los especialistas perciben o buscan rasgos de Autismo en los niños y niñas negros y marrones. Cuando un niño blanco no escucha las instrucciones que se le dan y lanza contra la pared los bloques de su juego de construcción, puede que se lo reprenda con suavidad o se le intente tranquilizar. Cuando un niño negro o marrón hace exactamente lo mismo, se le «corrige» de forma mucho más agresiva. Es posible que incluso se lo trate como a un delincuente en ciernes.[36]

La escritora negra Autista Catina Burkett es muy consciente de que la percepción que tiene la gente de su discapacidad está influida por la *misoginia*, y más concretamente la opresión sistémica de las mujeres negras.[37]

«Muchas personas con Autismo son obstinadas, o reaccionan con lentitud en una situación nueva —escribe Catina—, pero cuando yo soy inflexible, a veces me dicen que soy muy antipática o insubordinada, perezosa, agresiva o incontrolable».

He conocido a bastantes hombres Autistas blancos que son, como dice Catina, obstinados en el trabajo. Si cualquiera de esos hombres blancos tiene un título superior o un conjunto de habilidades muy valoradas —es un codificador experto, por ejemplo—, el que sea un poco difícil de tratar no supone necesariamente un obstáculo. De hecho, en el mundo de la tecnología, que un hombre Autista sea un poco arrogante o frío puede hasta beneficiarlo. Su reserva y su distanciamiento indican que debe de ser un genio torturado, un Sherlock en una oficina de Watsons. En cambio, si una mujer Autista negra es mínimamente plana al expresar sus emociones, lo más probable es que la gente diga que está siempre «enfadada» o que es «poco profesional».

«Una supervisora blanca me reprendió, me dijo que tenía que aprender a cambiar de conducta en función de con quién estuviera hablando —escribe Catina—. La veía cada día más amargada, y el ambiente de trabajo se volvió hostil. Al final, tuve que presentar la dimisión».

Básicamente, la jefa de Catina le pedía que *cambiara de código* y adoptara un lenguaje y una conducta social diferentes para cada situación. Muchos negros estadounidenses son expertos en cambiar de código, acostumbrados a alternar entre el inglés afroamericano (o AAE, por sus siglas en inglés)* y el inglés estándar al desplazarse de una comunidad a otra y a modular su aspecto, sus gestos y su tono de voz para no evocar el estereotipo negativo.[38] El cambio de código se asemeja al enmascaramiento Autista en cuanto a que es un laborioso esfuerzo para indicar que «perteneces» a un determinado espacio y para saber cuándo ocultar los aspectos de ti que provocarán en la mayoría de la gente una respuesta opresiva. Esta alternancia de código o registro supone un gran desgaste cognitivo, que puede entorpecer el rendimiento de una persona a la hora de realizar tareas que no domina o que requieren mucha atención,[39] y está asociada con el estrés psicológico y con sentirse social e interiormente aislado.[40] Un artículo académico que se publicó en la revista *Harvard Business Review* hablaba de que muchas personas negras que acostumbraban a cambiar frecuentemente de código lo describían como un estado de hipervigilancia y contaban que tenían que estar siempre alertas a cada cosa que hacían y decían, para no provocar malestar u hostilidad en la gente blanca.[41]

Las personas Autistas negras tienen motivos para que su relación con el enmascaramiento y el cambio de código sea particularmente complicada. Fingir ser neurotípico y amoldarse a las normas de una determinada cultura es de por sí agotador. Tener que hacerlo de más de una manera, y utilizar dialectos y estilos de comportamiento diferentes dependiendo del contexto en que se esté, es un nivel de fingimiento social muy distinto. El activista, investigador y escritor Autista Timotheus Gordon Jr. me contó que aprender a cambiar de código en su forma de hablar cuando era niño lo hizo sentirse todavía más marginado socialmente como Autista, no menos.

---

* N. del A.: A veces se denomina inglés vernáculo afroamericano, o AAVE, aunque técnicamente no es correcto. El AAE se refiere a todo un espectro de estilos y contextos de comunicación, no solo a una lengua vernácula. Véase Di Paolo, M. y Spears, A. K. *Languages and Dialects in the U.S.: Focus on Diversity and Linguistics.* Nueva York: Routledge, 102.

«Como soy afroamericano, hablo un inglés diferente —dice—, que es el inglés afroamericano. Así que en el colegio me obligaban a trabajar con un logopeda; en mi opinión, para que sonara como una persona que habla el inglés americano estándar».

En las sesiones de logopedia, a Timotheus le enseñaron a comunicarse como lo haría una persona blanca de clase media; básicamente, le dijeron que enmascarara su cultura. Pero como iba a una escuela de mayoría negra, esto no lo ayudaba a encajar, sino que por el contrario lo señaba como un alumno diferente.

«Es cierto que la mayoría de mis compañeros eran afroamericanos o de ascendencia africana. Pero fue casi peor, porque se burlaban de mí por hablar diferente o hablar como si hubiera nacido en Inglaterra».

Con el tiempo, Timotheus tuvo que aprender a enmascarar su forma de hablar para que sus compañeros lo aceptaran, pero a cambiar después al llamado «inglés americano estándar» cuando se relacionaba con personas o instituciones blancas. Las investigaciones psicológicas han revelado que la alternancia de código emplea una gran cantidad de recursos cognitivos incluso en las personas neurotípicas.[42] Mariah, una mujer Autista enmascarada a la que entrevisté, me contó que durante muchos años pensó que cambiar de código la agotaba. Sin embargo, un día descubrió que era llevar la máscara de persona neurotípica lo que la dejaba exhausta. A algunas personas Autistas negras como Catina, puede que les resulte sencillamente imposible hacer ambas cosas. Y como no era capaz de transformarse a voluntad en una mujer alegre y entusiasta, su jefa la consideraba alguien con quien era difícil trabajar.

Para una persona Autista de color, el que la consideren hostil o difícil puede tener consecuencias francamente peligrosas. Cuando los Autistas negros y marrones no cumplen las instrucciones médicas o las indicaciones de los terapeutas, con frecuencia los ingresan en un centro de salud mental y los despojan de autonomía legal.[43] También corren el riesgo de que los encarcelen o de morir a manos de la policía. En 2017, Khalil Muhammad, sargento de la Policía de Chicago, disparó contra Ricardo Hayes, un adolescente Autista negro desarmado. Muhammad alegó que se sintió amenazado por Hayes, pero una investigación reveló que este había salido a hacer ejercicio e iba corriendo inofensivamente por el arcén de su calle y no demostró ninguna agresividad hacia Muhammad.[44] Cinco días después del asesinato de George Floyd,[*] un agente de policía israelí de la ciudad de Jerusalén disparó y mató a Eyad Hallaq, un hombre palestino Autista con discapacidad intelectual profunda, que no hablaba y era incapaz de comprender instrucciones de ninguna clase.[45] En abril de 2021, un agente de policía de Chicago disparó y mató a Adam Toledo, de trece años, que tenía los brazos en alto. Adam recibía educación especial y era neurodivergente.[46] Aproximadamente el cincuenta por ciento de las personas asesinadas por la policía tienen discapacidades,[47] y los Autistas negros y marrones corren un riesgo especialmente elevado.[18] En el caso de las mujeres y las minorías de género, independientemente de su raza, el que se las identifique como Autistas puede ser social y emocionalmente peligroso; para las personas Autistas negras y marrones, estar visiblemente discapacitado puede ser mortal.

En *The Secret Life of a Black Aspie* [La vida secreta de un *Aspie* negro], el folclorista Anand Prahlad ilustra con todo lujo de detalles el sentimiento que le producía enmascarar su Autismo y presentar al mundo una fachada neurotípica y no amenazadora:

---

[*] N. de la T.: La muerte de George Floyd ocurrió el 25 de mayo de 2020 en el vecindario de Powderhorn, en la ciudad estadounidense de Mineápolis, como resultado de la brutalidad del policía Derek Chauvin, quien lo mató de asfixia al presionar con su rodilla el cuello de Floyd contra el pavimento durante casi nueve minutos. En pocos días, el hecho generó una oleada de indignación y protestas en todo el país, y otras ciudades del mundo, en contra del racismo, la xenofobia y los abusos hacia ciudadanos afroestadounidenses.

«Aprendí a crearme máscaras para la escuela. Allí era importante tener cuidado. Pero disfrazarme era como un instinto; como el insecto palo, que muta del marrón al verde cuando se posa en una hoja. Cuidado [...] Cuidado con las manos. Con los labios. Cuidado con las cejas».[49]

Anand creció en una plantación en los años cincuenta del pasado siglo, solo dos generaciones después del fin de la esclavitud. Vivía en una zona rural con su familia (muchos de cuyos miembros tenían rasgos de Autismo) y encontraba refugio y paz en la naturaleza. Pero en cuanto entró en el sistema escolar, tuvo que enmascararse. Además de ser negro y Autista, Anand era de género *queer*, por lo que, nada más empezar la escuela pública, tuvo que buscar la manera de ocultar la neurodivergencia así como su lado suave y femenino.

A lo largo del libro, Anand describe cómo los distintos entornos sociales le exigían mostrar diferentes versiones de él. En la escuela primaria, donde todos sus compañeros eran negros, lo veían raro y no lo suficientemente masculino, pero lo dejaban en paz; en el instituto integrado, sus compañeros blancos lo presionaban a todas horas para que fuera un respetable defensor de la justicia racial. De adulto, Anand empezó a trabajar como profesor. En la academia, tenía que disimular toda vulnerabilidad emocional, evitar por completo el lenguaje informal y la jerga afroamericana, y ocultar cualquier otra cosa que sus colegas blancos pudieran considerar «poco profesional». Las personas Autistas suelen ser bastante francas, y también la cultura negra estadounidense suele valorar que se hable claro sobre cuestiones interpersonales.[50] Pero en las instituciones de mayoría blanca y sin discapacidades, quejarse abiertamente de cualquier cosa o expresar sin rodeos lo que uno quiere decir asusta a la gente. Anand tuvo que adaptarse para ocultar las partes de sí mismo que eran espontáneas, vulnerables y auténticas.[51]

A lo largo de este libro autobiográfico, Anand explica que fue necesario erigir esos falsos yoes, pero también que debido a ellos le era imposible conectar de verdad con la gente. Es una experiencia con la que sé que muchos Autistas enmascarados se identifican. Tenemos que mantener a todo el mundo a distancia, porque dejar que alguien vea nuestras hiperfijaciones, crisis, obsesiones y arrebatos podría significar perder su respeto. Y a la vez, vivir encerrados en nosotros mismos significa que nadie nos podrá amar nunca por entero.

«No habría podido sobrevivir ateniéndome a las reglas neurotípicas —cuenta Anand—. Pero las mías tampoco eran precisamente las mejores reglas a las que atenerse en una relación. Por ejemplo, mis reglas decían que me desconectara en el instante que me sintiera abrumado. Que dejara de escuchar [...] Que me guardara mis secretos».

Anand pasó por varias rupturas de pareja y una serie de divorcios antes de que le diagnosticaran Autismo. En lugar de compartir sus sentimientos con sus parejas, huía, ya fuera físicamente o escondiéndose en los recovecos de su mente. Cuando su tercera esposa comentó un día que tal vez ese impulso estuviera causado por una discapacidad, Anand se encontró finalmente en el camino hacia la aceptación de sí mismo.

Enmascararse es una estrategia de supervivencia razonable cuando no se tiene otro medio al que recurrir. Pero cuanto más diferente eres de lo que la sociedad valora, más elaborado tiene que ser el enmascaramiento. Ocultar simultáneamente tu Autismo, tu negritud cultural y, por si fuera poco, tu no conformidad de género o tu feminidad puede ser demasiado. Sin embargo, hay veces en que la única alternativa viable es encerrarse en uno mismo e inhibirse profundamente; sabes que no ofenderás a nadie si te mimetizas con lo que haya en cada momento a tu alrededor.

Es la estrategia que adoptaron tanto Catina Burkett como Anand Prahlad: reprimirse y no abrir la boca; agachar la cabeza para no evocar en los blancos el miedo a una personalidad negra segura de sí misma. Otros Autistas negros se las arreglan en la vida como Chris Rock, esforzándose por parecer alegres, divertidos e inmensamente simpáticos. Al igual que muchas mujeres y personas trans Autistas se encogen para no resultar amenazadoras, con frecuencia los Autistas negros tienen que vivir con la sonrisa puesta para sobrevivir.

Personas Autistas altamente verbales y extravertidas

En 1911, el psiquiatra Eugene Bleuler acuñó el término *autismo*,[52] cuyo significado literal es 'yo aislado'. En oposición a él, en la comunidad Autista se utiliza el término *alístico* para hacer referencia a las personas no Autistas, que significa 'otro yo' o 'yo conectado'.* Las escasas representaciones del Autismo que vemos en la televisión y en las películas destacan lo abstraídos que vivimos, siempre supuestamente inmersos en nuestros pensamientos. Piensa en el niño Autista que aparece al final de la serie de televisión estadounidense *St. Elsewhere (Hospital)*, del que se dice que soñó la serie entera y todos sus personajes mientras estaba sentado solo, mirando fijamente una bola de cristal en la que veía caer la nieve.[53] Un ejemplo más contemporáneo es el personaje titular de la película *Music*, dirigida por la cantante Sia, y que recibió muy malas críticas precisamente por su presentación del Autismo.** Music es una niña Autista no verbal que apenas parece darse cuenta de que su abuela acaba de morirse delante de ella. Music no habla, a duras penas es capaz de utilizar el dispositivo de comunicación alternativa que le han dado y solo conecta con los demás personajes de la película a través de secuencias oníricas sofisticadamente coreografiadas.[54] Es una joven antisocial, que vive aislada dentro de un mundo de su invención.

Aunque la mayoría de las personas diagnosticadas de Autismo dicen tener tendencia a la introversión,[55] la verdad es que algunas somos bastante extravertidas y comunicativas.[56] Las investigaciones

---

* N. del A.: Del griego *allo,* que significa 'otro'.
** N. del A.: La película ha sido muy criticada por los Autistas y la crítica en general. Véase, por ejemplo https://www.indiewire.com/2021/02/music-review-sia-autism-movie-maddie-ziegler-1234615917/; https://www.rollingstone.com/movies/movie-features/sia-music-movie-review-controversy-1125125/; https://www.nytimes.com/2021/02/11/movies/sia-music-autism-backlash.html.

experimentales sugieren que algunos de los déficits en habilidades sociales relacionados con el Autismo (por ejemplo, la dificultad para reconocer rostros) se reducen cuando la persona Autista es extravertida.[57] Si buscas a menudo la ocasión de establecer contacto social, tendrás más práctica en relacionarte con la gente, por lo cual parece lógico que los Autistas extravertidos aprendan poco a poco a integrarse con más facilidad. Por otro lado, tienden a ser más expresivos y a manifestar más abiertamente sus emociones que los Autistas introvertidos, lo que puede facilitar que la gente neurotípica se relacione con ellos.

Las personas Autistas lo mismo podemos parecer gélidas y retraídas que tener una personalidad intensa y deslumbrante. Muchos de nosotros somos capaces de establecer un fuerte contacto visual, escuchar atentamente y participar con entusiasmo cuando alguien saca un tema de conversación que nos interesa. Es posible que una persona Autista extravertida no tenga demasiado tacto, interrumpa con excesiva frecuencia o muestre un entusiasmo desproporcionado, y que incluso se la acuse de histriónica, pero tener verdadero interés por conectar con los demás suele ser casi siempre beneficioso, a nivel social y psicológico.*

Como contrapartida, debido a que la imagen habitual que se presenta del Autismo es la de un trastorno que nos convierte en seres fríos y robóticos, rara vez se identifica y se da un diagnóstico correctamente en la infancia a las personas Autistas extravertidas. Los padres las ven como mariposas sociales parlanchinas y los profesores, como los payasos de clase que alborotan a sus compañeros. Hay gente que incluso interpreta sus grandes despliegues emocionales y arranques de energía como tácticas «manipuladoras» o intentos de «llamar la atención». Con el tiempo, puede que esas etiquetas se incorporen

---

* N. del A.: Las personas extravertidas con rasgos claros del espectro Autista son menos propensas a camuflarse con tanta intensidad como los Autistas introvertidos; véase Robinson, E., Hull, L. y Petrides, K. V. (2020). Big Five model and trait emotional intelligence in camouflaging behaviours in autism. *Personality and Individual Differences*, 152, 109565.

a la máscara que se pone la persona Autista para relacionarse con el mundo y que, debido a ellas, la gente no respete su necesidad de estar a solas u otros límites que necesite establecer en sus relaciones sociales. Por ejemplo, Timotheus me contó que, como puede parecer un tipo afable, «el alma de la fiesta», a sus amigos y a su familia les cuesta entender que a veces tenga también necesidad de estar solo para cargar las pilas.

«Mis abuelos eran del Sur profundo, así que por una cuestión cultural era importante para ellos que nadie se sintiera excluido —explica—. Me decían: "Si te sientes triste, lo mejor es estar en grupo". En mi caso, necesito que me dejen solo. Pero si les digo a mis compañeros o incluso a la gente de mi familia que necesito tiempo para estar a solas, contestan: "No, no, ni hablar. No puedes estar solo". Si hablo porque hablo, y si no hablo porque no hablo».

Ponerse la máscara de persona sociable y extravertida puede hacer que la gente subestime o pase totalmente por alto las múltiples dificultades de una persona Autista. Mi amiga Bethy rebosa de energía; lleva siempre ropa llamativa, de colores brillantes, y tiene el cuerpo cubierto de tatuajes; algunos de ellos son los más alucinantes que he visto nunca. Lleva años participando en las comunidades de teatro y artes circenses de Chicago, y cuando se emociona, salta y chilla de alegría. A Bethy le encanta además trabajar de modelo y está muy en sintonía con su cuerpo y su sensualidad. Trata su estilo personal y su físico como plena extensión de su ser. A cantidad de gente le sorprendería ver estas cualidades en una persona Autista. Muchos de nosotros tenemos falta de coordinación y nos sentimos disconformes con nuestro cuerpo;[58] de ahí que se nos estereotipe como empollones sin gusto y sin estilo. Bethy es visiblemente Autista, pero también es muy encantadora, así que si no la conociera como la conozco, su personalidad alegre y exquisita me haría pensar que a ella le resulta más fácil socializar que a las personas Autistas retraídas y tímidas.

Pero como la conozco bien, sé que nada de eso es cierto. Aunque en el bar donde trabajaba le resultaba fácil hacer amigos a un nivel superficial, me dice que le cuesta mucho establecer vínculos más profundos. Duda de sí misma, y en el fondo de su mente se está ejecutando en todo momento un algoritmo para calcular cómo recibirán los demás sus gestos y sus palabras. Piensa mucho en cómo se la percibe desde fuera y rara vez se siente a gusto en ninguna comunidad. Su estilo impecable es también un intento de que se reconozcan su personalidad e individualidad. La gente siempre la ha malinterpretado, y cada día es para ella una lucha por comunicar quién es realmente. Bethy se enmascara, y dedica mucha energía a hacerlo con esmero..., lo mismo que yo, inhibido y callado.

Al igual que algunas personas Autistas desean tener contacto social a todas horas, otras buscan un alto grado de estimulación y estímulos sensoriales. En contra de la creencia popular, el Autismo no hace que tengamos un oído hipersensible o unos ojos hiperreactivos a la luz. Lo que en realidad hace el Autismo es influir en cómo filtra nuestro cerebro la información que captan los sentidos y en cómo combinamos todos esos datos para formar un todo coherente. Esto puede convertirnos, bien en *buscadores sensoriales* (lo cual se denomina a veces «inatención sensorial»),[59] o bien en *evitadores sensoriales*; y la mayoría de nosotros somos una combinación de ambos tipos, dependiendo del sentido corporal de que se trate.

Por las distintas razones que he explicado en el capítulo uno, los cerebros neurotípicos tienden a descartar los pequeños detalles que podrían desviar la atención de la «imagen global» que su cerebro cree ver.[60] Por poner un ejemplo, cuando una persona neurotípica ve un «bosque», su mente descarta los árboles secos y sin hojas y los macizos de setos que complican la visión.[61] En cambio, las personas Autistas percibimos todos los árboles individuales, los tocones y los cadáveres de animales en descomposición. En nuestro caso, esos miles de pequeños detalles no se combinan espontáneamente y crean una imagen global,[62] así que tenemos que procesarlo todo por separado, cosa por cosa. Es agotador.

Cuando entro en mi edificio por la noche, recibo una oleada de información sensorial discordante, lo cual es particularmente molesto si he tenido un día estresante, o difícil a nivel emocional, y estoy sin energía. Recorro el pasillo con el parloteo frenético de los vecinos en los oídos y un ruido caótico de portazos. Oigo el chirrido del ascensor, la música del vecino que retumba bajo mis pies y las sirenas de las ambulancias que suenan a lo lejos. Cada elemento de información sensorial compite por la atención; no se mezclan todos y se fusionan en un ruido de fondo uniforme. De hecho, cuanto más tiempo tengo que soportarlo, más me irrito. Una solución es aislarme acústicamente del mundo y de todos los estímulos que me distraen. Pero otra forma igual de eficaz de hacer frente a las agresiones sensoriales es buscar sensaciones auténticamente fuertes y audaces que superen en intensidad todo ese ruido blanco.

Cuando una persona Autista es buscadora sensorial, quizá disfrute con la música alta, la comida picante, los colores chillones o mucha actividad y movimiento. No lleva auriculares en público para ahogar el ruido abrumador de los demás, sino porque el retumbar de una canción de pop sintetizado la ayuda a mantener enfocada la atención y los pies en la tierra. El objetivo es el mismo en ambos casos: dar coherencia a una avalancha de datos difíciles de procesar. La máscara de persona amante de la diversión y buscadora de sensaciones es muy eficaz; nadie te ve como un discapacitado «demasiado sensible» si viajas constantemente por el mundo y bailas frenéticamente al ritmo de la música *heavy metal* en un bar de tu barrio. Puede ser hasta una máscara divertida de llevar, aunque la necesidad de buscar estímulos constantes pueda acabar teniendo efectos poco agradables. En su artículo «Autistic People Party, Too» (También la gente Autista va de fiesta), la escritora Jesse Meadows cuenta que el personaje de chica fiestera que bebía y se drogaba la ayudó a relacionarse sin sentirse un bicho raro y a encontrar un mínimo de confort sensorial.[63] Sin embargo, con el tiempo, ese estilo de vida demostró ser insostenible y tuvo que aprender a buscar la novedad y la estimulación de maneras más sanas.

Logan Joiner es un adolescente que lleva desde los ocho años compartiendo con el mundo su pasión por las montañas rusas. Entre sus dos canales de YouTube (*KoasterKids* y *Thrills United*), tiene casi treinta y cinco mil suscriptores. Comparte vídeos suyos haciendo *puenting*, lanzándose a mar abierto desde los acantilados y acumulando visitas a parques de atracciones. Logan es Autista, y se aficionó a las montañas rusas porque lo ayudan a regular la forma en que su cerebro procesa la información sensorial.

«No me gustan las sorpresas –dice Logan–.[64] Pero si lo piensas un poco, las montañas rusas no tienen nada de inesperado... Por eso no me dan miedo, porque son predecibles».

A pesar del gentío y el bullicio, los parques de atracciones pueden ser de hecho bastante reconfortantes para las personas Autistas, ya que ofrecen interacciones sociales predecibles y experiencias preconfeccionadas que rara vez cambian. El trazado está marcado con claridad, la comida es insípida pero saciante, todas las atracciones terminan en cuestión de minutos y la señalización es bien visible y clara. Una vez que te acostumbras a una montaña rusa, te proporciona estímulos constantes en momentos esperados. Para los Autistas que buscan sensaciones, el viento y las vibraciones de la pista pueden ser un estímulo físico igual de relajante que una manta con peso o un pequeño dado antiestrés, solo que más enérgico. Ofrece la ocasión de memorizar estadísticas, de aprender cómo se desarrolló la atracción y cuándo fue su lanzamiento, y en Internet hay toda una comunidad de creadores muy entendidos con los que hablar de la historia de las montañas rusas y el resto de las atracciones. Además, en una montaña rusa puedes chillar y agitar los brazos sin que nadie te mire con cara rara. Como a muchos nos cuesta regular el volumen de voz y nos encanta sacudir los brazos, encontramos en las montañas rusas, los conciertos de *rock* y otros lugares de mucho bullicio un insospechado espacio donde refugiarnos de las críticas sociales.

He conocido a Autistas que son *DJ*, vendedores, jefes de equipo, recaudadores de fondos para organizaciones sin ánimo de lucro, trapecistas... A los más extravertidos y buscadores de sensaciones les encantan las convenciones de anime,* las fiestas en casa, las campañas políticas y los deportes de competición. Sin embargo, este tipo de Autistas son tan comunicativos y encantadores que es difícil que nadie se tome en serio su discapacidad. Así que cuando tienen problemas para relacionarse o se retrasan en el trabajo, sus amigos y su familia los acusan de «fingir» que lo están pasando mal, porque la noche anterior no les costó ningún esfuerzo salir y estar de fiesta en un espectáculo de burlesque. Es una experiencia más que común para las personas discapacitadas, que les digan que sus habilidades en un área son prueba de que «no se esfuerzan lo suficiente» en otra.

Muy poca gente adivinaría que estas personas abiertas y llenas de energía son Autistas, menos aún durante la infancia, en la que suelen ser un torbellino incontrolable. Si a alguien le parece que su comportamiento es tal vez un poco inusual, pensará seguramente que se trata de un trastorno por déficit de atención con hiperactividad (TDAH). Lo curioso es que el Autismo y el TDAH coexisten con mucha frecuencia y a la hora de emitir un diagnóstico son bastante difíciles de desenredar uno de otro.[65] Los psicólogos suelen denominarlos «trastornos hermanos» porque ambos se concretan en aspectos como la tendencia a distraerse, la búsqueda sensorial y un dolor muy profundo ante el rechazo social. Y esto me lleva al siguiente grupo de Autistas que a menudo se pasa por alto: las personas que tienen comorbilidad o solapamiento de trastornos.

Coexistencia del Autismo y otras afecciones

En lo que respecta a los trastornos mentales y la discapacidad intelectual, las categorías de diagnóstico son verdaderamente imperfectas. Un trastorno es un conjunto de síntomas y rasgos que suelen presentarse juntos, pero no siempre es así, y la forma en que se organizan esos conjuntos tiende a cambiar con el tiempo. Los psicólogos

---

* N. de la T.: El anime (o en japonés: アニメ) es un estilo de animación tradicional o por ordenador de origen japonés.

llevan décadas debatiendo, por ejemplo, si la ansiedad y la depresión deben considerarse elementos de un mismo trastorno o si se deben contemplar como afecciones separadas, que tienen simplemente una correlación.[66] Los psiquiatras de los años cuarenta del pasado siglo creían que el Autismo era una forma de esquizofrenia infantil,[67] pero sin duda no es así como lo ven en la actualidad. La interpretación que hacemos de estas etiquetas cambia constantemente, y a quién se le pone una etiqueta concreta varía con el tiempo y el contexto cultural.

Es frecuente que una persona se encuentre en algún punto del espectro entre varios trastornos o que tenga una particular combinación de rasgos de varias afecciones distintas. Si en algún momento de tu vida has tenido un periodo maníaco aislado, es posible que te diagnostiquen trastorno bipolar en lugar de trastorno depresivo mayor, por ejemplo, aunque los episodios depresivos superen con creces a los maníacos. Por otro lado, si tienes un peso superior al que establecen los criterios para el diagnóstico de la anorexia, cabe la posibilidad de que tu trastorno nunca se reconozca, por mucha angustia que te cause. Esta dinámica es particularmente problemática para las personas con rasgos del espectro Autista, ya que nuestro neurotipo es muy polifacético y se confunde fácilmente con otras afecciones.

Las personas con trastorno por estrés postraumático (TEPT), por ejemplo, pueden mostrar síntomas muy parecidos a los de las Autistas: suelen tener miedo a las grandes aglomeraciones, se alteran fácilmente al oír ruidos fuertes y se vuelven reservadas cuando se encuentran en situaciones que les cuesta interpretar. La hipervigilancia provocada por el TEPT se parece mucho a veces a la que acompaña al enmascaramiento: inspeccionas constantemente el entorno en busca de señales de peligro, y modulas la manera en que te presentas a los demás, a fin de mantenerte a salvo. Para complicar aún más las cosas, muchas personas Autistas experimentan traumas a edad temprana, y a causa de esto tienen más adelante síntomas de TEPT. Es muy común que nuestros padres y cuidadores nos traten mal, que nuestros compañeros de clase nos acosen o que los más bravucones vean en nosotros a una «presa fácil». El principal tratamiento para el Autismo infantil, la terapia de análisis conductual aplicado (o ABA: Applied Behavioral Analysis Therapy), ha recibido críticas de muchas personas Autistas que lo consideran un método traumatizante.

Por todas estas razones, no siempre es posible (o beneficioso) tratar de esclarecer qué rasgos de una persona son Autistas y qué rasgos están causados por el trauma de ser neurodiversa en un mundo neurotípico. Daan es un hombre de cuarenta años que vive en los Países Bajos y que, además de ser Autista, fue objeto de malos tratos por parte de su padre y de su madre. Me cuenta que el diagnóstico de trastorno por estrés postraumático complejo enmascaró su neurodivergencia durante muchos, muchos años.

«Doy por hecho que todo el mundo habla de mí y está a punto de explotar y gritarme lo despreciable que soy –dice–. ¿Es por el Autismo y porque no tengo una teoría clara de cómo piensa la gente? ¿O es porque mi madre me lanzaba invectivas si se me ocurría poner el estropajo en el lado equivocado del fregadero? No hay respuesta».

La primera psicoterapeuta que trató de ayudar a Daan a superar el trauma se esforzó por que entendiera que sus miedos eran irracionales; le hizo ver que su madre había muerto hacía tiempo y nunca podría volver a hacerle daño. Creía que de esta manera lo haría cuestionarse la «creencia irracional» de que la gente era un peligro. Pero Daan tenía que soportar comentarios ofensivos y rechazos casi todos los días de su vida por ser Autista. Su percepción de que el mundo social representaba una amenaza era realista, no irracional.

«En el trabajo, a veces hacía comentarios con los que no pretendía más que constatar un hecho, como "hala, te has cortado el pelo", y la persona pensaba que me estaba burlando de ella –me cuenta–. Mi jefe me gritaba cuando ocurría algo así. Si salía con chicas, luego me reprendían porque no me había comportado como hubiera sido de esperar en un hombre adulto. Era como volver a oír a mi madre atacándome. Después, cuando se lo contaba a mi terapeuta, su respuesta era que estaba reviviendo el trauma que tenía con mi madre y viéndola en otras personas. Era horroroso, una auténtica locura».

Los estudios clínicos muestran que las experiencias de Daan distan mucho de ser anormales. Las terapias que se centran en combatir «creencias irracionales», como la terapia cognitivo-conductual (TCC), no son tan eficaces en las personas Autistas como en las neurotípicas.[68] Una de las razones es que, desgraciadamente, muchos de los miedos e inhibiciones de la gente Autista suelen ser razonables y se fundamentan en toda una vida de experiencias dolorosas. Solemos ser personas bastante racionales, y muchos de nosotros tenemos una tendencia natural a analizar nuestros pensamientos y sentimientos con mucho detalle (a veces excesivo). Los Autistas no necesitamos un adiestramiento cognitivo-conductual que nos ayude a no dejarnos dominar por nuestras emociones. De hecho, a base de insistir, a la mayoría han conseguido convencernos de que ignoremos lo que sentimos.

Hace poco, Daan ha cambiado de terapeuta. En toda su carrera profesional, la nueva terapeuta había estudiado solamente un curso formativo sobre las personas Autistas adultas, pero aun así estaba mejor informada que la mayoría de los profesionales de la salud mental. Envió a Daan a que le hicieran una evaluación y empezó a leer sobre cómo modificar su práctica terapéutica para adaptarla mejor a él.

«Esta terapeuta admite que no se ha investigado mucho cómo ayudar a las personas Autistas a superar el trauma —explica—, pero al menos ha conseguido que me evalúen, y eso me ha abierto las puertas a un mundo en el que me siento comprendido, porque me ha dado la posibilidad de hablar en Internet con otros Autistas».

El Autismo puede parecerse mucho también a un trastorno de ansiedad. Al fin y al cabo, la mayoría de nosotros sentimos ansiedad casi en cada momento que estamos con otras personas. Los entornos sobreestimulantes e impredecibles nos suelen provocar una respuesta de lucha o huida. Por otra parte, los rituales y comportamientos repetitivos con los que hacemos frente al estrés se asemejan mucho a la forma en que se manifiesta el trastorno obsesivo-compulsivo; y la extenuación Autista es muy similar a un episodio depresivo grave. Así que, muy a menudo, en lo que se fija el terapeuta para emitir un diagnóstico es en estas consecuencias negativas que tiene el enmascaramiento para la salud mental, y no en la discapacidad que las provoca, que nunca se ha tratado y que posiblemente siga sin tratarse.

A algunos Autistas que no han recibido un diagnóstico formal (sobre todo mujeres) se los identifica como «altamente sensibles»,[69] lo que suele significar que son personas intuitivas y emocionalmente perspicaces que se abruman con facilidad. Incluso la creadora de la expresión, Elaine N. Aron, ha revelado que algunos de los familiares de personas «altamente sensibles» que ha descrito en sus artículos descubrieron al cabo del tiempo que eran Autistas.[70] El estigma que conlleva el Autismo (y sus asociaciones con un carácter eminentemente masculino y distante) puede ser en parte la razón por la que tantas mujeres que están en el espectro se sienten más identificadas con etiquetas como *ansiosa* y *altamente sensible*.

Luego hay casos en que las personas Autistas marginadas se quedan para siempre definidas por diagnósticos de trastornos mentales más denostados e incomprendidos aún que el Autismo. Por ejemplo, es bastante común que a las mujeres Autistas adultas se las etiquete incorrectamente con un trastorno límite de la personalidad (TLP),[71] un diagnóstico verdaderamente desastroso, teniendo en cuenta que es la afección mental con la que a muchos terapeutas menos les gusta trabajar.[72] Como grupo, a quienes tienen trastorno límite de la personalidad se los considera excesivamente dramáticos e inseguros, necesitados de atención constante, poco fiables e incluso abusivos.[73] Cuando he impartido cursos formativos a psicoterapeutas, muchos de ellos me han contado en privado que sus supervisores les aconsejaron que huyeran de los pacientes con TLP como de la peste y que no se les ocurriera entablar amistad con alguien que tuviera siquiera rasgos de sufrirlo.

Aunque se denomina trastorno de la «personalidad», sería más correcto definir el TLP como un trastorno del apego y el procesamiento emocional.[74] Las personas con TLP temen intensamente el rechazo y tienen un sentido inestable de sí mismas que depende en gran medida de que los demás las acepten. Los terapeutas y quienes conviven con ellas suelen describirlas como personas de emociones extremas, a menudo improcedentes o manipuladoras.[75] Si estos rasgos suenan inquietantemente similares a los «rasgos del Autismo femenino» descritos en la tabla al principio del capítulo, no es una coincidencia. Muchas mujeres (y minorías de género) que, por el hecho de ser Autistas, han sido repetidamente objeto de rechazo y abusos traumáticos desarrollan una idea de sí mismas muy insegura, así como un (comprensible) miedo al rechazo, una «sensibilidad exagerada» e intensas emociones, que son reflejo de la angustia que sienten casi a cada momento.

Nylah es una de estas mujeres a las que etiquetaron erróneamente con TLP antes de llegar finalmente a un diagnóstico de Autismo. Tenía todos los rasgos de ambas afecciones que tienden a solaparse: inseguridad, baja autoestima, miedo al abandono y consiguientes crisis emocionales, y un sentimiento inestable de quién era.

«Solía fingir que era quien mis novios querían que fuera, para que no me dejaran. Y supuestamente hacer eso era manipulador y malvado», dice.

La realidad era que Nylah intentaba desesperadamente no quedarse sola. Si a su compañero le gustaba el *hockey*, ella llenaba el armario de camisetas de *hockey*. Si le gustaban las mujeres que se arreglaban, Nylah iba todas las semanas a hacerse la manicura. No funcionaba demasiado bien, pero no conocía otra manera.

«Vivía con tanta falsedad que solo quería morirme, y ya se sabe, intentar suicidarte cuando tienes *personalidad límite* significa que estás manipulando a la gente para llamar la atención —dice—. Era yo la que constantemente me tendía una trampa y dejaba que se aprovecharan de mí, pero con la diana de la *personalidad límite* pegada a la espalda, a los ojos de la gente era una villana histérica».

Nylah no empezó a cuestionarse este relato sobre sí misma hasta que a su madre, a los sesenta y cinco años, le diagnosticaron Autismo, tras muchas décadas de arrastrar un diagnóstico de trastorno narcisista de la personalidad, igual de estigmatizante.

«Mi madre es muy egocéntrica, pero se debe, literalmente, a que no es capaz de entender cómo funciona el cerebro de los demás, así que se encierra en sus propias opiniones. Se comporta de un modo que puede parecer egoísta, pero es porque el Autismo interfiere en su empatía. Yo siento una empatía muy intensa, casi dolorosa, y ella es la otra cara de la moneda. Simplemente no la siente. Pero ¿se puede decir que eso es maldad? Literalmente, no puede evitarlo», dice Nylah.

Me sigue contando que, aunque su madre es desconsiderada y testaruda, es también una mujer a la que el mundo le importa profundamente. Cualquier cosa que entorpezca su activismo es una amenaza que debe eliminar de su vida. Reconocer esto de su madre y admirar su lado apasionado y su entrega ha ayudado a Nylah a sentirse más en paz en la relación con ella.

«Le importan mucho el feminismo y salvar el medioambiente. Tiene un gran corazón, y está herido. Es una persona difícil que hace todo lo que puede, y esto, en una mujer negra que buscaba tratamiento terapéutico en los años setenta, significaba que eras una narcisista, aparentemente».

Un artículo de los psiquiatras Meng-Chaun Lai y Simon Baron-Cohen, publicado en la revista médica *The Lancet*, sugiere que a toda una generación de Autistas se la etiquetó erróneamente como «personas con trastornos de la personalidad».[76] Como era de suponer, la mayor parte de ellas eran mujeres marginadas. Normalmente no estoy de acuerdo con muchos aspectos del trabajo de Baron-Cohen; durante mucho tiempo ha defendido que el Autismo se entiende mejor como un «cerebro extremadamente masculino».[77] Sin embargo, en este estudio parece reconocer que la razón por la que a muchas mujeres no se les diagnostica Autismo es porque se las ha etiquetado ya como *borderline*, histriónicas o narcisistas. Es muy difícil, además, que una paciente marcada por un diagnóstico de trastorno de la personalidad encuentre una atención sanitaria reafirmadora y compasiva, sobre todo si ese estigma se combina con el sexismo o la misoginia.[78]

Como decía anteriormente, el Autismo y el TDAH pueden coexistir y solaparse enormemente. Ambas discapacidades están relacionadas con el «funcionamiento ejecutivo» de una persona, es decir, su capacidad para planificar con antelación, dividir grandes objetivos en pasos más pequeños, secuenciar las tareas en un orden lógico y automotivarse para llevarlas a cabo. No obstante, incluso el hecho de que tengamos dificultad para realizar estas actividades es contextual y cultural: en un mundo en el que el individualismo a ultranza no fuera la prioridad absoluta, necesitar ayuda para encontrar las llaves del coche tal vez no sería una discapacidad. Tanto a las personas Autistas como a las que tienen TDAH, cualquier estímulo nos distrae fácilmente, pero también somos propensas a hiperfijarnos en actividades que nos resultan placenteras y nos enfrascamos en ellas durante horas sin acordarnos siquiera de hacer pis o de comer. En general, los Autistas solemos creer que tenemos más control sobre en qué nos hiperfocalizamos del que tienen las personas con TDAH. Ellas tienden a describir el aburrimiento y la falta de estímulos como algo *doloroso*, mientras que algunos Autistas saboreamos auténticamente la quietud y el silencio. Ambos neurotipos están infradiagnosticados en las mujeres y las personas de color, y aquellas que no reciben un diagnóstico a edad temprana suelen acabar enmascarándose durante décadas, antes de descubrir su identidad.[79]

Aunque los profesionales de la salud mental no creen que el TDAH afecte directamente al procesamiento emocional y el desarrollo de las habilidades sociales, una experiencia prominente entre las personas con este trastorno es la *disforia sensible al rechazo*, que consiste en un intenso sentimiento de miedo y angustia al recibir una respuesta social negativa (o incluso neutra). Y debido a que el rechazo es para ellas tan aterrador y doloroso, su comportamiento social puede ser tan contenido y complaciente como el de las personas Autistas enmascaradas. Los Autistas podemos tener dificultad para intuir lo que sienten los demás o para comprender las normas sociales no verbales, pero es posible que también a las personas con TDAH se las acuse de estar «como en otro mundo», de hablar interminablemente sin captar que la gente se aburre o de enfrascarse tanto en un videojuego o en su pasatiempo favorito que no reparan en que su compañero de piso, un poco enfadado, está haciendo él solo la limpieza. En otras palabras, puede que los mecanismos de fondo sea distintos, pero en la práctica muchas de las dificultades son las mismas.

Aunque, al parecer, las personas con TDAH no procesan la información de un modo tan meticuloso y ascendente como las Autistas, la intensidad y la ansiedad asociadas con el neurotipo pueden ser muy semejantes a la forma en que los Autistas reaccionamos ante una cantidad abrumadora de información sensorial.[80] Y aunque algunos Autistas enmascarados sean por lo común más capaces de concentrarse en una tarea, de cumplir con un horario y organizarse que la generalidad de las personas con TDAH, muchos de nosotros estamos crónicamente agotados, tan faltos de energía que desenvolvernos en la vida diaria nos resulta igual de difícil que a ellas. Además, hay muchos Autistas no enmascarados que necesitan asistencia diaria, por lo que no sería justo pensar que el Autismo es un neurotipo más funcional u organizado, a pesar de que se suela estereotipar como el «orden», opuesto al «caos» del TDAH.

De todos modos, pese a tener muchas experiencias en común, hay algunas diferencias entre las personas con TDAH y las Autistas que vale la pena destacar. En primer lugar, el diagnóstico de TDAH es más fácil de recibir en la edad adulta, aunque viene acompañado de la idea sumamente estigmatizante de que el cerebro de estos pacientes está «averiado» y requiere un tratamiento farmacológico estimulante.* En segundo lugar, las adaptaciones que necesitan muchas

---

* N. del A.: Muchos pacientes con TDAH se benefician del uso de medicamentos estimulantes. Para una visión matizada de este tema, el ensayo de Jesse Meadow en Critical ADHD Studies ofrece una excelente introducción: https://jessemeadows.medium.com/we-need-critical-adhd-studies-now-52d4267edd54.

personas con TDAH pueden ser incompatibles con las que necesitan las Autistas. Como persona Autista sin TDAH, necesito un espacio tranquilo, privado y limpio para sentirme a gusto y poder centrarme. También necesito silencio y oscuridad para dormir. Por el contrario, muchas personas con TDAH necesitan cosas que las aviven, novedades y estímulos sensoriales. Puede que, por ejemplo, necesiten tener la televisión a todo volumen mientras estudian o no sean capaces de dormirse sin música. A muchos Autistas les abruma entrar en un lugar desordenado y abarrotado de objetos; a las personas con TDAH, en cambio, el «ruido visual» les resulta fácil de ignorar; tanto es así que el desorden puede simplemente «desaparecer» de su campo de visión. Tengo amigos con TDAH que a menudo me piden ayuda porque no encuentran el teléfono móvil, o las llaves, y no son capaces de localizarlos entre las montañas de cosas que tienen alrededor. Para ellos todo es una maraña de ruido blanco; sin embargo, yo detecto cualquier objeto al primer golpe de vista.

Muchos de ellos dicen tener «ceguera del tiempo» o me cuentan que perciben el tiempo como si se moviera en espiral o en una serie de ondas. Yo percibo el tiempo de forma bastante lineal y rígida, y nunca en mi vida he llegado tarde a una cita ni he incumplido un plazo. Los escritores y creativos que tienen TDAH suelen hacer su trabajo a altas horas de la noche llevados por grandes arranques de pasión y organizan luego las diferentes partes de forma asociativa a partir de la idea global. Yo trabajo de forma metódica, analizando las fuentes y ensamblándolas pieza a pieza. Pero también tengo una vena impulsiva y caótica, que podría haber dado lugar a que me diagnosticaran TDAH (o TLP, o cualquier otra cosa) si no hubiera sabido ocultarla bien cuando era joven.

Muchas de las personas Autistas a las que entrevisté para este libro tienen también TDAH, al igual que buena parte de los escritores, profesionales de la salud mental y activistas que cito. Dentro de la comunidad de autodefensa Autista, a las personas con TDAH se las suele tratar por defecto como miembros honorarios. Y cuanto más aprendemos sobre los dos neurotipos, menos parecen categorías distintas. Son, en todos los sentidos, discapacidades hermanas; dos grupos muy similares que pertenecen juntos a la misma comunidad.[81]

Además de solaparse con muchas discapacidades y trastornos mentales, el Autismo suele coexistir también con discapacidades físicas como el síndrome de Ehlers-Danlos (SED),[82] trastornos gastrointestinales y la epilepsia.[83, 84] Heather Morgan, que tiene discapacidades físicas además de Autismo, afirma que hay razones para pensar que algunas afecciones comparten los marcadores genéticos del Autismo.

«Creo que entramos en esa categoría mucha más gente de lo que pensamos— me dice—: personas con discapacidades que quizá no presentamos el Autismo típico, pero que tenemos características Autistas en la secuencia genética».

Cuando el Autismo concurre con otros trastornos o discapacidades, los rasgos pueden adoptar nuevas formas o quedar totalmente ocultos. Soy muy amigo de la familia de Ángel, un adolescente Autista con lesiones cerebrales traumáticas y discapacidad intelectual. Si a Ángel no le hubieran diagnosticado Autismo antes de tener el accidente de coche que le causó las lesiones cerebrales, es posible que los médicos nunca lo hubieran reconocido como Autista. Tal vez habrían creído, por ejemplo, que la imposibilidad de hablar se debía a una lesión neurológica provocada por el accidente. De haber sido así, Ángel no habría conseguido su dispositivo de comunicación alternativa ni el iPad que utiliza para chatear con sus amigos en las redes sociales. Afortunadamente, su familia y el equipo asistencial descubrieron que la causa de que no pudiera comunicarse verbalmente no era la incapacidad para expresarse, sino una necesidad de métodos no verbales de autoexpresión que a veces presenta el Autismo.

Ángel es un raro ejemplo de persona Autista enmascarada a la que no se considera de «alto funcionamiento» o con un alto nivel de inteligencia. Por supuesto, la idea misma de que ciertas personas Autistas funcionan con más inteligencia que otras, o de que la categoría de funcionamiento es una cualidad binaria que puede captarse a primera vista, es en sí misma problemática. Esta línea de pensamiento hace que silenciemos en muchos casos nuestras discapacidades y que, por tanto, se ignore el sufrimiento privado que hace posible el «funcionamiento» público. También ratifica la idea de que una vida discapacitada solo merece la pena ser vivida en aquellos casos en que la persona puede ser productiva y destacar en algún sentido convencional.

Autistas «altamente funcionales»

Las personas neurotípicas están obsesionadas con los niveles de funcionamiento. Si le dices a alguien no discapacitado que eres Autista, pero te ve mantener una conversación y se entera de que llevas tiempo en el mismo puesto de trabajo, de inmediato empezará a elogiar lo funcional que eres. Normalmente, en ese comentario está implícito que tú no cuentas realmente como discapacitado porque eres capaz de fingir que no lo eres (aunque solo sea por un momento). Cuando estaba promocionando mi primer libro, recibí bastantes comentarios como el siguiente, que alguien dejó tras ver en YouTube la retransmisión en directo de una entrevista que me hicieron:[85] «Si el doctor Price es Autista, sin duda es extremadamente funcional. La mayoría de las personas con autismo tienen una vida en la que casi no son capaces ni de conservar un puesto de trabajo porque les es imposible relacionarse de forma adecuada o sustancial ni concentrarse en algo mucho tiempo seguido o, si lo hacen, es en algo extremadamente trivial e irrelevante».

Es mucho lo que se puede extraer de este comentario. En primer lugar, el comentarista da a entender que, como parece que funciono tan bien, no tiene del todo claro que sea Autista. Dice que «si» soy Autista, debo de ser «extremadamente funcional», no que sea Autista y capaz o competente; considera que una cosa y la otra son incompatibles. Además, parece pensar que en realidad no cuento como Autista, porque consigo fingir normalidad estupendamente durante una conversación de una hora. Otra cosa que salta a la vista es la forma en que equipara tener un trabajo con tener una vida valiosa. En opinión de este comentarista, soy un Autista altamente funcional porque consigo hiperfocalizarme en algo que da dinero. Las pasiones Autistas que no generan dinero son, en palabras suyas, algo «trivial» e «irrelevante». Esa palabra, *irrelevante*, también resulta especialmente llamativa. Es como si los sentimientos y placeres de una persona Autista no importaran en absoluto; solo importa cómo perciben su vida los demás.

Cuando los neurotípicos equiparan el «funcionamiento» de una persona con su grado menor o mayor de discapacidad no son conscientes del inmenso trabajo invisible que requiere parecer normal. Tampoco se hacen idea de lo opresivo que es el hecho en sí de tener que parecer normal. Me recuerda a cuando veo a una persona gorda identificarse con orgullo como tal y una persona delgada la corrige a la ligera con un: «¡Pero si no estás gorda! Solo tienes curvas. Eres preciosa». Este tipo de respuesta delata la incomodidad general que provocan la gordura y el orgullo de ser gordo, y destapa la creencia oculta de que no se puede ser gordo y atractivo a la vez. Pero una persona puede ser al mismo tiempo gorda y bella; son dos atributos completamente independientes el uno del otro. Además, es insultante que la belleza física condicione cómo se define el valor de alguien. Por otro lado, es posible que una persona Autista «funcione» en uno o muchos ámbitos de la vida pública y esté, sin embargo, significativamente discapacitada en otros. Y luego hay quienes no «funcionan» con independencia en ningún ámbito de la vida, y tampoco eso debería restarles valor ni condicionar el respeto que merecen.

La cuenta de Instagram @MyAutisticNurse documenta la vida de una persona Autista «altamente funcional», una enfermera pediátrica que se hace llamar Boo.[86] Todo indica que Boo es una excelente enfermera; su mente es un repositorio de datos médicos que puede recordar a voluntad. Hace un trabajo fantástico con sus pequeños pacientes; les inspira confianza y sabe tranquilizarlos. Y luego hay días en los que es absolutamente incapaz de hablar. Si ha tenido un turno muy estresante en el hospital, cuando vuelve a casa se pasa horas sentada en el suelo alineando sus juguetes favoritos una y otra vez. Como cualquier otra persona Autista, tiene crisis, y días en que se siente sin energía, pero como es inteligente y capaz, su Autismo no encaja en el molde «típico».

Hasta 2013, el *Manual diagnóstico y estadístico de los trastornos mentales* (*DSM: Diagnostic and Statistical Manual of Mental Disorders*) distinguía entre el Autismo y el síndrome de Asperger. Se entendía que el Autismo era más debilitante y estaba asociado a importantes déficits de comunicación y limitaciones intelectuales. El síndrome de Asperger, por el contrario, se presentaba en personas con un nivel de inteligencia alto y se asociaba con matemáticos geniales y portentos de la informática, elocuentes y emocionalmente fríos. La edición de 2013 del *DSM* unió ambas afecciones bajo el nombre de «trastorno del espectro autista», o TEA. En la actualidad, en lugar de hablar de las diferencias entre el Autismo y el síndrome de Asperger, los profesionales clínicos tratan de ver si una persona tiene un «funcionamiento alto o bajo» o en qué grado tiene «necesidad de apoyo».

La Red de Autodefensa Autista, o ASAN (Autistic Self Advocacy Network), y otras organizaciones dirigidas por personas Autistas rechazan expresiones como *persona de alto/bajo funcionamiento* o *altamente/poco funcional*. Estas calificaciones transmiten una imagen engañosamente simplista de cómo afecta una discapacidad a la vida de una persona y equiparan su productividad con su valor como ser humano.[87] Alguien que sea capaz de hablar, socializar e ir a trabajar cada mañana puede parecerles «altamente funcional» a quienes lo ven desde fuera; pero en privado, quizá necesite ayuda para vestirse o contar con alguien que le recuerde que debería comer algo. El marido de Boo, por ejemplo, ha hecho una tabla con una lista de todos los tentempiés que tienen en casa escrita con letra grande y clara, para ayudar a Boo a procesar lo que debe hacer cuando está agotada y tiene hambre. También la motiva para hacer cosas como cepillarse o lavarse el pelo, actividades necesarias pero que a ella le cuestan un horror.

Y la inversa: una persona Autista aparentemente «poco funcional», que no habla ni es capaz de vestirse sola, puede que destaque en los estudios o consiga resolver complejas ecuaciones matemáticas, siempre que se le proporcionen las adaptaciones que necesita. El escritor y activista Ido Kedar pasó gran parte de su infancia sin poder comunicarse con nadie. No hablaba, y un control insuficiente de la motricidad fina hacía que le costara mucho escribir. Luego, un día aprendió a escribir en un iPad y nació su blog *Ido in Autismland* (Ido en Autismolandia). Desde entonces ha escrito dos libros, le han hecho innumerables entrevistas y sigue publicando regularmente en su blog entradas sobre el Autismo y la necesidad de justicia para las personas discapacitadas. Además, terminó el instituto con una nota media de 3,9 GPA (que equivale a un sobresaliente) y actualmente está estudiando en la universidad. En los aspectos intelectual y académico, Ido funciona a un nivel muy alto, ahora que cuenta con el apoyo que lo hace posible. Sin embargo, como no habla y tardó tiempo en tener ese apoyo, durante muchos años ocupó una posición de «bajo funcionamiento» en la sociedad.

Casos como los de Ido y Boo son un ejemplo muy claro de lo superficiales que pueden llegar a ser las etiquetas del «funcionamiento». Aun así, determinan la forma en que psiquiatras, profesores y padres conciben el Autismo, y suelen ser las personas a las que se considera «altamente funcionales» las que con más facilidad se enmascaran y, por tanto, menos probabilidades tienen de recibir un diagnóstico. En general, si una persona Autista empezó a hablar muy pronto y después fue capaz de fingir cierta simpatía, hay dos posibilidades: que se la considerara Autista «altamente funcional» cuando era niño o niña, o que no se la identificara como Autista en absoluto. Hay cierta ironía en esto, porque aprender a hablar a una edad muy temprana era un indicador precoz del trastorno de Asperger.[88] Mi madre asegura que dije la primera palabra a los seis meses y que, para cuando cumplí un año, sabía construir frases. Por lo visto, el dependiente de unos grandes almacenes se quedó boquiabierto cuando, teniendo apenas un año, lo saludé y dije: «Aquí huele a popurrí». Toda mi familia podría contar montones de anécdotas como esta. Muchas personas a las que en los años noventa del siglo XX se les diagnosticó Asperger, o a las que ahora se considera de «alto funcionamiento», tienen anécdotas parecidas de cuando eran hiperverbales siendo poco más que unos bebés. A menudo, a consecuencia de esto se nos inscribió en programas de educación para superdotados, en lugar de en clases de educación especial, lo cual tuvo sus ventajas y también una buena dosis de experiencias abusivas y cosificadoras.

En mi caso, y en el de innumerables Autistas «altamente funcionales», la capacidad de comunicarnos y la inteligencia se convierten en una parte esencial de nuestra máscara. Nunca conseguí que los niños y niñas de mi edad me trataran como a un igual, pero me resultaba fácil impresionar a los profesores con mi grandilocuencia y la manera sofisticada de exponer mis opiniones. Pese a que tenía un lenguaje altamente desarrollado, mi vida social y emocional era justo lo opuesto. Enfadaba a mis compañeros porque hablaba sin parar sobre temas que no les interesaban, así que me aferraba a los adultos que me consideraban «impresionante» y equiparaba la buena educación con una madurez que me hacía merecer su respeto. También asimilé la idea, común a muchos niños y niñas «superdotados», de que el potencial intelectual de un individuo le pertenece a la sociedad, no a sí mismo, y de que le debe su excelencia al mundo para justificar su rareza. Cuando era adolescente, destacaba en el equipo de debate y los profesores de inglés adoraban mis trabajos, pero era frágil y distante con mis amigos y tomaba decisiones personales muy imprudentes (como robar en las tiendas y saltarme las clases que no me gustaban), tanto que estuve a punto de que me detuvieran y me expulsaran del instituto. Le tenía tal apego a la imagen de persona inteligente y erudita que la obsesión con el éxito académico me hizo descuidar también la salud física. Hasta los veinticinco años, cuando caí en la cuenta de que era Autista, viví una adolescencia perpetua, luciendo mi inteligencia para recibir elogios, pero sin saber qué hacer con mi vida personal ni cómo conectar de verdad con nadie.

Nylah tuvo una experiencia parecida. «Era una vendedora fantástica, cuando mi vida no podía ser más disfuncional —me cuenta—. Era capaz de encandilar a cualquiera mientras no llegara a conocerme, a conocerme de verdad, y viera cuánto bebía y mentía para mantener esa vida en pie».

Ocultar las conductas autodestructivas tras una montaña de logros no es «funcionar», realmente no lo es. El propio concepto de «estatus de funcionamiento» se basa en la lógica del capitalismo y en el legado de la ética protestante del trabajo, que nos han hecho creer que la productividad de una persona determina su valía.[89] Nadie resulta más perjudicado por esta visión del mundo que las personas discapacitadas que no pueden trabajar ni producir valor de ninguna clase y que son las que más probabilidades tienen de acabar sufriendo abusos, de que las internen por la fuerza en un psiquiátrico o de quedarse sin techo. Equiparar el valor social de una persona (o incluso su derecho a existir) con su productividad es, por desgracia, una perspectiva común, pero también profundamente supremacista y capacitista. Perjudica a los Autistas que son capaces de seguirle el juego a la sociedad y se ponen la máscara de individuos productivos y respetables; para los Autistas que no tienen esa posibilidad, el juego puede volverse rápidamente peligroso, incluso mortal.

Cómo conocer a Autistas enmascarados y encontrar tu sitio en la comunidad

Hay espacios como la Autistic Self Advocacy Network ('red de autodefensa autista') y Autistics Against Curing Autism ('autistas contra la cura del autismo') que acogen con gusto a personas que tienen la sospecha de ser Autistas, porque la comunidad es consciente de que no todo el mundo tiene la oportunidad de obtener una evaluación ecuánime o se puede permitir pagarla. Además, es posible que muchas personas con rasgos Autistas subclínicos tengan dificultades y objetivos muy parecidos a los nuestros, y merecen ser incluidas en nuestras filas. Esto incluye a los padres u otros familiares de niños y niñas Autistas que, a raíz de que sus hijos hayan recibido el diagnóstico, se dan cuenta de que también ellos están en el espectro, así como a las personas que tienen hermanos o hermanas con TDAH o TEPT y han desarrollado algunos de sus rasgos.

Quiero que las personas Autistas dejen de sentir tanta vergüenza por ser quienes son y empiecen a quitarse la máscara restrictiva que nos ha tenido atrapados durante décadas. El primer paso para desenmascararte es aceptar quién eres y encontrar a personas que experimenten situaciones y sensaciones similares a las tuyas. No necesitas un papel firmado por un evaluador para empezar a hacerlo.

Si sospechas que eres Autista, te animo a que busques una delegación local de la Red de Autodefensa Autista (ASAN) y empieces a leer artículos y a ver vídeos que distintas personas Autistas hayan publicado en Internet. Aprende un poco sobre lo variadas que son nuestras experiencias e identidades. Al cabo de un tiempo de leer o escuchar, tal vez descubras que entre nosotros te sientes como en casa. O puede que descubras que encajas mejor en otra comunidad (de personas con TDAH, por ejemplo, o en un movimiento de ámbito más extenso como el del Orgullo Loco). Es perfectamente válida cualquiera de las dos posibilidades. E incluso si llegas a la conclusión de que no eres Autista, en tu autoexploración habrás aprendido mucho sobre un grupo al que le vendrían bien más aliados comprensivos.

Cuando empecé a explorar en privado mi identidad Autista, vi vídeos de creadores y activistas Autistas que me mostraron lo variadas que pueden ser las personas Autistas, tanto por su personalidad como por sus intereses. Cuantas más voces Autistas leía y escuchaba, menos me parecía el Autismo una maldición. La vergüenza que sentía por mi identidad empezó a disminuir y el orgullo de ser quien era fue sustituyéndola poco a poco.

Una vez que tuve suficiente confianza como para poder decir que me sentía identificado con las experiencias Autistas, me esforcé por conocer a otras personas Autistas cara a cara. Conocí a gente en un grupo de mi localidad, Autistics Against Curing Autism ('Autistas contra la cura del Autismo'), dirigido por Timotheus Gordon Jr. También asistí a un grupo de apoyo a las personas de género *queer*, en el que casi la mitad de los asistentes eran neurodiversos. Participé en Internet en grupos de apoyo al Autismo como el subreddit r/AutismTranslated (El Autismo traducido), y así conocí a otras personas como yo. Estas conexiones con el mundo de la autodefensa del Autismo acabaron siéndome de mucha más ayuda que los profesionales convencionales de la psicología. Obtener el reconocimiento formal de mi discapacidad fue costoso, supuso hacer un montón de trámites burocráticos y, al final, me pareció insustancial e innecesario, como cuando obtuve el reconocimiento legal de mi género. Yo era Autista mucho antes de que ningún profesional lo reconociera, igual que era trans mucho antes de que el Estado lo reconociera. La realidad es que nada me ayudó tanto a aceptarme a mí mismo y a desenmascararme como encontrar a «mi gente» y tener delante la prueba muy obvia de que no éramos una pandilla de tarados.

Si sospechas que tal vez seas Autista, confío en que buscarás espacios y recursos similares. ASAN tiene delegaciones en muchas ciudades importantes de Estados Unidos y los grupos de Autismo que encontrarás en Internet están llenos de personas solidarias a las que les encanta responder a las preguntas de la gente y compartir sus propias experiencias. En la mayoría de las redes sociales, las etiquetas #ActuallyAutistic y #AdultAutistic están llenas de publicaciones muy interesantes. También puedes buscar herramientas creadas por Autistas para Autistas. Por ejemplo, las mantas con peso o los juguetes antiestrés que encontrarás en sitios web como Stimtastic pueden ayudarte a calmar la ansiedad. O los kits de herramientas para mejorar las habilidades sociales, que ofrecen blogs como RealSocialSkills.org, pueden ayudarte a confiar más en ti a la hora de interactuar con la gente, tanto discapacitada como neurotípica. No es una apropiación cultural probar cualquiera de estos métodos ni es tampoco «fingir una discapacidad». Si los recursos y adaptaciones pensados para el Autismo te resultan útiles, esa es otra señal importante de que perteneces a nuestros espacios o, como mínimo, de que tienes mucho en común con nosotros.

Por último, no puedo decirte si eres Autista, y no creo que sea necesariamente algo que tengamos que discutir de forma binaria o categórica. El Autismo es un espectro, un arcoíris de diferentes tonos y matices que se enriquecen entre sí cuando están unos al lado de otros en armonía. Hemos ocultado durante demasiado tiempo lo que nos hace únicos por miedo a ser defectuosos o a que nadie nos quisiera. Abrazar el Autismo significa despojarnos de la máscara y encontrar maneras de sentirnos a salvo pero, esta vez, compartiendo con el mundo nuestros vibrantes colores.

En el próximo capítulo veremos cómo el capacitismo, el sexismo y la supremacía blanca que condicionaron las primeras investigaciones sobre el Autismo crearon la presión que a muchos de nosotros nos ha hecho «enmascararnos». Describiré a grandes rasgos cómo se desarrolla gradualmente la máscara durante los primeros años de vida de la persona Autista y daré una explicación científica de lo que es realmente el enmascaramiento y los procesos psicológicos que lo sustentan. Te propondré algunos ejercicios para que investigues tu máscara y su posible origen, y te ofreceré algunas herramientas que espero que te sirvan de ayuda. También reflexionaremos sobre los costes psicológicos y emocionales del enmascaramiento. En los capítulos siguientes, te presentaré a personas Autistas que están desaprendiendo poco a poco el estigma del Autismo y quitándose la máscara; te contaré algunos trucos que han ideado distintos activistas y asesores Autistas y te daré algún consejo. Hablaremos también de ciertos cambios de las políticas públicas que ayudarían a que hubiera más justicia en el trato que reciben de la sociedad las personas Autistas y otros grupos neurodiversos. Como explicaré en la siguiente parte del libro, el enmascaramiento está tan extendido como el Autismo. Enmascararse es mucho más que fingir una sonrisa: afecta a cómo nos identificamos, cómo nos vestimos, las profesiones que elegimos, nuestras relaciones e incluso cómo decoramos nuestras casas. Cuando nos desenmascaramos, reexaminamos todas las decisiones que hemos tomado para «encajar» y empezamos a construir una vida más auténtica y afirmativa. Un mundo más tolerante con las diferencias es un lugar más seguro y enriquecedor para todos. Y podemos comenzar a construir ese mundo hoy mismo, simplemente cuestionando la manera en que se nos ha forzado a vivir y tomando la decisión de vivir siendo orgullosamente quienes somos.

CAPÍTULO 3

Anatomía de la máscara

Sin un diagnóstico y sin saber cuál era la raíz de sus problemas, Crystal no tuvo más remedio que sufrir en silencio durante toda su infancia. Como le dijo su abuelo, era una niña dulce y bien educada, la preferida de los profesores. Sin embargo, tras su fachada sonriente y agradable, se enfrentaba a una confusión social y una soledad constantes. En el colegio, cuando las instrucciones que se daban en clase no eran del todo claras, como ocurría en la asignatura de Ciencias y en la de Matemáticas, se bloqueaba, no sabía qué hacer. Aunque se relacionaba con las demás chicas, rara vez la invitaban a dormir a sus casas o a salir con ellas de compras o a patinar. Agachaba la cabeza cuando estaba con gente y en casa se quejaba con frecuencia de dolor de estómago y tenía «rabietas» en momentos de estrés. Al empezar la educación secundaria, le resultó imposible seguir quitando importancia a lo difícil que le resultaba la vida de cada día.

«Cuando llegas al instituto, te dan una hoja con un horario de clases complicadísimo. Los días son un trajín constante, el timbre suena a todas horas, al final de cada clase todo el mundo se levanta

para cambiar de aula, y luego están las actividades extraescolares...,
mucho, mucho ajetreo, sin parar. No se me dan bien los cambios
bruscos; ahora me dejan sin energía, y en aquella época de repente
había que estar haciendo cambios el día entero».

A muchas personas Autistas les resulta difícil pasar de una actividad a otra. Todo cambio requiere que intervenga la «función
ejecutiva», que es como los psicólogos llaman a un conjunto de
procesos cognitivos relacionados con planificar e iniciar acciones
nuevas.[1] A la mayoría de los Autistas nos resulta relativamente fácil dedicar toda nuestra atención a una actividad que nos interesa, pero nos cuesta interrumpirla e iniciar otra diferente. Crystal
podía pasarse horas sin interrupción leyendo un libro, pero en el
instituto las clases cambiaban con tanta frecuencia que para cuando se adaptaba a la nueva aula y estaba en disposición de escuchar,
ya era hora de cambiar de nuevo. Además, en el aspecto social, el
instituto le resultaba excesivamente estimulante: había pasado de
estar en clase con quince compañeros a los que conocía de toda la
vida a tener que aprenderse de repente docenas de nombres, caras
y dinámicas sociales.

Hacer amigos es mucho más complicado en la preadolescen-
cia; la tensión es mucho mayor, lo mismo que las expectativas que se
depositan en ti. Los adultos ya no son tan benévolos y comprensivos
como eran antes. Si tardas mucho en entender algo, lo atribuyen a tu
apatía de adolescente, no se les ocurre pensar que pueda ser debido
a diferencias del funcionamiento ejecutivo. Si te cuesta hacer amigos,
es porque eres un adolescente malhumorado, no porque las reglas de
conversación neurotípicas sean para ti inescrutables. Para Crystal, y
para muchos jóvenes Autistas enmascarados, la llegada al instituto es
el momento en el que muchas de estas dificultades y tensiones se sitúan en primer plano. A continuación llega la pubertad, y tienes que
acostumbrarte a un cuerpo cambiante y desconocido, y van apareciendo a continuación toda una serie de extorsiones que hasta entonces no existían.

Lo único que sabía Crystal en aquellos momentos era que el timbre al final de cada clase la estresaba y que todo iba demasiado deprisa. Tenía la sensación de que avanzaba a mitad de velocidad que el resto, y todo a su alrededor era borroso. Le costaba recordar qué cosas había fingido que le interesaban estando con unos compañeros o con otros y qué personalidad había adoptado para ganarse a cada profesor. Sentía tal agotamiento que su funcionamiento cognitivo y social decayó aún más.[2] Ya ni siquiera tenía fuerzas para obligarse a llegar como fuese hasta el final de la jornada escolar; solo quería encontrar un sitio donde nadie la molestara y tumbarse y vegetar. Nadie se dio cuenta de que necesitaba ayuda. Así que empezó a suplicarle a su madre que la dejara faltar a clase.

«Era dificilísimo convencer a mi madre de que ese día me dejara quedarme en casa —dice Crystal—. Al final, llegó un momento en que había agotado el número de días que podía ausentarme por enfermedad sin buscarme problemas. Pero te aseguro que alargué todo lo que pude lo de los "dolores de estómago" para quedarme en casa, y gracias a ello conservé la cordura».

Para Crystal, fingir que se encontraba mal era una parte esencial de su máscara. Le evitaba tener que soportar el abrumador aluvión de estímulos de aquellas clases y le proporcionaba el descanso que tanto necesitaba. Imitar a sus compañeras y fingir que le gustaba lo mismo que a ellas eran también actos de enmascaramiento. Y a medida que iban pasando los cursos y las cosas iban siendo más y más complejas, comenzó a enmascararse de nuevas maneras, fingiendo por ejemplo que no le decían nada las asignaturas «de chicos», como las ciencias y las matemáticas.

«Algunas chicas de clase habían empezado a maquillarse y a interesarse por la moda, por salir con chicos y por los cotilleos sobre los famosos —dice Crystal—. También conseguí imitarlas en eso... El aire de frivolidad, ser una chica guay, me servía de escudo para ocultar lo confusa que me sentía delante de aquellos símbolos de álgebra tan arbitrarios y que ningún profesor me explicaba porque daban por hecho que sabía de qué estaban hablando. Y yo, en lugar de levantar la mano y admitir que no entendía absolutamente nada, usaba la mano para echarme el pelo hacia atrás con desdén, mientras le decía a mi compañera: "¡Uf, qué aburrimiento! Vamos a hablar de algo que importe. ¿Te has enterado de que Mariah Carey está saliendo con Eminem?"».

Crystal había visto ya para entonces que si pedía a los profesores que le explicaran algo que a los neurotípicos les parecía «obvio», no la ayudarían. Pensarían que era agotadora o que hacía preguntas solo para perder tiempo. Pero la verdad era que no sabía qué función desempeñaba x en una ecuación lineal. Tampoco entendía lo que significaba en un contexto matemático la frase «describe lo que has hecho», así que un día escribió largos párrafos en los que explicaba con palabras su proceso de pensamiento y describía exactamente qué botones de la calculadora había pulsado. La profesora se lo tomó como un insulto y la amonestó. Crystal lloró sin parar todo el tiempo que pasó en la sala de los castigados, desconcertada porque haber descrito con tanto esmero «lo que había hecho» fuera inexplicablemente una grosería.

También había reglas muy sutiles de cómo debían comportarse los chicos y las chicas a esas edades, y Crystal solo se enteraba de ellas cuando rompía alguna de forma flagrante. Como una vez que fue a clase con una camiseta *tie-dye* que había comprado en los almacenes JCPenney y que por lo visto estaba muy pasada de moda, y sus compañeras no paraban de reírse de ella.

«Tuve que convertirme casi en una caricatura de la feminidad más frívola —dice Crystal— para ocultar que no me enteraba de nada. No sabía cómo ser una persona, pero podía arreglármelas para ser una *chica*, y esa insustancialidad podía explicar por qué se me daban tan mal las matemáticas y relacionarme con la gente: "¡Es una cabeza hueca!"».

Timotheus Gordon Jr. me cuenta que, de niño, tuvo que aprender a enmascarar su sensibilidad juvenil y el profundo interés que tenía por algunos temas y dar la imagen de ser más duro y frío de lo que se sentía realmente por dentro.

«En mi comunidad, llorar es un signo de debilidad, y no quería que la gente pensara que era débil y todos se rieran de mí, así que desde pequeño tuve que enmascarar la tristeza con agresividad y aprender a pelearme —dice—. El interés que sentía por las ciencias sociales, la historia o cosas más frikis, como los Pokémon, tenía que ocultarlo porque se habría considerado una ridiculez, cosas de débiles».

Como en el caso de Crystal, los roles de género en combinación con el capacitismo obligaron a Timotheus a ocultar aquellas facetas que sus compañeros neurotípicos habrían despreciado y por las que habría recibido un castigo. Podía exagerar un poco sus intereses más normativos, como la afición al fútbol (que además le daba ocasión de memorizar estadísticas y trivialidades sobre los jugadores), pero cualquier cosa que pudiera hacer pensar que era demasiado sensible, o raro, o no suficientemente masculino era un peligro.

Sin embargo, a diferencia de Crystal, las experiencias de Timotheus como Autista enmascarado están además inseparablemente ligadas al racismo contra los negros. Aunque en la actualidad tiene muchas relaciones auténticas basadas en la afinidad de ideas y en el interés común por cosas de frikis, aún necesita andarse con cuidado para que la gente con la que se relaciona mientras se mueve por el mundo no lo catalogue injustamente. No solo tiene cuidado de que no lo consideren débil, como cuando era pequeño; entre la gente blanca y en las instituciones de blancos, sabe que corre el riesgo de que lo consideren demasiado agresivo.

«Tengo que cuidar incluso mis modales, la tendencia a decir las cosas directamente, sin andarme con rodeos, o a llamar a las cosas por su nombre. Todavía hoy, no me queda otro remedio que enmascararme, porque quiero decir la verdad. Pero el problema no es lo que digo, sino cómo se interpreta. Y a veces me he encontrado en situaciones muy desagradables por lo que alguien ha interpretado».

Creo que la mayoría de las personas Autistas enmascaradas tenemos momentos decisivos en la infancia o la adolescencia en los que registramos que somos de verdad *bochornosos* o que lo hacemos todo *mal*. Decimos algo que no deberíamos haber dicho, malinterpretamos una situación o no entendemos un chiste neurotípico, y nuestra diferencia queda de repente expuesta a la vista de todos. Puede que la gente neurotípica no sepa que somos personas discapacitadas, pero identifican en nosotros algún defecto de base asociado con la idea de la discapacidad: somos infantiles, o egocéntricos, o estamos amargados o demasiado «rabiosos», o simplemente somos torpes y provocamos en la gente vergüenza ajena. Evitar que nos vean de esta manera se convierte en nuestra principal motivación en la vida, y cada día es una batalla entre la pesada armadura que nos hemos puesto y los embarazosos rasgos que intentamos encubrir con ella.

En mi caso, siempre me enmascaré para no parecer infantil. En el colegio, me corregían a todas horas por comportarme como un bebé, y eso me mortificaba. Estando de campamento, cuando me daba asco la textura de alimentos que nunca había comido antes y me ponía a llorar inconsolablemente encima del plato, me reprendían diciéndome que era una criatura melindrosa y llorona y me obligaban a pasarme la tarde entera sentada a la mesa hasta que acababa tragándome sin masticar unos raviolis fríos y cosas así. Como no conseguía aprender a montar en bici a la edad «correcta», por una falta de equilibrio y de control motor, mi padre me avergonzaba por mi torpeza inmadura (quizá porque le recordaba su propia discapacidad motora enmascarada). Ya en la edad adulta, me acurrucaba con mis peluches por la noche, con las persianas bajadas y la puerta de mi habitación cerrada con dos cerrojos por miedo a que alguien pasara por delante de casa o entrara en mi habitación y descubriera algo tan terrible como que abrazar algo blando y suave me reconfortaba.

El miedo a parecer infantil me hirió profundamente, como a muchos Autistas. Una de las formas habituales en que la sociedad capacitada deshumaniza a las personas discapacitadas es cuestionando nuestra madurez. Se supone que un «adulto» es independiente, aunque en realidad nadie lo sea; todos dependemos de los esfuerzos y el apoyo socioemocional de docenas de personas cada día. Solo se te considera menos adulto, y supuestamente menos persona,* si necesitas un tipo de ayuda que rompe el espejismo de la autosuficiencia.

Necesitar ayuda para ir al baño, por ejemplo, les recuerda a las personas capacitadas que en un tiempo también ellas llevaban pañales y que algún día podrían tener que volver necesitarlos. Los que necesitan ayuda para ir al baño son vulnerables y dependen de los demás. A los no discapacitados, este hecho les inquieta y repugna, y la forma de huir de esos sentimientos es clasificando a quienes llevan pañales como un grupo esencialmente diferente de ellos: gente que nunca ha dejado de ser niño o niña; seres humanos incompetentes con los que ni se plantean empatizar. Mi «infantilismo» le recordaba a la gente alística que gran parte de lo que llamamos «madurez» es una insustancial pantomima de independencia y estoicismo, no una cualidad real, de una solidez inquebrantable. Las personas capacitadas detestaban ver mi torpe fragilidad y tener que enfrentarse al hecho de que quizá también ellas, a su manera, eran sensibles y estaban necesitadas. Así que actuaban como si fuera invisible o como si mis hábitos infantiles fueran actos perversos. Entendí que fingir madurez sería mi única salvación, la única forma de que se reconociera mi humanidad.

Al ir cumpliendo años, empecé a corregirme, a compensar con creces el hecho de ser secretamente «infantil» y «una vergüenza» adoptando una fachada de hiperindependencia e imperturbabilidad. Aunque se manifestó de forma ligeramente distinta a como ocurrió en el caso de Timotheus, me propuse dar siempre una apariencia de dureza. Me reía de mis amigas, ponía a menudo una expresión de condescendencia y actuaba como si estuviera demasiado por encima de todo como para que nada me preocupara. Despellejaba a aquellas compañeras a las que les gustaban cosas tan «infantiles» como los grupos musicales de adolescentes o los dibujos animados. Decidí no

---

* N. del A.: La idea de que las vidas, sentimientos, opiniones y experiencias de los menores tienen menos valor que las de los adultos se denomina adultismo; para más información sobre qué es el adultismo y cómo determina el maltrato de los menores, véase Fletcher, A. (2015). *Facing Adultism*. Olympia, Washington: CommonAction.

volver a llorar delante de nadie, y me irritaba que la gente expresara abiertamente sus emociones. Me juré que nunca más me sorprenderían portándome como un bebé. Eso significaba no volver nunca a pedir ayuda.

Si eres una persona Autista enmascarada, o sospechas que podrías serlo, probablemente recuerdes haber tenido experiencias como las de Crystal, las de Timotheus o las mías. Creo que examinar los orígenes de tu máscara puede ayudarte a identificar algunos de los miedos profundamente arraigados que te crean la necesidad de llevarla. ¿Tienes miedo de parecer tonto? ¿O infantil? ¿En la infancia o en la adolescencia te acusaban de ser cruel? ¿Te hicieron creer que eras de verdad una criatura quisquillosa o egoísta?

A las personas Autistas se nos suele etiquetar de inmaduras, ineptas, frías o desconectadas, y la máscara que cada cual lleva puesta es un intento de encubrir los rasgos estereotipados del Autismo a los que más sentíamos que necesitábamos resistirnos. Cada máscara oculta un profundo dolor y toda una serie de creencias angustiosas sobre quién somos y lo que nunca debemos permitirnos hacer. En consecuencia, el primer paso para desenmascararte es empezar a mirar de frente los rasgos que más detestas de ti y trabajar hasta verlos como cualidades neutras o incluso como tus puntos fuertes.

A continuación te propongo un ejercicio para que empieces a descubrir de dónde viene tu máscara. Muchos de los rasgos negativos asociados al Autismo que vas a ver aquí volverán a aparecer más adelante, en ejercicios dirigidos a reexaminar tu autoconcepto y a ensayar cómo sería desenmascararte.

REFLEXIONA SOBRE LA NECESIDAD DE ENMASCARARTE:
¿De qué te protege tu máscara?

1. Trata de recordar algún momento de tu vida en el que sintieras un intenso bochorno o vergüenza. Describe la situación.
2. Al recordar ahora esa experiencia, ¿qué sientes?
3. Completa la frase marcando tantos adjetivos como te parezcan oportunos:
   «En aquel momento, todo el mundo vio que era una persona_____».

____ Egoísta	____ Torpe
____ Infantil	____ Ensimismada
____ Fría	____ Estúpida
____ Débil	____ Robótica
____ Inmadura	____ Desagradable
____ Vergonzosa	____ Atontada
____ Cruel	____ Patética

Otros adjetivos:_____

4. De las palabras anteriores, ¿cuál es la que más te duele oír asociada a ti?
5. Nombra algunas acciones o hábitos que asocies con esa palabra.
6. Completa esta frase:
   «Finjo ser una persona _____ para que la gente me tolere, pero en el fondo sé que no lo soy».

____ Independiente	____ Contenta
____ Relajada	____ Segura de sí misma
____ Generosa	____ Cariñosa
____ Madura	____ Organizada
____ Hospitalaria	____ Inteligente
____ Admirable	____ Fuerte
____ Servicial	____ Que vale la pena

Otros adjetivos: _____

7. Completa la frase:
«Si quiero caer bien a la gente, no puedo dejar que descubran que soy
_____».

Ahora que hemos explorado qué es el Autismo realmente, que hemos tenido ocasión de conocer a algunas personas Autistas enmascaradas y que hemos reflexionado sobre las fuerzas sociales y estructurales que nos crean la necesidad de enmascararnos, vamos a examinar desde una perspectiva científica lo que es realmente el enmascaramiento.

¿Qué es enmascararse?

En la literatura psicológica sobre el tema, se dice que el enmascaramiento del Autismo comprende dos clases de comportamiento:[3]

Camuflaje: intento de ocultar o disimular los rasgos Autistas para «pasar desapercibidos» entre la gente neurotípica. El objetivo principal del camuflaje es evitar que se detecte que somos personas discapacitadas.

Compensación: utilización de estrategias específicas para «subsanar» las dificultades y deficiencias relacionadas con la discapacidad. El objetivo principal de la compensación es dar la imagen de que somos altamente funcionales e independientes.

Cuando Crystal intentaba difuminarse en el entorno social mostrándose pasiva y agradable, estaba camuflando lo confusa y abrumada que se sentía. Cuando se aprendía chismes sobre la gente famosa para tener de qué hablar con sus amigas neurotípicas, trataba de compensar la escasa fluidez comunicativa que tenía en comparación con ellas. Algunas de las conductas de enmascaramiento que adoptaba eran una mezcla de compensación y camuflaje: fingir que tenía dolor de estómago le permitía ocultar lo agotada y desbordada que estaba (en otras palabras, camuflaba estas necesidades), pero también le proporcionaba una excusa aceptable desde el punto de vista neurotípico para conseguir los descansos que necesitaba (lo que le permitía compensarse del agotamiento). El camuflaje pretende ocultar los rasgos, temores y dificultades que caracterizan a una persona en su condición de discapacitada; la compensación se traduce en idear pequeños trucos y trampas que la ayuden a atender sus necesidades porque no está autorizada a solicitar las adaptaciones que precisa. Por ejemplo, en el caso de Timotheus, exagerar su afición al fútbol, que era un juego aceptado socialmente y conforme con su género, fue una estrategia compensatoria que le vino muy bien.

Todos los Autistas enmascarados empleamos estrategias compensatorias y de camuflaje para desenvolvernos, y las aplicamos a toda clase de situaciones difíciles. Por ejemplo, alguien puede camuflarse verbalmente obligándose a no hablar demasiado de sus intereses especiales[4] y compensar sus limitaciones sociales investigando las publicaciones de Facebook de un amigo antes de quedar con él, para hacerse una idea de los temas que pueden interesarle.[5] Alguien podría camuflar su sensibilidad auditiva apretando los dientes por la punzada de dolor que le producen los ruidos y poder, así, no quejarse nunca de ello, o podría compensarlo llevando unos auriculares discretos que le eviten los ruidos y que a nadie le resultarán chocantes.

Cuando hablo con personas neurotípicas sobre el enmascaramiento del Autismo, suelen entenderlo como un proceso o actuación social. Es cierto que el enmascaramiento incluye cosas como memorizar reglas sociales y fingir cordialidad, pero ese es solo el aspecto más obvio que adopta. La mayoría de nosotros tenemos que enmascararlo todo, desde la manera de procesar la información hasta la falta de coordinación, pasando por las restringidas preferencias de alimentos o el que necesitemos más descanso del que a las personas neurotípicas les parece normal. El enmascaramiento determina en qué campos profesionales trabajamos, cómo vestimos y nos movemos, dónde vivimos.

Muchas personas enmascaradas eligen profesiones que les permiten ocultar sus problemas de funcionamiento ejecutivo. O se dan cuenta de que no tienen más remedio que trabajar como autónomas, porque no tolerarían las reuniones diarias y la interacción social constante que les exigiría un trabajo típico a jornada completa. En un principio, a mí me atrajo el campo de la investigación porque pensé que me permitía vestir como quisiera, tener mi propio horario y ser excéntrico sin consecuencias. Sabía que nunca tendría la energía o la paciencia para fingir profesionalidad según los estándares del mundo laboral, así que lo compensé desarrollando habilidades y credenciales gracias a las cuales podría valorárseme por mi mente más que por mi aspecto o mi porte. Muchos Autistas trabajan en el campo de la tecnología porque es un mundo en el que los rasgos del espectro Autista están bastante aceptados. Varias personas neurodiversas que se dedican al trabajo sexual me contaron que la flexibilidad horaria y la posibilidad de ganar en solo unos días lo suficiente para pagar el alquiler hacían que fuera una buena profesión para ellas.

Los Autistas enmascarados tendemos a organizar nuestra vida en torno a nuestras limitaciones y necesidades, y a sacrificar todo aquello que pueda suponer un desgaste excesivo. Un currículum o un expediente académico impresionantes podrían ocultar que tenemos la casa desordenada, que no se sabe cuándo nos peinamos por última vez o que llevamos meses sin relacionarnos con nadie. En unas cuantas áreas importantes, puede dar la imagen de que funcionamos admirablemente, pero esa fachada nos exige dejar que todo lo demás se desmorone.

Mi amiga Jess describe así lo que es para ella la compensación: «Es como ir al supermercado pero poder llevarte a casa solo aquello que consigas meterte en los bolsillos cuando nadie te mira. Y todos los demás pueden simplemente pasar por caja y comprar todo lo que quieran, así que no entienden por qué te resulta estresante ir de compras».

Jess tiene TDAH, pero la descripción que hace de lo estresante que es para ella mentir, inventar, actuar siempre con sigilo en una vida a la que pretende darle una apariencia neurotípica, y en la que carece de las adaptaciones que necesita, se puede aplicar igualmente a la vida de una persona Autista enmascarada. Aunque a nivel cognitivo y emocional la vida cotidiana supone un desgaste mucho mayor para las personas neurodiversas que para las neurotípicas, es un hecho que tenemos que ocultarles a los demás a diario. Para mantener la fachada de personas «altamente funcionales», nos construimos un andamiaje inestable y chapucero hecho de mecanismos de afrontamiento defectuosos. No es de extrañar que los índices de ansiedad y depresión sean tan elevados.[6, 7] Si el único alimento que logras llevarte a la boca es el que consigues robar, vas a vivir hipervigilante y a sentirte desnutrido a todas horas.

Aunque el enmascaramiento es increíblemente agotador y nos causa mucha confusión existencial, la gente neurotípica nos lo facilita y recompensa. Es más fácil «arreglárselas» con nosotros cuando nos enmascaramos. La máscara nos hace dóciles y tranquilos. También nos atrapa. Una vez que has demostrado que eres capaz de sufrir en silencio, la gente neurotípica suele esperar que seas capaz de hacerlo para siempre, sea cual sea el precio que pagues por ello. Ser una persona Autista callada y modosa nos pone en un auténtico «doble aprieto»[*] y a muchos nos obliga a seguir enmascarándonos durante mucho más tiempo (y a un nivel mucho más dominante) de lo que deseamos.

El doble aprieto de «portarse bien»

La psicología y la psiquiatría siempre han definido el Autismo en función de cómo afecta esta discapacidad a la gente neurotípica. Una persona Autista «grave» no es necesariamente alguien que experimenta más sufrimiento interior, sino alguien que sufre de un modo más

---

[*] N. de la T.: *Double Bind* es una expresión acuñada por el antropólogo social G. Bateson en 1956, que se ha traducido como 'doble traba' o 'doble aprieto'. Designa la situación en la que un individuo o grupo está sometido a dos exigencias contrarias, de manera que la obediencia a una acarrea inevitablemente la violación de la otra.

manifiesto, fastidioso o perturbador. Los niños y niñas Autistas que más les complican la vida a los adultos son los que más probabilidades tienen de que los evalúen y les den un diagnóstico, mientras que a los que son capaces de ocultar su angustia se les concede una tímida aprobación, aunque corren el riesgo de que nunca haya nadie que los comprenda o que empatice con ellos.

Los investigadores Zablotsky, Bramlett y Blumberg se propusieron entender cómo perciben los padres la «gravedad» de los síntomas de sus hijos Autistas.[8] Hicieron una encuesta a casi mil familias en las que había niños o niñas Autistas y evaluaron también en los propios niños y niñas la gravedad de los síntomas de Autismo. Descubrieron que los padres no percibían acertadamente el grado de sufrimiento de sus hijos, sino que su valoración de la «gravedad» del Autismo se basaba en lo mucho que los molestaba su comportamiento y en la cantidad de tiempo y atención que requerían. Muchos niños y niñas a quienes sus padres definían como «altamente funcionales» soportaban en silencio un debilitante dolor sensorial, o tenían gran dificultad para seguir las clases, o acarreaban problemas serios de relación social. Esto puede trasladarse igualmente al modo en que se percibe a los Autistas adultos y a la carga que depositan en nosotros las instituciones neurotípicas con sus expectativas de que parezcamos «normales».

El deseo de convertir a los Autistas en personas obedientes y que no perturben el orden establecido es en gran parte la razón por la que el método predominante para tratar el Autismo en la infancia es la terapia de Análisis de Conducta Aplicado (comúnmente ABA: Applied Behavior Analysis). El objetivo del ABA es adiestrar a los niños y niñas Autistas para que finjan una personalidad neurotípica. Es una terapia conductual, no cognitiva ni emocional. Mientras los actos externos del niño o la niña cambien, y sean menos «perturbadores» del orden o más «normales», al terapeuta le importa bastante poco lo que sientan interiormente.

Los terapeutas que utilizan el método ABA les enseñan a sus pacientes a camuflar sus rasgos Autistas mediante un sistema de premios y castigos. Por ejemplo, al niño se le rocía la cara con agua (o la lengua con vinagre) por no establecer contacto visual o por hablar demasiado de sus intereses especiales. Si un niño practica la ecolalia (repetición de frases), o se muerde los dedos, o agita las manos, recibe un castigo, sin importar lo doloroso que le resulte contener esos impulsos. A los pacientes de ABA se los hace ensayar también estrategias de compensación. Se los obliga a permanecer sentados durante horas hasta que son capaces de repetir correctamente un guion de conversación y no se les permite levantarse y ponerse a jugar hasta que logran mantener un «adecuado» contacto visual.[9] Puede que se les haga repetir una y otra vez expresiones propias de una conversación educada, como *gracias* y *por favor*, hasta que den con la entonación correcta o se les pida que se levanten y se sienten repetidamente mientras el terapeuta chasquea los dedos, como si estuviera adiestrando a un perro. Si el niño o la niña reaccionan con rebeldía o reclaman atención, los terapeutas deben retirarse, ya sea saliendo de la habitación o ignorando su malestar, lo cual les enseña a los pequeños pacientes Autistas a no esperar ninguna ayuda del mundo exterior.

Otra práctica que utilizan los terapeutas del ABA es aplicar descargas eléctricas a sus pacientes a modo de castigo.[10] En 2020, la Administración de Alimentos y Medicamentos de Estados Unidos prohibió los dispositivos de electrochoque que utiliza la terapia ABA,[11] pero se reinstauró su uso en 2021.[12] Todavía hoy, la Asociación para el Análisis de la Conducta Aplicado defiende abiertamente el uso de tales «aversivos» para desalentar el comportamiento visiblemente Autista. En 2012, se presentaron quejas formales contra una profesora de educación especial formada en el método ABA por recubrir los lápices de colores con salsa picante, para quitarles a los alumnos las ganas de masticarlos.[13] No fue un acto de violencia aislado, sino un simple reflejo de la filosofía esencial del ABA. Su fundador, Ole Ivar Lovaas, solía premiar a los pequeños pacientes con caramelos para persuadirlos de que les dieran besos y abrazos a sus terapeutas.[14]

Según los informes, el cuarenta y seis por ciento de las personas Autistas adultas que se sometieron a la terapia ABA tienen trastorno por estrés postraumático (TEPT) como consecuencia.[15] Muchos sienten una profunda vergüenza de solo nombrar algún tema que les apasione, porque de niños se los castigaba por tener intereses especiales. Algunos no pueden obtener los beneficios emocionales y psicológicos de la autoestimulación, o del uso de juguetes antiestrés, porque se les inculcó lo importante que era tener «las manos quietas». Muchos no saben negarse cuando se les hace una petición abusiva ni saben expresar emociones como la ira o el miedo. Una antigua terapeuta del ABA confesó en un blog anónimo que temía haber condicionado a sus pacientes a que fueran personas fáciles de manipular y maltratar.

«¿Te duele que te traten como a un animal de circo? Ya lo siento, jovencito, no es mi problema —escribe—. Mi trabajo es engatusarte con dulces y manipularte para que hagas lo que yo quiero, y no hay lugar para preguntas. Esto te convertirá en una excelente presa para los depredadores sexuales y los profesores, cuidadores y parejas abusivos toda tu vida».[16]

A pesar de lo aborrecible que es para las personas Autistas el método ABA, los padres y profesores de niños y niñas Autistas normalmente lo adoran y los estudios psicológicos lo consideran generalmente «efectivo». Por supuesto, su eficacia se fundamenta en los resultados contemplados desde una perspectiva neurotípica, no en cómo se sienten el niño o la niña Autistas. Es cierto que el ABA les enseña a calmarse y a ser menos molestos y «raros». El problema es que lo consigue adiestrándolos para que se odien a sí mismos y obedezcan a todos los adultos. Sería como evaluar la «eficacia» de un tratamiento para la depresión preguntándole al jefe de la persona deprimida si ha notado que trabaje más y mejor, en lugar de hablar con la persona. Tristemente, como la prioridad son el bienestar y la conveniencia de los profesores y los padres neurotípicos, el ABA sigue siendo el único tratamiento «de eficacia probada» para el Autismo que cubren la mayoría de los planes de seguro médico. El «buen comportamiento» de una persona es más importante que su bienestar psicológico.

Para muchos niños y niñas Autistas, aprender a ocultar el dolor suele ser una estrategia básica de supervivencia; en el caso de los Autistas enmascarados, esto no es algo que les enseñe la terapia ABA, sino que forma parte de su aprendizaje de la vida cotidiana. Yo no pasé por el tratamiento ABA, pero los padres de mis amigas sí me gritaban por retorcerme constantemente en mi asiento. Nadie me obligaba a ensayar guiones de conversación «normales», pero mis compañeras se reían de mí y se marchaban cuando hablaba en un tono de voz demasiado alto o repetía las palabras de alguna película para expresar cómo me sentía. Mi jefa de las Girl Scouts me avergonzó durante años delante de toda la tropa porque siempre me sentaba con las rodillas apretadas contra el pecho. A mi cuerpo le sentaba bien notar la presión de sentarme en postura de «gárgola guardiana» (a muchos Autistas les gusta sentarse así), pero a la jefa del grupo le resultaba tan irritante que no se podía resistir a reñirme delante de toda la tropa cada vez que me veía hacerlo.

La educadora Autista y asesora de equidad social ChrisTiana Obey-Sumner cuenta en un artículo su experiencia, estremecedoramente similar, de que la avergonzaran en público por sus rasgos Autistas en las Girl Scouts.[17]

«Una de mis actividades de autoestimulación ha sido siempre chuparme el dedo y acercarme el antebrazo a la cara para oler mi aroma natural y notar la suavidad del vello rozándome la nariz —escribe—. Por alguna razón, cuando tenía siete u ocho años, a mi jefa de las Scouts le molestaba mucho. Llamó a todas las niñas para que hicieran un corro a mi alrededor y me lanzaran insultos».

Cualquier persona Autista enmascarada tiene una letanía de experiencias como esta. La mayoría de los Autistas enmascarados nos libramos del proyectil psicológico que es la terapia ABA, pero aun así recibimos un adiestramiento interminable que nos dice que nuestro yo no filtrado es demasiado molesto, extravagante, torpe, rebelde y frío como para que la sociedad pueda considerarlo aceptable. También somos testigos del trato que reciben otros cuerpos y mentes inconformistas. Cuando el mundo entero te avergüenza por hacer cosas «infantiles» y tener conductas extrañas, o simplemente por lo irritante que eres, no hace falta que el método ABA te programe para obedecer. Toda la gente que hay a tu alrededor lo hace a cada momento.

Aún recuerdo la primera vez que me comparé conscientemente con una persona Autista más «típica» y me di cuenta de que iba a tener que ocultar quién era. Fue en el primer curso de instituto, estando en un ensayo de orquesta en la sección de violonchelos, a unos metros de Chris, que tocaba la percusión.[*] Lo conocía sobre todo porque estábamos en la misma clase de educación especial de gimnasia, en la que me habían puesto porque me faltaba coordinación y tenía unas reacciones anormalmente lentas y los músculos muy débiles, aunque nadie sospechaba que se debiera al Autismo. A Chris, en cambio, se lo habían diagnosticado cuando era muy pequeño.

Chris era inteligente y locuaz. Le encantaba contarnos detalles intrascendentes sobre la Segunda Guerra Mundial. En clase hacía preguntas que no tenían relación con lo que estábamos estudiando y a veces, para autoestimularse, hacía involuntariamente un gesto con el brazo estirado, que (debido a su obsesión con la Segunda Guerra Mundial) todos interpretaban como un saludo nazi. Los demás niños se reían de él, los profesores le hablaban con condescendencia y los administradores escolares lo trataban como un problema que no les quedaba otro remedio que aguantar. Fue el primer Autista que conocí, y el trato que recibía me resultó muy instructivo.

Aquel día en el ensayo de orquesta, el ruido que había en la sala me estaba poniendo en un estado de nervios casi intolerable. Los percusionistas daban golpes a todo con sus baquetas, los violistas chismorreaban y se reían entre ellos, los violinistas estaban afinando sus instrumentos y llenaban el aire de chirridos. Para hacerle frente, crucé

[*] El nombre de Chris y algunos detalles se han modificado para preservar el anonimato.

los brazos contra el pecho y me parapeté tras una cara de mosqueo. La mueca de irritación por la que se ha hecho famosa la activista climática Autista Greta Thunberg es muy parecida a la que yo solía hacer como reacción a los sonidos estridentes y el caos social.[18] Había empezado ya a crearme un carácter gruñón, de personaje gótico, para no parecer débil. En lugar de mostrar el agobio que me producía una situación, mi máscara advertía a todo el mundo que se mantuviera a distancia.

Chris no tenía esa posibilidad; no podía disimular la angustia que le creaba el escándalo de la sala de ensayo. Estaba nervioso y, visiblemente agitado, golpeaba el atril contra el suelo una y otra vez tratando de descargar la ansiedad. Al verlo tan agobiado, todos se reían de él e intentaban provocarlo haciéndole preguntas que sabían que no entendería.

—Eh, Chris —le gritó un chico mayor que él—. ¿Tú tragas o escupes?

Chris seguía golpeando el atril sin parar, mientras se lo veía buscar la respuesta con la mirada perdida.

—Supongo que las dos cosas —respondió con candor, sin entender la implicación sexual de la pregunta; interpretó que le estaba preguntando literalmente si alguna vez tragaba o escupía. Soltaron una carcajada todos y apartaron la mirada. A Chris se le tensó el cuerpo entero. Aun sin comprender, sabía que los mayores le acababan de tender una trampa y había caído en ella.

Entonces algún gracioso hizo sonar la alarma de incendios, y la sala, ya de por sí alborotada, se llenó de un tañido de campana y de los gritos de los alumnos. Había risas y caos mientras todo el mundo se dirigía rápidamente hacia la puerta. Yo estaba poniéndome de los nervios, a punto de explotar, pero pude esconderlo tras la máscara de cabreo. Chris, en cambio, se había largado a todo correr. Al cabo de un rato, los administradores del instituto lo encontraron dando vueltas por la pista de atletismo, corriendo, jadeante. Nos quedamos mirando por la ventana cómo varios adultos intentaban hacerle entender que no había fuego, que podía tranquilizarse. Pero no era el fuego lo que le preocupaba. Era el ruido y la gente. Tardaron una hora en convencerlo de que volviera a entrar.

Aunque en el instituto todos sabían que Chris era discapacitado, no tenían ninguna paciencia con sus comportamientos. Los administradores resoplaban exasperados mientras intentaban que se calmara; mis compañeros y yo hacíamos chistes mientras lo veíamos dar vueltas a la pista a trompicones. Nos reíamos de lo inmaduro y bochornoso que era; un caso perdido. Aquel día reconocí en Chris una parte de mí que despreciaba con toda mi alma y que tenía enterrada a gran profundidad, y lo odié por ello. Me dije que yo estaba por encima de él, que yo era capaz de tenerlo todo bajo control. Me enorgullecía pensar que nadie me sorprendería nunca en una reacción de ansiedad o debilidad. Recuerdo que Chris me repelía y fascinaba a partes iguales. Tuve los ojos clavados en él durante todos los ensayos de orquesta que siguieron, para captar cada rasgo suyo que yo necesitaba ocultar. Empecé a rodearme aún más de un camuflaje de frialdad y rabia.

El enmascaramiento como sobrecorrección

Para muchos Autistas enmascarados, la mejor forma de camuflar un rasgo socialmente inaceptable es rebotar en la dirección totalmente opuesta y sobrecorregir todo lo que las personas y las instituciones neurotípicas nos han enseñado a odiar de nosotros. Una persona Autista de la que se burlaran en la infancia por su intensidad emocional y su necesidad de afecto podría camuflarse como hiperindependiente y emocionalmente evasiva, por ejemplo. Y a la inversa, una persona Autista a la que se le ha dicho repetidamente que es egoísta y robótica podría llevar una máscara de servicial amabilidad y convertirse en una complaciente compulsiva o en el ojito derecho del profesor. Sin darnos cuenta, interiorizamos muchos de los valores de la sociedad capacitista en la que vivimos y los proyectamos tanto en otras personas discapacitadas como en nosotros mismos.[19]

Después del incidente con Chris, me esforcé más aún por ocultar todo lo que pudiera revelar mi discapacidad. Evitaba manifestar entusiasmo, o cualquier emoción intensa, por miedo a dar una imagen inmadura y «de mal gusto». No decía ni una palabra sobre mi interés obsesivo por los murciélagos fruteros y los videojuegos. Me ponía unos auriculares y gafas de sol para estar en público, y no miraba a nadie a la cara. Impresionaba a los profesores con mi ingenio y acumulaba trofeos de debate y becas por méritos, lo cual alimentaba en mí la sensación de que estaba por encima de los demás y de que mi superioridad intelectual era la verdadera razón por la que nadie se me acercaba. La realidad es que hacía tal despliegue de agresividad social que a ninguno de mis compañeros se le habría ocurrido enfrentárseme. En viejas películas caseras de aquella época, se me ve burlándome de mis amigas y censurando su excesivo entusiasmo o su inocencia. Era un acto de crueldad con el que solo conseguía que fuera más difícil quererme, pero lo representaba a la perfección. Hasta que, como tantos otros Autistas enmascarados, finalmente me di cuenta de que la máscara me estaba quitando mucho más de lo que me daba y de que, si quería seguir viviendo, iba a tener que dejarla caer.

En la tabla de la página siguiente, he hecho una lista de algunos de los estereotipos negativos más comunes de las personas Autistas y de las cualidades opuestas que solemos utilizar para camuflarlos y sobrecompensarlos. Mientras lees la lista, puedes reflexionar un poco sobre los rasgos que en tu infancia se te animaba a exhibir y las cualidades que hacías todo lo posible por evitar. También he incluido algunos comportamientos que acompañan comúnmente a cada estrategia de enmascaramiento, y he dejado varios espacios en blanco para que puedas incorporar tus propios ejemplos. Tal vez quieras volver a leer las respuestas que diste en el ejercicio que aparece la página 133, para que te ayuden a reflexionar sobre qué necesidades y miedos configuraron en tu caso la necesidad de enmascararte.

Me enseñaron que estaba mal ser:	Así que tenía que fingir que era:	Lo conseguí así (añade tus estrategias en los espacios en blanco):
Arrogante	Modesto	• Fingiendo que no sabía la respuesta a las preguntas que se hacían en clase. • Quedándome callado cuando alguien decía algo y yo sabía que no era verdad. • Suavizando cada afirmación con un «quizá me equivoco, pero» o «cabe la posibilidad de que»…, para no parecer tan seguro de lo que decía. • _____ • _____ • _____

Me enseñaron que estaba mal ser:	Así que tenía que fingir que era:	Lo conseguí así (añade tus estrategias en los espacios en blanco):
Frío y sin sentimientos	Cariñoso y simpático	• Sonriendo siempre, me sintiera como me sintiera. • Preguntándole a la gente cómo se sentía en lugar de hablar de mí. • Escuchando pacientemente a cualquiera que estuviera disgustado. • _____ • _____ • _____
Escandaloso e irritante	Agradable y callado	• Viviendo las emociones fuertes únicamente en privado. • Solucionando solo mis problemas. • No entusiasmándome demasiado por nada, aunque se tratara de algo estupendo. • _____ • _____ • _____

Me enseñaron que estaba mal ser:	Así que tenía que fingir que era:	Lo conseguí así (añade tus estrategias en los espacios en blanco):
Infantil	Maduro	• Siendo confidente de los adultos y de las personas de autoridad. • Adoptando un aire contenido y educado. • Convirtiéndome en el ojito derecho del profesor, o en «un pequeño profesor», y distanciándome de mis compañeros. • _____ • _____ • _____
Torpe	Sereno y seguro de mí mismo	• Retirándome de cualquier actividad que no se me diera bien desde el primer instante. • Fingiendo distancia e indiferencia. • Ensayando en la cabeza conversaciones para poder fingir luego facilidad de palabra. • _____ • _____ • _____

Me enseñaron que estaba mal ser:	Así que tenía que fingir que era:	Lo conseguí así (añade tus estrategias en los espacios en blanco):
Atontado, patético	Independiente	• Asintiendo y riéndome, incluso aunque no tuviera ni idea de lo que se estaba diciendo. • Desarrollando hábitos e ideando «trucos» que me ayudaran a tener una vida organizada. • Asegurándome de dar la imagen de tener una vida «organizada», incluso aunque fuera a expensas de mi salud o mi felicidad. • _____ • _____ • _____

Me enseñaron que estaba mal ser:	Así que tenía que fingir que era:	Lo conseguí así (añade tus estrategias en los espacios en blanco):
Demasiado sensible	Fuerte	• No expresando mis necesidades. • Avergonzándome cada vez que quería llorar o expresar rabia. • Luchando interiormente con cada emoción «inaceptable» que sentía. • _____ • _____ • _____
Débil	Duro	• Burlándome de los demás o mostrándome agresivo con ellos. • Considerándome superior al resto. • Mostrando desprecio hacia todo lo que la sociedad considera femenino, tierno o delicado. • _____ • _____ • _____

Me enseñaron que estaba mal ser:	Así que tenía que fingir que era:	Lo conseguí así (añade tus estrategias en los espacios en blanco):
Raro	Normal	• Estudiando lo que a otros les parece interesante, de un modo sistemático y analítico. • Imitando los gestos, el estilo, la forma de vestir y el tono de voz de ciertas personas o personajes. • Riéndome de aquellos que eran más obviamente «raros» que yo. • _____ • _____ • _____

Adoptar este tipo de estrategias tiene enormes consecuencias psicológicas, que van mucho más allá de la ansiedad, la depresión y el agotamiento de los que ya hemos hablado. Muchas personas Autistas, para poder mantener la máscara y compensar de algún modo la dificultad y el desgaste que eso supone, recurren a una serie de mecanismos de afrontamiento destructivos y compulsivos, como el consumo de sustancias adictivas, la restricción calórica, el ejercicio excesivo, la codependencia emocional e incluso la adhesión a sectas. Creo que si realmente estamos dispuestos a mirar de frente el papel que la máscara ha tenido en nuestra vida y a hacer lo necesario para librarnos de ella, tenemos que empezar por ser conscientes de lo insostenible y costoso que ha sido vivir enmascarados. Sacrificamos a diario gran parte de nuestro bienestar e individualidad para parecer «normales». En el próximo capítulo, hablaré de los estudios que demuestran lo dañino que es eso y te presentaré a algunas personas Autistas adultas que han empezado a cuestionarse si todo el esfuerzo que han estado dedicando a la compensación y el camuflaje ha merecido realmente la pena.

CAPÍTULO 4

El coste de enmascararnos

«Estoy casi seguro de que mi padre era Autista —me dice Thomas—. Creo que utilizaba las drogas como forma de suavizar las aristas del mundo».

Thomas es programador, y hace unos años le diagnosticaron Autismo. Antes de eso, durante gran parte de su vida había dependido del alcohol, lo mismo que su padre dependía de las drogas. Emborracharse era la única forma que tenía de moverse por el mundo con cierta comodidad.

«Cuando era adolescente, descubrí que tomarme un par de copas me permitía percibirme a mí mismo de otra manera. Me sentía más seguro y más sociable. Pero lo principal es que suavizaba el filo de la realidad lo suficiente como para que pudiera estar en un sitio ruidoso abarrotado de gente. Sin alcohol, no era capaz».

A la gente neurotípica, Thomas suele parecerles una persona «altamente funcional», pero la realidad es que, bajo la superficie, siempre ha habido una inmensa agitación bullendo en su interior. En la universidad, cuando estaba a punto de obtener una nota media de sobresaliente, de repente dejó la carrera porque no podía soportar tener que relacionarse más en el ambiente universitario. Unos años después, había conseguido un buen trabajo y era capaz de cumplir con las sesenta horas semanales, pero bebía a escondidas y por las mañanas llegaba al trabajo con resaca. Tenía una pareja, pero apenas se hablaban. En casa, su vida era un desastre. A pesar de todo, seguía convencido de que necesitaba beber para «mantener la cordura». Sin alcohol, no podía conciliar el sueño; era un aliado imprescindible para poder representar la farsa de persona neurotípica en la que su vida se había convertido. Pero esa vida no tardó en empezar a desmoronarse, y Thomas se tuvo que enfrentar al fin a por qué tanto él como su padre habían recurrido siempre a una u otra sustancia adictiva para hacerse la vida más llevadera.

Las investigaciones indican que las personas Autistas que se enmascaran suelen sufrir de intensa ansiedad social,[1] y algunos aprendemos a automedicarnos con drogas o alcohol para combatirla. También es posible que recurramos a ciertas sustancias para mitigar la hipersensibilidad sensorial o fingir más seguridad en nosotros mismos de la que tenemos. El alcohol, la marihuana y otras sustancias depresoras del sistema nervioso central son además un medio atractivo, y aceptado socialmente, de relajar la tensión tras habernos pasado el día calculando en cada instante cómo se percibiría desde fuera cada movimiento nuestro.

Los Autistas enmascarados recurrimos a una diversidad de estrategias contraproducentes para relajarnos, para silenciar nuestros comportamientos más turbulentos o para ajustarnos a las normas neurotípicas. Hay quienes recurren al ejercicio compulsivo o a la restricción calórica para que su cuerpo Autista, agitado y revoltoso, se calme o se retraiga hasta adoptar un aspecto más conveniente. Hay quienes se autolesionan para aplacar la ansiedad o el agobio sensorial. Y hay quienes se sienten tan solos que buscan aprobación en grupos de alto control y sectas, o acaban encontrándose atrapados en relaciones domésticas abusivas de las que son incapaces de escapar. Incluso muchos profesionales de la salud mental pasan por alto que, muy a menudo, estos trastornos y comportamientos autodestructivos coexisten con el Autismo. El estereotipo del Autista frustrado y retraído que se pasa el día sentado en casa delante del ordenador está tan arraigado culturalmente que a muchos nos impide reconocer quiénes somos y comprender la raíz de nuestra angustia. Hay cantidad de Autistas enmascarados a los que no se les pasa por la cabeza que ser un juerguista empedernido y dejarse arrastrar sistemáticamente a relaciones abusivas puede ser señal de que tienen una discapacidad hasta el momento ignorada. Cuando tenemos estos comportamientos de compensación, solemos creer que es sencillamente porque somos personas desastrosas, débiles, sin voluntad.

La siguiente tabla presenta algunas de las estrategias de afrontamiento problemáticas a las que, según indican las investigaciones, suelen recurrir las personas Autistas enmascaradas y unas cuantas viñetas que explican por qué tendemos a recurrir a ellas.

APUNTALAR LA MÁSCARA:
Estrategias de afrontamiento contraproducentes y por qué las utilizan las personas Autistas enmascaradas

Consumo problemático de alcohol u otras sustancias adictivas
- Atenúa la hipersensibilidad sensorial.
- Infunde «valentía alcohólica» en situaciones sociales intimidantes.
- Relaja las inhibiciones y los filtros.
- Procura energía para desenvolverse en un mundo excesivamente exigente.
- Estimula los sentidos.
- Mantiene entretenida a la mente ansiosa o preocupada.
- Silencia al crítico interior.

Conducta alimentaria desordenada
- Enraíza la vida en objetivos y rituales diarios.

- Proporciona estimulación física a través del hambre, el ejercicio, la purga, etc.
- Distrae a la mente de las dificultades sociales y la centra en el cuerpo.
- Define la «bondad» y la «valía» en términos de comportamiento o apariencia.
- Da a la persona Autista una sensación de autocontrol o disciplina.
- Explica los sentimientos de disforia de género o disociación física.

Distanciamiento y disociación

- Evita que a la persona la puedan rechazar, si se desentiende ella primero.
- Amortigua emociones dolorosas como la pena, la tristeza y el arrepentimiento.
- Le permite a la persona Autista dedicarse solo a aquello que se le da bien por naturaleza.
- Elimina la presión de tener que aprender a lidiar con relaciones o emociones complejas.
- Silencia las necesidades y emociones que otros consideran molestas.
- Ayuda a conservar una energía muy limitada.

Adhesión a normas estrictas y rígidos sistemas de creencias

- Hace que una realidad confusa parezca más comprensible y concreta.
- Traduce las normas sociales ambiguas en expectativas específicas.
- Crea un sentimiento de grupo al que la persona Autista puede pertenecer.
- Procura una estructura diaria y la tranquilidad que dan los rituales.
- Alivia sus dudas sobre sí misma y el miedo a ser una «mala persona».
- Promete salvar a la persona del mundo injusto en el que vive.

Adular y complacer compulsivamente a los demás

- Hace que la persona Autista, a su vez, reciba elogios.
- Ofrece una falsa promesa de aceptación.
- Simplifica la complicada dinámica de las relaciones.
- Reduce las interacciones sociales a una regla muy fácil: decir siempre que sí.
- Ratifica en la persona Autista la creencia de que lo mejor es ignorar sus sentimientos y necesidades.
- Minimiza el conflicto y reduce la ira.

Al repasar esta lista de comportamientos, ten en cuenta que la línea que separa una «buena» y una «mala» manera de afrontar las situaciones de la vida suele estar bastante difuminada, y que no hay por qué avergonzarse de haber utilizado estrategias imperfectas para sobrevivir. A veces, un método que quizá ha funcionado de forma bastante inofensiva durante un tiempo, como tomarte una cerveza antes de salir con tus amigos, puede transformarse en algo más compulsivo, como beber a escondidas en el trabajo. O es posible que el alcohol solo se convierta en un problema en momentos de mucho estrés. El ejercicio excesivo puede ser tanto una forma práctica de calmarse cuando se está al borde de un ataque de nervios como un hábito compulsivo que esté dañando las articulaciones. No se pueden evaluar las cosas atendiendo a un sistema binario. Quizá hay veces en que las circunstancias nos obligan a ignorar nuestra salud física y mental, porque mantener nuestro trabajo o nuestra vivienda tiene prioridad absoluta en ese momento. Cuando no tenemos una comprensión clara de nuestra discapacidad y nadie a nuestro alrededor nos reconoce como discapacitados, lo hacemos lo mejor que podemos.

En este capítulo, conocerás a varias personas Autistas enmascaradas que han utilizado estrategias complejas, y a veces fallidas, para mantener el enmascaramiento. Algunas se han excedido en el ejercicio físico o se han drogado para conseguir aceptación social; otras han pasado años desvinculadas de la gente o han tenido tal necesidad de pertenencia que han acabado formando parte de grupos reaccionarios. Al cabo del tiempo estas personas se han dado cuenta de que, además de protegerlas del rechazo social, el enmascaramiento les ha impedido llevar una vida auténtica y feliz, y han empezado a reexaminar sus mecanismos de afrontamiento, decididas a identificar las necesidades insatisfechas que se esconden detrás de ellos y a encontrar la forma de satisfacer esas necesidades con adaptaciones más inteligentes, en lugar de autodestruyéndose para escapar de la realidad.

Problemas con la bebida y el consumo de otras sustancias adictivas

A medida que iba cumpliendo años, Thomas dependía cada vez más del alcohol para «mantener la cordura», y llegó un momento en el que su vida ya no se sostenía. El resentimiento que sentía hacia su pareja era cada día más fuerte y estaban pensando en separarse. Por esta misma época, Thomas dejó el trabajo y se intentó suicidar. Luego se mudó a la otra punta del país porque le habían ofrecido otro trabajo, pero lo dejó al poco de empezar. Siguió fantaseando con la muerte, viéndola como la única salida a una existencia que se había vuelto sencillamente imposible. Los distintos terapeutas a los que acudió durante este periodo le diagnosticaron trastorno bipolar y trastorno límite de la personalidad, porque sus relaciones eran inestables y tenía a veces emociones explosivas, además de largos periodos de depresión. Intentaba mantenerse sobrio, pero no era capaz.

«Tardé literalmente seis meses en conseguir mi primera ficha de treinta días de sobriedad [en Alcohólicos Anónimos] –dice–. Pero incluso entonces, me seguía sintiendo muy desgraciado. A lo largo de ese verano demencial de reiteradas recaídas y de tramar mi muerte, mi ex me puso en contacto con un nuevo terapeuta».

La expareja de Thomas era trabajador social y había asistido hacía poco a un panel sobre el trastorno del espectro Autista (TEA) durante un simposio. Oyendo hablar a uno de los panelistas, le había llamado la atención lo mucho que se parecían sus experiencias con Thomas a la descripción que hacía del Autismo. El panelista resultó ser psicoterapeuta, y la expareja de Thomas los puso en contacto. Con la ayuda de un terapeuta que comprendía realmente la comorbilidad del Autismo y el alcoholismo, Thomas pudo por fin empezar a tratar en serio su adicción.

«Me di cuenta de que toda mi vida había tenido problemas sensoriales y de ansiedad social, y de que bebía para anestesiarlos», explica Thomas.

Una de las experiencias más comunes y sutilmente debilitantes que tienen las personas Autistas es el desbordamiento sensorial. Ya he descrito cómo la naturaleza ascendente del procesamiento sensorial Autista nos provoca una sobreestimulación y nos hace distraernos fácilmente con cosas como el ruido ambiental y el desorden visual. Hay una característica neurológica adicional del Autismo que de manera significativa contribuye a nuestros problemas sensoriales y crisis, y es la dificultad para adaptarnos a un estímulo gradualmente.

El cerebro neurotípico *se adapta y habitúa a las percepciones sensoriales*: cuanto más tiempo está la persona en presencia de un sonido, olor, textura o señal visual, más aprende su cerebro a ignorarlo y permite que quede en segundo plano; cuanto más tiempo esté en presencia de un estímulo, menos probabilidades hay de que se activen sus neuronas. A las personas Autistas nos ocurre exactamente lo contrario: cuanto más tiempo pasamos en presencia de un estímulo, más nos molesta.[2] Además, como ya he explicado, nuestras neuronas son «hiperexcitables», lo que significa que los sentidos se activan fácilmente ante estímulos mínimos que los neurotípicos ni siquiera perciben, como un pelo que nos cae en la cara o un montón de correo que alguien deja encima de la mesa.[3] Somos más capaces de percibir pequeños detalles y cambios sutiles de nuestro entorno,[4] y esto puede ser una auténtica ventaja para los trabajos que exigen meticulosidad (como la programación informática, que es a lo que Thomas se dedica), pero también somos más propensos a sobresaltarnos o distraernos.[5]

Cuando una persona Autista recibe una avalancha de información sensorial perturbadora durante demasiado tiempo seguido, entra en un estado de *sobrecarga sensorial*. Esta sobrecarga puede manifestarse como lo que parece una rabieta o un ataque de llanto, puede adoptar la forma de desconexión o ataque de nervios, o puede presentarse como un estado de confusión que hace que la persona Autista dé respuestas mecánicas o sin sentido a cualquier pregunta. La sobrecarga sensorial nos impide realizar una tarea compleja, reflexionar racionalmente y ordenar las emociones. Cuando estamos sobrecargados, nos volvemos irritables o nos desesperamos; puede que incluso nos autolesionemos para conseguir un subidón de endorfinas o un motivo de dolor visible y palpable con el que huir del sufrimiento sensorial. Nuestro cuerpo está visiblemente tenso por la ansiedad, y en esos momentos es muy difícil comunicarse con nosotros. Lo que las personas no Autistas a menudo no saben es que los Autistas experimentamos el dolor sensorial como si fuera dolor físico.[6]

Lamentablemente, cuando un Autista se queja del dolor sensorial que siente, la gente piensa que está dramatizando, o que solo quiere llamar la atención, o incluso que está «loco». No tengo palabras para expresar lo frustrante que es sentir una profunda angustia por un ruido persistente que mi novio ni siquiera oye. Cuando me veo recorrer la casa a pisotones, golpeando el suelo con una escoba para que mi vecino baje el volumen de su música, tengo la sensación de que me estoy comportando como un «loco». Mi pareja sabe que no me lo invento y hace todo lo posible por ser comprensivo y paciente. Pero durante la mayor parte de mi vida, a la gente le han resultado indiferentes todas mis quejas. Respondían como si fuera elección mía distraerme y ponerme furioso a diario.

Como reacción a la sobrecarga sensorial, he gritado, he llorado y he necesitado que me abrazaran; he probado a dar puñetazos a un almohadón, a golpearme los brazos y las piernas con un cepillo, a huir de la gente y a darme golpes en la cabeza. Muy pocas de estas reacciones son socialmente aceptables, así que casi siempre las he tenido en privado. En los últimos años, he aprendido a anticiparme a estas crisis dedicándome mucho tiempo en el que estar a solas y alejándome de las situaciones estresantes antes de que me provoquen ansiedad. En cuanto noto que estoy reprimiendo una frustración que creo que no me está permitido expresar, sé que tengo que irme de ese sitio. De todos modos, una vez que se desata la crisis, poco puedo hacer: necesito escapar de la situación o encontrar una vía de salida para toda la energía que me bulle dentro. Beber es en realidad la única válvula de escape que la gente neurotípica respeta, siempre y cuando lo presentes como un hábito divertido y no como una compulsión.

Muchos Autistas adultos admiten tener problemas con la bebida o trastornos por consumo de otras sustancias adictivas.[7] La necesidad de embotar nuestra hipersensibilidad sensorial es una de las principales razones que conectan el Autismo con estos hábitos.[8] Otra es que esas sustancias nos ayudan a relacionarnos socialmente. Cuando vives en estado de vigilancia constante, siempre pendiente de lo que dices y de cómo lo dices, un trago fuerte puede hacer que bajes la guardia y te relajes momentáneamente.[9] Además, las propias normas sociales son más relajadas en un lugar donde la gente está bebiendo. Las personas alísticas, cuando están ebrias, ¡hablan sin fin y se interrumpen unas a otras ellas también! Si dices algo raro en una fiesta, puede que la gente hasta se olvide de que lo has dicho. La soltura que da estar rodeado de otras personas igual de borrachas que tú tiene en sí mismo algo embriagador. Por desgracia, depender de las sustancias para sentirte cómodo o conectado puede convertirse rápidamente en un hábito autodestructivo.

La serie *Gambito de dama*, que estrenó Netflix en 2020, cuenta la vida del personaje de ficción Beth Harmon, una ajedrecista prodigiosa que vive a mediados del pasado siglo. Su personaje está construido con deliberados rasgos Autistas.[10] Es contundente y analítica, y le resultan bastante indiferentes las emociones ajenas. Se enfrenta a sus oponentes con una mirada fría, casi reptiliana, y recita datos de ajedrez y series de jugadas en un tono plano y obsesivo que muchos espectadores Autistas reconocieron al instante. También es adicta a los sedantes y bebe mucho. A diferencia de la mayoría de los personajes Autistas de la televisión, Beth no solo tiene un cerebro portentoso; es además un espíritu salvaje y libre que recurre compulsivamente a las drogas, el hurto y el sexo para mantenerse estimulada. Sus hábitos autodestructivos también forman parte de su máscara: desarma a sus competidores machistas y a sus superficiales compañeras de clase con su aparente aplomo y rebeldía.

Nunca me he identificado tanto con un personaje Autista como con Beth. Lo mismo que ella (y que Thomas), me pasé la adolescencia y los primeros años de la juventud acumulando logros mientras destrozaba por completo mi vida personal. En el instituto, a veces me emborrachaba durante el día; echaba vodka en la lata de Gatorade en el aparcamiento para ganarme la aprobación de mis amigos. Faltaba a clase, falsificaba notas que explicaban que tenía que salir antes de hora para librarme de los ensayos de orquesta y robaba en las tiendas muy a menudo. En una ocasión estuve a punto de que me expulsaran, pero me salvó un administrador comprensivo que tuvo el gesto de «perder» las hojas de expulsión.

No me creé demasiados problemas por mi mal comportamiento porque sacaba sobresalientes y competía en el equipo nacional de debate. La misma energía despreocupada, inteligente pero autodestructiva me acompañó hasta los veinte años. Luego, al principio de la edad adulta, tuve muchas relaciones turbias y destructivas y me autolesioné con la nicotina, la anorexia y los encuentros sexuales esporádicos. Todo formaba parte de la máscara de «madurez» y hastío que había empezado a llevar al entrar en el instituto. Pensaba que, si destacaba en los estudios y daba la imagen de tener una vida glamurosa y guay, nadie podría decirme nunca que era «infantil» o que «daba pena». Nadie podría acusarme de ser demasiado sensible, si ocultaba mis problemas sensoriales echándome *amaretto* en el café y bebiendo durante la clase de Psicología del Desarrollo. No tenía suficiente tolerancia al alcohol como para que me creara adicción (vomitaba con demasiada facilidad), pero de no haber sido por eso, podía haber acabado fácilmente en el mismo camino que Thomas.

Con el tiempo, la forma de beber de Beth Harmon pasa de ser glamurosa a sombría. Utiliza a algunos de sus amigos más íntimos para tener una relación sexual y luego los abandona; se aleja de toda la gente que podría serle de ayuda, echa a perder unas cuantas partidas de ajedrez cruciales por culpa de la resaca, se resigna a pasearse borracha por su casa mugrienta y se pinta los ojos con una raya gruesa de *kohl* mientras da tragos a una botella de vino. La fiesta y la autodestrucción que una vez fueron su muleta social se le escapan de las manos, como nos ocurrió a Thomas y a mí. Sin embargo, a diferencia de nosotros, la espiral descendente de Beth no la lleva a buscar un terapeuta ni a que la evalúen y le den un diagnóstico de Autismo. Es una mujer guapa, culta e infeliz que vive en los años cincuenta del siglo XX. Todavía, nadie sabe poner nombre a sus problemas.

Comprender las necesidades físicas, sensoriales, emocionales o psicológicas que hasta ahora has intentado satisfacer con una u otra sustancia puede ayudarte a identificar otras estrategias de afrontamiento más beneficiosas. La revista *Autism in Adulthood* publicó los resultados de una encuesta que se había realizado a más de quinientos adultos Autistas, y revelaban que las razones más frecuentes de beber en exceso eran que el alcohol facilita las relaciones sociales y potencia los sentimientos positivos.[11] El consumo de alcohol y otras sustancias adictivas puede enmascarar el Autismo de forma muy eficaz, ya que la mayoría de la gente sigue creyendo que los Autistas son frikis herméticos a los que les gusta quedarse en casa. Si durante mucho tiempo no has sido consciente de tu discapacidad, o has preferido no hacer caso de sus síntomas, es posible que te hayas drogado o emborrachado para ocultar tu sufrimiento o para tener energía y poder socializar. Podrías creer, por ejemplo, que sin la ayuda de alguna sustancia no puedes ser una persona interesante o divertida. Si tienes algún trauma relacionado con malos tratos físicos o psicológicos que hayas sufrido por ser Autista (o por otras razones), es posible que utilices esas sustancias para tratar el estrés postraumático.

Cuando un trastorno por consumo de sustancias psicoactivas coexiste con otras afecciones mentales, como el trastorno por estrés postraumático o la depresión, los estudios indican que la mayoría de los pacientes prefieren un tratamiento integrado que aborde los múltiples problemas interrelacionados al mismo tiempo y muestran además que este enfoque resulta el más efectivo.[12] El Autismo no es un trastorno que necesite tratarse, pero la mayoría de las personas

Autistas tienen problemas de salud mental por el hecho de vivir en un mundo neurotípico que no las acepta como son. Para los Autistas que tienen adicciones a alguna sustancia, probar un programa de tratamiento integrado puede ser una buena opción.

Si sospechas que tienes una relación poco saludable con las drogas o el alcohol, sería importante que identificaras un método de tratamiento que se adapte a tu neurotipo o que encuentres a un profesional de la salud mental que tenga experiencia con personas Autistas. Dado que son cada vez más los estudios que indican que las técnicas de la terapia cognitivo-conductual (TCC) no son tan efectivas en los individuos Autistas como en los neurotípicos,[13] puede que un tratamiento para la adicción basado en la TCC no sea lo más conveniente, al menos no sin introducir modificaciones. Digo esto porque un estudio clínico exploratorio publicado en 2019 descubrió que cuando se enseñaba a los profesionales de la salud mental a comunicarse de forma eficaz con los pacientes Autistas (un conjunto de habilidades de las que carecen la mayoría de los profesionales), la terapia cognitivo-conductual que ofrecían sí demostró ayudar a estos pacientes a superar sus trastornos de adicción.[14]

Desgraciadamente, la mayoría de los profesionales sanitarios no tienen mucha idea de cómo piensan y se comunican las personas Autistas, y hay muy pocos estudios publicados que den una información concluyente sobre qué programas terapéuticos funcionan mejor para tratar las adicciones en los adultos Autistas. Se sabe, eso sí, que muchos de los planes de tratamiento que han resultado eficaces tienen algo en común, que es asegurarse de que estén cubiertas también nuestra necesidad de atención sanitaria, de vivienda y otras necesidades materiales, así como de que estamos conectados a una red de personas que nos sirvan de apoyo. A menudo, cuando los terapeutas de la TCC tratan de hacer comprender a los pacientes que sus miedos son irracionales («¡Si digo algo indebido, me echarán del trabajo y acabaré en la calle!»), esos temores son completamente racionales para una persona Autista y están basados en una experiencia real.

En el caso de Thomas, reducir el consumo de alcohol puso al descubierto la hipersensibilidad sensorial y la ansiedad subyacentes. También se hizo evidente muy pronto que no podía tener un trabajo demasiado estresante ni estimulante, ya que lo haría querer beber. En la actualidad, para que la hipersensibilidad sensorial interfiera lo menos posible en su día a día, utiliza unos auriculares de cancelación de ruido y, si se encuentra en un lugar concurrido, se obliga a hacer pausas periódicas para alejarse del bullicio durante un rato. Trabaja desde casa y está aprendiendo a reconocer cuándo empieza a sentirse sobrecargado a causa del ruido o la ansiedad. Ahora tiene menos necesidad de camuflar sus rasgos Autistas y, por tanto, menos deseos de beber. Lleva ya varios años completamente sobrio.

En muchos casos, cuando una persona Autista decide tomar las riendas de su relación problemática con una sustancia adictiva, debe hacerse a la idea de que sus rasgos de Autismo serán más visibles al poner fin a la adicción y asimilar que esto puede ser un proceso muy lento. En su artículo «Alcohol: An Autistic Masking Tool?» ('¿Es el alcohol un medio que utilizan los Autistas para enmascararse?'),[15] Jesse Meadows describe así su relación con el desenmascaramiento y la sobriedad: «Cuando bebía, era fácil hacer amigos. El alcohol me proporcionaba citas, aventuras y sexo. Sin beber, todo es mucho más difícil, algunas de estas cosas son imposibles. Ya no salgo mucho de casa. En cantidad de sentidos, me convertí en una persona más Autista al estar sobria».

En ocasiones, esta es la otra cara de la moneda. Para estar sobrio, a veces tienes que estar dispuesto a ser más Autista.

Trastornos de la conducta alimentaria

Dorian Bridges escribe novelas de terror y es *youtuber*, y en su canal Of Herbs and Altars ('De hierbas y altares') presenta debates sobre la moda y la cultura alternativas de los primeros años del siglo XXI, sobre la experiencia de recuperarse de trastornos de la conducta alimentaria o la drogodependencia y también sobre temas relacionados con el Autismo y el síndrome de Asperger. A principios del siglo XXI, Dorian era adolescente y *Aspie*,* aunque no había recibido un diagnóstico formal, y tenía serias dificultades sociales y escolares. En un vídeo particularmente conmovedor, cuenta que haber crecido sin tener un diagnóstico cambió fundamentalmente el curso de su vida.[16]

«Desde la infancia he sabido de forma innata que la vida me resultaba más difícil que a otra gente —dice—, pero a nadie le importaba por qué. Lo que oía siempre era: "Lo tuyo no es más que vagancia; pura vagancia"».

Dorian explica que tenía muchos rasgos claros del síndrome de Asperger. Devoraba libros y en las reuniones familiares se sentaba en un rincón, lejos de todo el mundo. Hablaba «como un diccionario de sinónimos» y sacaba una buena puntuación en los test de inteligencia, pero en el colegio le costaba mucho seguir el ritmo de las clases. Sin embargo, como en el caso de tantos otros Autistas enmascarados, la veían como una «niña» superdotada y un poco rara, no como una persona discapacitada.

«A mis padres les decían: "A su hija no le pasa nada... ¡Su hija llegará muy lejos! Su hija no tiene ningún problema, no habrá nada que se interponga en su camino"».

De pequeños, a muchos niños y niñas enmascarados los mandan a un centro de educación para superdotados, en lugar de derivarlos a los servicios para personas con discapacidad.[17] Nuestra aparente inteligencia inusual nos pone en un doble aprieto: por un lado se espera que logremos grandes cosas, para justificar nuestra rareza, y por otro, como poseemos una cualidad envidiable y socialmente muy apreciada, se da por sentado que necesitamos menos ayuda que el resto, no más. Dorian no podía soportar la presión de unas expectativas tan altas ni la falta de compasión. Así que empezó a autolesionarse. A los

---

* N. del A.: Dorian se identifica como *Aspie,* no como persona Autista, porque el diagnóstico que recibió a los veinticuatro años fue de síndrome de Asperger, no de trastorno del espectro autista.

trece años, vio casualmente en una revista un artículo sobre una chica que tenía anorexia y sintió una envidia increíble: a aquella niña, a la que se veía tan enferma, se la colmaba de afecto y cuidados. Nadie esperaba que destacara en nada, solo que siguiera viva.

«Lo que saqué del artículo fue: "Esta chica ha estado tan cerca de la muerte que a su familia le da terror perderla, y ahora tiene todo este amor y apoyo a su alrededor. Y no le exigen nada, porque ha estado a punto de morir"», dice.

Dorian se guardó el artículo y lo leyó una y otra vez durante años, hasta aprendérselo casi de memoria. Empezó a matarse de hambre, con la esperanza de que, si parecía que estaba al borde de la muerte, todos se relajarían un poco. Empezó a frecuentar también foros proanorexia (o «pro-Ana»), donde conoció a cantidad de adolescentes con trastornos de la conducta alimentaria que se intercambiaban estrategias para perder peso y fotos «adelgazainspiradoras». Con el tiempo, empezaron a quedar en persona y a celebrar fiestas de purga. Dorian dice que esta comunidad estaba llena de personas autodestructivas que a menudo eran una mala influencia las unas para las otras, pero también que era el único lugar sin prejuicios al que tenía acceso, el único espacio en el que realmente podía dejar salir su dolor.[18]

En mi caso, el trastorno de la conducta alimentaria atendía a razones diferentes que en el de Dorian, pero no estaba menos ligado a mi Autismo. Desde los quince años hasta los veinticinco aproximadamente, no me permitía comer porque quería tener un físico «andrógino» y creía que eso era sinónimo de delgadez. Hacía ejercicio sin medida, porque pensaba que demostraba lo fuerte que era. Las punzadas de dolor por tener el estómago vacío me satisfacían físicamente; las palpitaciones que notaba en las piernas después de bailar dos horas al ritmo del videojuego *Dance Dance Revolution* en modalidad de «contador de calorías» me hacían sentir que por fin tenía dominio sobre un cuerpo que siempre había estado fuera de control. A diferencia de Dorian, no quería que nadie supiera que lo estaba pasando mal. Nunca. Quería ser una criatura de otro mundo, libre de las ridículas necesidades humanas. Pasaba muchas noches en vela, pensando que hacer ejercicio hasta el amanecer era mejor que descansar. Cuando una amiga del equipo de debate me dijo que parecía un «robot», porque ni comía, ni dormía, ni me gustaba estar con gente, tuve una inmensa sensación de triunfo: mi máscara era de acero blindado.

El Autismo y los trastornos de la conducta alimentaria tienen una estrecha correlación, sobre todo entre las mujeres,[19] las personas transgénero[20] y las enmascaradas que han recibido un diagnóstico a edad tardía. Contribuyen a esto muchos factores. Algunas chicas enmascaradas creen que estar delgadas y ser guapas en el sentido convencional las ayudará a pasar desapercibidas. Otras descuidan sus necesidades físicas porque se han desvinculado mentalmente de su cuerpo. La purga puede utilizarse como forma de autolesión o también como medio para regular un sistema sensorial trastornado, ya que inunda el cuerpo de endorfinas, que pueden tener un efecto calmante, además de ser adictivas. En un vídeo, Dorian cuenta que una amiga de los foros pro-Ana solía pasarse toda la noche recorriendo el pasillo de lado a lado, todas las noches, en un intento desesperado por quemar calorías. Creo que, además de una purga, recuerda mucho al típico comportamiento repetitivo autoestimulante.[21] En mi caso, jugar compulsivamente a *Dance Dance Revolution* era sin ninguna duda una forma encubierta de autoestimulación, además de un intento de perder peso.

Hay personas Autistas enmascaradas a las que les atrae la estructura y la sensación de control que puede brindar un trastorno de la conducta alimentaria. Solemos buscar «reglas» claras de lo que es un buen comportamiento, para luego adherirnos rígidamente a ellas con la esperanza de que nos mantengan socialmente a salvo y conseguir, al fin, que se nos valore.[22] Cuando era adolescente y aún no se me había dado un diagnóstico de Autismo, me zumbaba constantemente en el cerebro una vaga ansiedad. Contar calorías, mirarme el cuerpo en el espejo y pesarme eran cosas concretas en las que me podía concentrar en lugar de dejarme arrastrar por aquel temor difuso. La sociedad gordofóbica en la que vivía me había enseñado que un cuerpo delgado era superior a un cuerpo gordo, e intentaba atenerme a esa regla con fervor. Extenuarme haciendo ejercicio significaba que finalmente podría conciliar el sueño. La comunidad de personas con trastornos de la conducta alimentaria que frecuentaba en Internet me daba secuencias de instrucciones muy precisas en torno a las cuales organizar el día.

Todo tenía un carácter cuasirreligioso. No creía en Dios, pero cada noche rendía culto ante el altar de *Dance Dance Revolution* sudando y tragando agua helada mientras mi cerebro flotaba en lo alto, fuera de mi cuerpo, en la neblina creada por la carencia de nutrientes. La bulimia me permitió, además, conectar con las chicas en clase y fuera de clase. La obsesión con la delgadez era uno de los pocos rasgos de conformidad de género que había en mí.

Las investigaciones clínicas han descubierto que entre el veinte y el treinta y siete por ciento de las personas que reciben un diagnóstico de anorexia nerviosa son Autistas.[23] Dado que el Autismo se diagnostica tan escasamente en las poblaciones que más probabilidades tienen de recibir un diagnóstico de trastornos de la conducta alimentaria (las mujeres, las personas trans y los hombres homosexuales), el índice real de comorbilidad podría ser mucho mayor. Cuando se aplica a pacientes Autistas el tratamiento convencional para los trastornos de la conducta alimentaria, los resultados no son tan buenos: requieren hospitalizaciones más prolongadas, es menos probable que reduzcan sus hábitos alimentarios trastornados y experimentan con más frecuencia depresión y aislamiento social en los grupos de recuperación.[24] Afortunadamente, las clínicas especializadas y los programas de tratamiento durante la hospitalización han empezado a incorporar modificaciones para adaptarse a sus pacientes Autistas, y los resultados son bastante prometedores. En un artículo publicado en 2020,[25] la doctora Tchanturia y su equipo describen así la sección hospitalaria adaptada al Autismo:

Hemos invertido en todo lo necesario para crear un ambiente más favorable para los pacientes Autistas. Entre otras cosas, hemos pintado toda la sección para crear un orden de colores neutro, hemos ideado una «caja sensorial» para los pacientes que quieran disponer de artículos como mantas con peso y juguetes antiestrés, y estamos empezando a organizar grupos de bienestar en los que participen pacientes Autistas y pacientes sin rasgos Autistas conjuntamente con miembros del equipo multidisciplinar, a fin de que puedan recibir su ayuda para resolver problemas sensoriales y mejorar la comunicación social (por ejemplo, introduciendo pasaportes de comunicación y otras estrategias).

La doctora Tchanturia y sus colegas vieron a continuación que los pacientes Autistas de esta sección adaptada tenían una estancia significativamente más corta, y los estudios de seguimiento sugieren que el tratamiento de los trastornos de la conducta alimentaria adaptado al Autismo produce mejores resultados.[26] Teniendo en cuenta que en el caso de muchas personas Autistas el origen de estos trastornos es, al menos en parte, la dificultad para integrarse socialmente, podría ser beneficioso ayudarlas a desarrollar el sentido de pertenencia y una manera nueva y más auténtica de relacionarse, para que no se vean forzadas a representar una comedia. En sus vídeos, Dorian dice que cuanto peor era su estado de salud, más intentaba parecer una mujer normal, alegre y peripuesta.[27] Presentarse como un gótico transmasculino vestido con ropa chillona y muy maquillado hace que Dorian se sienta mucho más a gusto en su cuerpo[*] y relacionarse con otros tipos alternativos «raros» le da el sentido de pertenencia que en un tiempo buscó en los grupos pro-Ana. Ahora que sabe que es Autista, también es capaz de exponer más abiertamente qué le causa malestar

---

* N. de la T.: *Transmasculinidad* es un término que abarca a las personas transgénero cuya identidad de género es masculina, pero que no necesariamente se consideran hombres. Incluye, por un lado, a los hombres trans que se identifican como hombres y, por otro, a personas del tercer género, o de género no binario en general, que tienen cualidades masculinas pero una expresión femenina, andrógina o neutral.

y por qué, lo cual significa que no necesita recurrir a una compulsión compartida para establecer un vínculo con otras personas.

Desapego y disociación

Para soportar la presión de vivir enmascaradas, muchas personas Autistas desaparecemos en nuestra cabeza. No sé las veces que he oído a algún Autista decir cuánto le gustaría ser un cerebro flotante en un tarro de vidrio o una oscura niebla sensible sin forma física. Es una fantasía común entre las personas neurodivergentes, porque tenemos un cuerpo que a veces nos parece totalmente opuesto a lo que el mundo quiere que sea. La disociación es también una forma de controlar la información social y sensorial que recibimos, ignorando los datos que son demasiado intensos. Por ejemplo, mi amigo Ángel dice que, cuando hay mucha gente a su alrededor, se va al «mundo de los ángeles» que existe en su cabeza, y entonces la gente se vuelve una masa borrosa. Tiene algunos parientes a los que nunca les ha visto la cara, porque solo coincide con ellos en grandes reuniones familiares en las que todo el mundo acaba difuminándose a sus ojos en un mar de formas vagas. Disociarse no le impide comer, bañarse o ir de un sitio a otro, pero mentalmente no está presente.

A Ángel, lo único que lo hace «volver» es tener mucho tiempo para descansar y desconectar de todo. En el caso de otras personas Autistas que conozco, y en el mío también, tener que enmascararnos y socializar durante un periodo prolongado aumenta las probabilidades de que empecemos a disociarnos o nos desconectemos. Yo no veo a las personas literalmente «borrosas» cuando me siento abrumado, pero dejo de mirarlas a la cara y a menudo no reconozco a alguien conocido o no oigo su voz a menos que se ponga delante de mí y agite las manos. Dedicar menos esfuerzo cognitivo al enmascaramiento es un alivio, y también lo es huir de la situación angustiosa que me está obligando a disociarme.

A corto plazo, desconectar mentalmente funciona muy bien. Deja mucha energía y atención disponibles, así que podemos centrarnos en las actividades que nos gustan o pensar solo en las cosas que captan nuestro interés. Pero a largo plazo, replegarnos dentro de nosotros mismos nos aleja aún más de lo que de verdad necesitamos. Algunas investigaciones sugieren que las personas Autistas tenemos un sentimiento de *autonomía personal* muy disminuido; en otras palabras, nos sentimos menos en control de nosotros mismos y de nuestro cuerpo que las personas no Autistas.[28] Toda una vida de soportar que nos corrijan por nuestra incompetencia e infantilismo afecta al concepto que tenemos de quiénes somos y hace que nos cueste mucho desarrollar la capacidad básica de defendernos con firmeza.

En un estudio sobre la autonomía personal, se pidió a personas Autistas y no Autistas que manipularan un cursor en una pantalla, lo cual formaba parte de un juego de ordenador.[29] Se habían incorporado al juego desfases temporales aleatorios y fallos de movimiento, de modo que los jugadores no siempre tenían un control total sobre lo que hacía el ratón. Se los animó a que intentaran ganar el juego y se les pidió que informaran de cuándo creían tener el control del ratón y cuándo no. Los participantes neurotípicos eran capaces de diferenciar con bastante precisión cuándo tenían control del ratón; sabían distinguir cuándo un movimiento del ratón se debía a un desfase o fallo del juego y no a la acción de su mano. En cambio, a los Autistas les costaba distinguirlo. A la mayoría les parecía que tenían más control sobre el juego cuando iban ganando y que no tenían control sobre él cuando iban perdiendo, incluso aunque no hubiera ninguna relación entre una cosa y otra. En concreto, esto parecía deberse a que las personas Autistas confiaban menos en las señales internas: no se fiaban tanto de su sensación de si tenían el control o no como de los puntos de referencia externos que indicaban el éxito en el juego.

Aunque sea un experimento de laboratorio bastante artificioso, apunta a la tendencia común entre los Autistas a vernos a nosotros mismos como seres impotentes y fundamentalmente desvinculados de nuestro cuerpo y del mundo en general. Dependemos de las señales externas de éxito (ganar un partido, recibir elogios) para saber cómo responder, en lugar de confiar en nuestras percepciones y en nuestra capacidad de discernimiento.

Lamentablemente, cuando nos desvinculamos de nuestro cuerpo, no captamos cantidad de señales físicas muy valiosas que nos ayudarían a protegernos. Las investigaciones indican que la mayoría de las personas Autistas tienen una reducida percepción de las señales corporales de advertencia, o *interocepción*.[30] Sentimos como si nuestro cuerpo no fuera del todo nuestro, por lo cual nos cuesta establecer conexiones entre el mundo exterior y cómo nos sentimos interiormente.[31] Por ejemplo, si una persona neurotípica ve que sus compañeros de trabajo se van a comer, comprueba qué siente su cuerpo y se da cuenta de que ella también tiene hambre. En cambio, una persona Autista puede estar tan ensimismada que no establece una conexión entre ver salir a sus compañeros y la necesidad de comprobar si también su cuerpo quiere comer. No está claro hasta qué punto es esto una característica neurológica del Autismo y hasta qué punto es producto del enmascaramiento y la presión social. Al fin y al cabo, los Autistas enmascarados estamos condicionados socialmente a silenciar las necesidades físicas que sí notamos. Si tengo que reprimir el deseo de pasearme por la oficina cantándome canciones, porque si lo hago van a pensar que soy muy raro, ¿cómo voy a saber que escuchar las señales de hambre o de cansancio sí está permitido?

Aunque las personas Autistas tendamos a ser hipersensibles a los estímulos sensoriales, la mayoría somos relativamente insensibles al dolor físico.[32] Puede sonar paradójico, pero tiene sentido si recuerdas las investigaciones que mostraban que los cerebros Autistas suelen enfocarse en los detalles y son hiperexcitables. Si la camisa se me sale del pantalón al levantar el brazo, no soporto la pequeña ráfaga de aire frío que entra y parece que me esté cortando el vientre. Es un estímulo mínimo, pero persistente, demasiado molesto para poder ignorarlo. Sin embargo, he caminado kilómetros con fisuras sangrantes en los talones y apenas he sentido nada. El enmascaramiento suele implicar también tragarse la angustia para tener contentos a los individuos neurotípicos que te rodean. Quejarte de algo que te resulta irritante, y que a nadie más le molesta, puede hacerles pensar que estás «loco» o que eres insoportablemente «exigente». Así que muchos nos volvemos bastante adeptos a ignorar el dolor, del mismo modo que prestamos poca atención al hambre o a la sed.

Por desgracia, es algo que no solo nos ocurre con el dolor físico, sino que se extiende también al dolor emocional. Las investigaciones del psicólogo Geoff Bird indican que aproximadamente la mitad de las personas Autistas padecen *alexitimia*,[33] la incapacidad para reconocer y nombrar las emociones.[34] Los que la padecemos podríamos tener tal vez una vaga sensación de que estamos angustiados pero no saber de qué sentimiento concreto se trata; quizá no sabríamos decir si son celos o es resentimiento. También nos cuesta saber *por qué* sentimos esas emociones, y este es otro de los motivos por los que la gente neurotípica nos etiqueta de personas frías y sin sentimientos.

La alexitimia puede responder, por un lado, a que a los Autistas no se nos enseña a entender las sensaciones concretas que producen las distintas emociones en nuestro cuerpo y, por otro, a que se nos enseña a dar más importancia a lo que siente el resto de la gente que a lo que nosotros sentimos. Desde pequeños se nos muestra cómo se manifiestan las emociones neurotípicas y las sensaciones que producen. Se nos exige que estemos siempre pendientes de los demás y aprendamos a detectar sus señales de malestar o desaprobación, para poder adaptar a ellas nuestras acciones y ser más agradables o complacientes. Nuestras expresiones faciales y señales no verbales, así como la percepción que tenemos de nuestro cuerpo y el entorno, son distintas, y los neurotípicos suelen ignorarlas. Por eso, cuando estamos disgustados o incómodos, a menudo no lo reconocemos hasta que estamos casi al borde de una crisis total. Una vez que empezamos a desenmascararnos, dejamos de estar tan meticulosamente pendientes de las reacciones de los demás y de vivir en ese estado de hipervigilancia, lo cual nos permite estar más en contacto con nuestro cuerpo. Es posible que la autocensura mecánica se vaya reduciendo y esto nos permita darnos cuenta de nuestro malestar y honrarlo por lo que es.

Sin embargo, muchas personas Autistas (entre las que me incluyo) seguimos necesitando estar a solas para reflexionar sobre cómo nos sentimos, porque la información social que emiten los demás nos distrae mucho. Actualmente, algunas veces soy capaz de darme cuenta, en medio de la situación en la que esté, de que me está incomodando el tema de conversación, por ejemplo, o la insistencia de alguien en que haga algo que no quiero hacer, y puedo decirle al momento que pare; otras, solo siento ansiedad y me pongo frenético, y no consigo averiguar lo que me pasa hasta horas o días después.

Como a las personas Autistas nos cuesta tanto, por lo general, cuidar de nuestro cuerpo o reconocer y defender nuestras necesidades, puede llegar a resultarnos sumamente angustioso desenvolvernos en el trabajo, la escuela y otros entornos sociales. Según una estadística citada a menudo, el ochenta y cinco por ciento de las personas Autistas adultas están desempleadas,[35] aunque investigaciones transversales de mayor calidad sitúan la cifra más cerca del cuarenta por ciento.[36] Algunas investigaciones sugieren que los Autistas que revelan en el trabajo su condición de discapacidad se arrepienten con frecuencia de haberlo hecho, porque no obtienen con ello demasiadas adaptaciones prácticas y, en cambio, es bastante posible que se los infravalore o se los ignore.[37] Por estas y otras muchas razones, con frecuencia las personas Autistas no tenemos más remedio que trabajar desde casa; en un porcentaje muy alto, somos trabajadores autónomos que hacemos nuestro trabajo por medios digitales.[38] Ya se trate de un puesto de consultoría o de cualquier otro tipo, suele haber una descompensación entre las ganancias y las horas sin fin que le dedicamos, pero esta alternativa nos ofrece un grado de flexibilidad y privacidad del que carecen los trabajos más estables.

Además de trabajar desde casa, o especializarnos profesionalmente en el ámbito digital, un porcentaje significativo de enmascarados

Autistas se desconectan de la realidad y se sumergen en el mundo de Internet y los videojuegos.[39] Tanto el trabajo digital como los juegos en línea le resultan increíblemente atractivos al cerebro Autista; en parte, porque en ellos la causa y el efecto están más claros que en la vida «real».[40] Es fácil ignorar el subtexto o las señales no verbales y centrarse solo en las tareas compartidas y los resultados, claros y medibles. La comunicación digital nos ofrece a las personas Autistas el tiempo que necesitamos para procesar con cuidado un mensaje, buscar en Google cualquier término que no nos resulte familiar y reflexionar detenidamente sobre cómo responder.

No tiene nada de malo utilizar Internet para satisfacer nuestra necesidad de contacto social y estructura. Desde hace décadas, las personas discapacitadas han encontrado en este medio la posibilidad de formar parte de una comunidad, así como recursos compartidos. Sin embargo, el uso excesivo y compulsivo de Internet y los juegos en línea puede resultar perjudicial para los Autistas e inhibir nuestras conexiones sociales y nuestro desarrollo.[41] Pasar demasiado tiempo conectados a Internet suele reducir la práctica de interactuar y comunicarnos con el mundo exterior, y por tanto contribuye a que nos sintamos solos y deprimidos, y en muchos casos intensifica el desapego que sentimos hacia nuestro cuerpo. Ocultarle al mundo nuestras dificultades no es una forma eficaz de conseguir aceptación social, y no es lo mismo utilizar Internet como medio para desarrollar fluidez y competencia que refugiarnos en él porque sentimos que no tenemos otra opción.

Thomas me cuenta que, a medida que ha ido comprendiendo su Autismo y trabajando en serio para desenmascararse, ha ido aumentando su capacidad para darse cuenta de cómo se siente y para encontrar la manera de cuidarse como necesita. Durante muchos años, sobre todo antes de recibir el diagnóstico, se limitaba a arrinconar sus emociones y deseos.

«Esta semana, un día tuve la sensación de que el mecanismo de renovación de la energía estaba estancado —dice—. No conseguía concentrarme en los datos con los que estaba trabajando, que normalmente es algo que me apasiona. Escribí sobre ello durante un rato y me di cuenta de que últimamente mi novia ha estado en casa más de lo habitual. La quiero mucho, pero estar con ella a todas horas me estaba sobreestimulando. Al día siguiente hacía un tiempo magnífico, y me pasé el día entero sentado al aire libre leyendo. Me sentó de maravilla alejarme de los estímulos constantes que llevaban hiperactivándome desde hacía días».

Thomas aún sufre las repercusiones de haber vivido totalmente enmascarado y sin diagnosticar, pensando que era simplemente una persona difícil o malhumorada. Con los años, ha aprendido a superar esa programación cultural y a construirse una vida auténtica. Conocerse y aceptarse ha sido lo que ha hecho posible su felicidad y su sobriedad.

«Me gusta pasar el rato en los parques ferroviarios y aprender una cantidad disparatada de detalles inútiles y prefiero hacer puzles que ver la tele. Como mi vida está en consonancia con lo que soy ahora, tengo mucha menos necesidad de beber. La base para la recuperación es alinear tu vida con tus valores, y no vas a poder alinear nada hasta que sepas quién eres».

Esto se puede aplicar igualmente a los Autistas que, como un acto reflejo, se desconectan de la realidad por lo acostumbrados que están a camuflar todos sus sentimientos y necesidades. Si no sabes quién eres realmente, o si la imagen que tienes de ti está determinada de principio a fin por las normas que te imponen los demás, no puedes construirte una vida que te guste o que sientas que vale la pena. Afortunadamente, tienes la posibilidad de no definirte ya más en función de la aprobación que recibas o de lo capaz que seas de atenerte a las normas de la sociedad. En capítulos posteriores veremos cómo puede ser ese proceso y escucharemos a varias personas que decidieron dejar atrás la vida que tenían hasta entonces, definida por la búsqueda de aprobación y el enmascaramiento.

Adhesión a normas y sistemas de creencias rígidos

Los Autistas enmascarados a veces encuentran estructura y un sentimiento de pertenencia en grupos de «alto control» como, por ejemplo, organizaciones políticas radicalizadas, comunidades religiosas con creencias muy restrictivas y sectas. Es bien sabido que los grupos de alto control se aprovechan de las personas que se sienten solas y buscan desesperadamente un propósito en la vida. Sus rituales repetitivos, sus vínculos interpersonales aparentemente sólidos y sus férreas normas sobre quién es «bueno» y quién es «malo» atraen a quienes viven aislados y desean por encima de todo conexión y estructura.

He hablado con una gran variedad de personas Autistas adultas enmascaradas, y más de una docena de ellas me han contado que en el pasado pertenecieron a comunidades religiosas marginales, grupos formados en torno a teorías de la conspiración, negocios de modelo piramidal y otras organizaciones de alto control. No he encontrado información de investigaciones empíricas que documenten la prevalencia de este fenómeno en la población Autista. Sin embargo, una investigación que llevaron a cabo en 2019 la doctora Sarah Griffiths y su equipo confirma que los adultos Autistas son altamente vulnerables a la explotación económica, la violencia doméstica, los abusos en las relaciones y la manipulación emocional.[42] Estas acciones son precisamente características de las sectas y forman parte de lo que hace que nos resulten atractivas.

Somos susceptibles de manipulación por muchas razones. Los adultos Autistas solemos encontrarnos en posiciones socioeconómicas precarias, lo que puede dificultar que escapemos de quienes nos maltratan. Si estás desempleado o subempleado, es probable que accedas con más facilidad a irte a vivir con una pareja o a entrar rápidamente en un grupo religioso extremista, por pura necesidad. El anhelo de que nos acepten y la tendencia a quitar importancia a lo que sentimos nos hacen también propensos al maltrato. La terapia ABA y el enmascaramiento social nos enseñan a ser complacientes y conformistas. La ortodoxia y las normas sobre cómo se supone que debemos actuar pueden parecernos sólidas y «racionales».

Andrew, que creció como Autista en una zona rural del oeste de Estados Unidos, se sintió atraído por una comunidad religiosa notablemente controladora. Cuenta que los miembros de la iglesia lo identificaron rápidamente como una posible presa.

«Vivía solo, era claramente una de las únicas personas no blancas en una pequeña ciudad muy blanca. Estaba deprimido, siempre ansioso. Me pasaba el día en la cafetería tomando un café detrás de otro, y empezaron a hablar conmigo, decían que solo querían conocerme».

Lo «bombardearon de amor», una técnica que las sectas emplean habitualmente con los nuevos miembros, a los que brindan un afecto exagerado y toda clase de atenciones.[43] El bombardeo de amor hace que la persona baje la guardia y confíe sin reservas en el nuevo grupo. Para los Autistas, que llevamos toda la vida al margen de la sociedad, puede ser estimulante que de repente, inexplicablemente, nos adoren.

Cuando Andrew decidió unirse a la iglesia, las cosas empezaron a cambiar. Los miembros lo llamaban por teléfono a altas horas de la noche y le hacían preguntas indiscretas sobre su familia, de la que estaba distanciado. Uno de los líderes lo interrogó acerca de su bisexualidad y de cómo pensaba conciliarla con las enseñanzas de su fe. Andrew dejó de tener citas con hombres porque así se acababan las preguntas. Las expectativas fueron en aumento: el ofrecimiento voluntario de ayudar a los miembros de la iglesia a cuidar de sus hijos una vez a la semana se convirtió en un compromiso de cada noche.

«Todavía me culpo de haberme dejado convencer por sus tácticas, porque no es que me apuntaran con una pistola —dice—. Pero eso no significa que no fuera de todos modos un comportamiento controlador. Un día te abrazan y bromean contigo y al siguiente ni siquiera te miran, y poco a poco eso va moldeando cómo piensas y cómo actúas».

Los grupos dogmáticos y controladores prometen una vida plena y una nueva familia que nunca te abandonará. En realidad, atrapan a los individuos en una compleja red de expectativas, a veces incompatibles, porque han sabido crear en ellos un temor constante a sentirse rechazados. Como muchas de estas organizaciones dependen de la devoción, el trabajo voluntario y las donaciones de sus miembros para poder seguir funcionando, se encargan de hacer que sientan que sus esfuerzos nunca son suficiente.

Andrew dice que tardó un par de años en darse cuenta de que lo estaban manipulando. El estrés de formar parte de la iglesia empezó a provocarle ataques de ansiedad, y cuando empezó a asistir a una terapia de grupo, los miembros lo entendieron como una traición a su «nueva familia». Aquello hizo que Andrew empezara a cuestionar sus creencias. Fue también cuando descubrió que era Autista.

Algunas de las personas Autistas a las que entrevisté habían tenido experiencias menos dramáticas, pero aun así dañinas; cosas como apegarse de un modo enfermizo a su asesor durante los estudios de posgrado o dedicar años a colaborar con grupos activistas u organizaciones sin ánimo de lucro en cuyos objetivos creían de verdad, pero que en la práctica violaban constantemente los límites personales o tenían una cultura insana de adicción al trabajo. Otras de las personas con las que hablé se habían adherido a rígidos sistemas de creencias que habían creado ellas mismas, sin influencia de nadie. Querían tener un mundo predecible, lógico, reducido. Empezó siendo una forma de tomar las riendas de su vida, hasta que llegó un momento en el que las reglas autoimpuestas eran tantas que parecía que hubieran cobrado vida propia y era imposible controlarlas.

Algunos Autistas acaban adhiriéndose, en Internet, a comunidades de extrema derecha diseñadas para atraer a hombres solitarios y frustrados.[44] Grupos como QAnon, Proud Boys y Men Going Their Own Way procuran un sentimiento de pertenencia a personas que se han sentido permanentemente marginadas. Les ofrecen amistad y un lugar en el que les está permitido hacer preguntas tabú y decir cosas ofensivas sin temor a las consecuencias sociales. Estas comunidades se aprovechan, además, de la tendencia Autista a obsesionarse con una serie limitada de temas. Bombardean a sus miembros con propaganda, les enseñan un lenguaje críptico que nadie que no sea del grupo entenderá y los insensibilizan a la intolerancia mediante chistes y memes. Una vez que un individuo Autista se integra en estas subculturas, le será muy difícil salir de ellas; y debido a las creencias extremistas que ha adquirido y a la forma hiperespecífica de comunicarse, tendrá menos probabilidades aún de conseguir trabajo o hacer amigos.

De un modo parecido, las mujeres neurodiversas y las personas de género no conforme están en el punto de mira de comunidades tránsfobas radicales «críticas con el género», que en muchos casos utilizan las mismas tácticas de manipulación del pensamiento. Una exmiembro de uno de estos grupos, la escritora Ky Schevers, cuenta que sus compañeras la sometieron básicamente a una terapia de conversión antitrans.[45] Le enseñaron a censurar sus sentimientos de disforia de género y a contemplar el deseo de hacer una transición como una traición al grupo y a la feminidad en general. He leído mucho sobre estos colectivos feministas radicales y he seguido muchas cuentas anónimas de mujeres «trasnexcluyentes» durante años, y es alarmante ver cuántas de sus miembros son Autistas. Este hecho se ha convertido incluso en parte de la ideología del grupo: aseguran estar protegiendo a las mujeres Autistas para que no caigan en el «sectarismo trans». En realidad, las sectarias son sus dirigentes, que buscan a personas con disforia de género y, aprovechándose de su vulnerabilidad, les inculcan ideas que acaban aislándolas de la comunidad trans en general.

A continuación, he hecho una lista de algunos atributos comunes a los grupos de alto control que presentó originalmente el psiquiatra Robert Lifton en su texto clásico *Thought Reform and the Psychology of Totalism* [La reforma del pensamiento y la psicología del totalismo].[46] Las investigaciones de Lifton estaban enfocadas en las técnicas de manipulación que se aplicaron a los presos políticos y los prisioneros de guerra, pero varios estudios posteriores han descubierto procesos similares en grupos extremistas estadounidenses,[47] así como en grupos que podrían no calificarse del todo como sectas pero que ejercen una fuerte atracción sobre sus miembros, como es el caso de muchas comunidades religiosas evangélicas.[48] Las mismas dinámicas abusivas y manipuladoras aparecen a menor escala en los negocios de modelo piramidal,[49] en empresas explotadoras e incluso en comunidades que se enorgullecen de ser bastiones progresistas del libre pensamiento, como el mundo académico.[50] Es importante que las personas Autistas sepamos reconocer las señales de advertencia de la manipulación psicológica, porque tenemos un riesgo muy elevado de ser el objetivo de organizaciones (e incluso de grupos sociales informales) que emplean estos métodos.

Señales de advertencia de un grupo de alto control

1. El grupo promueve una visión antagónica del mundo exterior y de quienes no son miembros del grupo: «Somos nosotros contra el mundo».

2. Los miembros del grupo se sienten siempre inseguros en cuanto a su posición dentro del grupo; se los podría castigar por cualquier pequeña falta o fracaso.

3. No está bien visto tener límites personales; se espera que los miembros vean al grupo como una «familia» y se sacrifiquen por él todo lo posible.

4. Cualquier perspectiva que desafíe la ortodoxia del grupo es incalificable; los miembros se avergüenzan por tener pensamientos o sentimientos «indebidos».

5. Se utilizan un lenguaje repetitivo y la jerga del grupo para desestimar cualquier crítica. Los miembros repiten mecánicamente palabras o frases huecas para silenciar las conversaciones que los ponen en un aprieto.

La mayoría de las personas Autistas no se adhieren a grupos de odio ni adoptan posturas extremistas, por supuesto, y sería a la vez capacitista y éticamente inquietante utilizar la discapacidad de alguien para excusar que haya adoptado una ideología racista, sexista o tránsfoba. Pero, de todos modos, es importante que cada uno de nosotros reconozca que cuando la mezcla de exclusión social, hiperfocalización Autista y tendencia a acatar las normas entra en contacto con una programación de tipo sectario, la combinación puede contaminar el pensamiento de una persona vulnerable. Cuando nunca has sido capaz de desenvolverte con soltura y sentirte cómodo en el mundo, buscas alivio y algo que dé sentido a tu vida, y lo aceptarás con gusto venga de donde venga. Para un subconjunto de personas Autistas, eso significa dejarse atrapar por comunidades abusivas y sectarias; para otras, se traduce en racionalizar o excusar los abusos en las relaciones privadas, y muchos de nosotros nos enmascaramos adoptando compulsivamente una actitud complaciente y conformista.

La adulación y la complacencia compulsivas

The Big Bang Theory es una de las series más populares de la historia de la televisión, lo que convierte a Sheldon, su personaje principal, quizá en el personaje Autista estereotipado más famoso de todos. Es notoriamente brusco y socialmente distante, un imbécil al que se le perdona la falta de consideración porque es un sabelotodo. Lisbeth Salander, de *Millenium: los hombres que no amaban a las mujeres*,[*] es otro ejemplo clásico de genio Autista gilipollas. Utiliza su percepción casi robótica y su racionalidad para reprender e insultar a todo el mundo, así como para resolver crímenes. Rick, de *Rick y Morty*, es otro ejemplo destacado. Abusa sistemáticamente de sus nietos y es un vago integral que de vez en cuando le destroza la casa a su hija adulta, pero toda su familia (y la mayor parte de los *fans* de la serie) lo admira porque su prodigiosa mente seria y analítica inventó la pistola de portales interdimensionales.

* N. de la T.: Título original, *The Girl with the Dragon Tattoo*, que se tradujo en Latinoamérica como *La chica del dragón tatuado*. La serie cinematográfica está basada en la novela sueca *Los hombres que no amaban a las mujeres*, de Stieg Larsson.

En la vida real, de personas de carne y hueso, los Autistas huyen del tópico del «genio gilipollas» como de la peste. En 2016, un grupo de psicólogos estadounidenses hizo una encuesta a estudiantes universitarios sobre su actitud hacia las personas Autistas, y se vio que en general asociaban el neurotipo con la introversión, el retraimiento social y una personalidad «difícil».[51] Este estereotipo del Autismo ya existía antes de que se hicieran series como *The Big Bang Theory* y *Rick y Morty*, pero su manera de presentarlo reforzó sin duda los prejuicios que había hasta entonces. La mente del individuo medio tiene una sola imagen de cómo se presenta el Autismo en las personas adultas: la imagen de un genio, casi siempre hombre, que es brusco y directo hasta rozar la crueldad.

Para no encarnar este tópico, los Autistas nos plegamos a todo tipo de formas acomodaticias. Hacemos lo que podemos para no parecer difíciles, crueles o egocéntricos. Interiorizamos el mensaje de que a todo el mundo le aburre oírnos hablar de nosotros mismos y de nuestros intereses, de que somos unos ineptos sociales y no sabemos leer las emociones en la cara de la gente y de que nuestras necesidades sensoriales nos convierten en bebés gigantes que se quejan constantemente de todo. Por miedo a convertirnos en un Sherlock, nos transformamos en Watson: agradables, dóciles, pasivos hasta la exageración, dando siempre por hecho que las grandes personalidades que hay a nuestro alrededor saben qué es lo más conveniente.

Los Autistas enmascarados somos con mucha frecuencia complacientes compulsivos. Tratamos de dar una imagen alegre y amistosa o tímida y no amenazante. Y cuando somos nosotros quienes nos encontramos en situaciones que nos resultan amenazadoras, tenemos tendencia a responder del modo en que lo hacen quienes han sobrevivido a experiencias traumáticas; como explica el terapeuta Pete Walker, respondemos con «adulación».[52] La reacción ante una situación de estrés no siempre se reduce a luchar o huir; la adulación es una respuesta dirigida a apaciguar a cualquiera que represente una amenaza. Y para los Autistas enmascarados, la amenaza social está por todas partes.

«Los tipos aduladores consiguen que apenas se vea quiénes son —escribe Walker—. Para evitarse tener que invertir energía en conectar emocionalmente, y también posibles decepciones, se esconden detrás de su personaje servicial, escuchan con mucha paciencia, hacen constantes comentarios halagadores o se ponen totalmente a disposición del otro».[53]

Absteniéndose de revelar sus propias necesidades o su malestar, sigue diciendo Walker, los aduladores se ahorran el riesgo de que los rechacen. Pero esto tiene como contrapartida que no consiguen conectar con nadie de una forma sustancial. Es muy solitario vivir así. También es terriblemente agotador. Muchos adultos Autistas enmascarados tienen seria dificultad para compaginar un trabajo a jornada completa con la vida social o alguna afición, dado que mantener una máscara conciliadora durante ocho horas al día requiere demasiado esfuerzo como para que les quede energía que poder dedicar a cualquier otra cosa.[54] Es posible que las conexiones que lleguemos a establecer nunca le resulten satisfactorias o auténticas al ser que realmente somos, porque están basadas en atender automáticamente las necesidades de los demás y en decirles siempre lo que creemos que quieren oír.

Samuel Dylan Finch, asesor de bienestar para personas Autistas, ha escrito mucho sobre por qué somos tan aduladores y sobre el deterioro que eso causa en nuestras relaciones. Él también es un adulador, aunque tardó algún tiempo en reconocerlo.

«Soy un adulador —escribe en su blog—, pero tardé mucho tiempo en darme cuenta. ¡Porque defiendo con obstinación mis opiniones! ¡Y digo lo que pienso!». [55]

Dice Finch que cuando de verdad quiere conectar con alguien, censura instintivamente su verdadero yo y se vuelve un reflejo de la otra persona: «Cuanto más interés tengo en establecer una conexión emocional, menos probabilidades hay de que critique a esa persona, me queje si ha traspasado mis límites personales, exprese descontento por su conducta o diga nada que crea que podría dañar la relación».

Inspirándome en el trabajo y los escritos de Finch, he enumerado varios datos indicativos de un posible comportamiento complaciente o adulador en situaciones sociales estresantes o que percibimos como una amenaza.

Ejercicio de reflexión sobre la tendencia a ser complaciente[56]

Lee despacio cada declaración y reflexiona sobre el grado de veracidad que tiene en tu caso:

1. Tengo la sensación de que nadie me conoce de verdad.
2. No sé decir que no.
3. Me siento responsable de los sentimientos y reacciones de los demás incluso aunque no tengan nada que ver conmigo.
4. A veces siento que me traiciono, cuando hago ver que me parecen bien cosas con las que no estoy de acuerdo.
5. Observo de cerca las situaciones sociales para detectar si se está incubando un conflicto e intento pararlo antes de que empiece.

Conozco bien el impulso de ser complaciente que describe Finch. Me resulta fácil corregir a un compañero de trabajo si hace un comentario sobre algo concreto y sé que no es correcto; pero cuando estaba atrapado en una relación abusiva con alguien a quien quería de verdad, me aterrorizaba llevarle la contraria. De solo pensar en decirle que había sido desconsiderado conmigo, se me trababa la lengua y quería salir corriendo. Años después, todavía me cuesta hacerle a alguien un comentario crítico, incluso aunque sea una persona con la que me siento tranquilo porque sé que me acepta como soy. Mi cerebro sabe que no hay motivo para no decir lo que pienso, pero en mi cuerpo sigue existiendo el temor a una reacción fulminante y demoledora. Las personas Autistas corremos un mayor riesgo de sufrir maltrato psicológico, en parte porque tendemos a ser un poco ingenuas o demasiado confiadas y rápidamente nos transformamos en lo que haga falta con tal de aplacar al otro.[57] Cuando estás atrapado bajo la máscara, el amor parece que sea siempre condicional. Nos cuesta saber qué necesidades podemos expresar y cuáles no. Además, solemos sentir que es responsabilidad nuestra hacer de intermediarios o guardianes de la paz en cuanto surge la menor tensión entre otras personas, porque nos parece que cualquier conflicto puede ser muy peligroso.

Algunas investigaciones psicológicas indican que intentar complacer constantemente a los demás y «reflejar» las emociones y respuestas que desean de nosotros tiene un alto coste emocional y para la relación. Una táctica de adulación común entre los Autistas es hacernos espejo de la persona con la que estamos: imitar ligeramente sus movimientos y emociones en un intento de reflejarle de vuelta la energía que emite, con la intención de parecerle normales y similares a ella. El problema es que estar meticulosamente atentos a los gestos y la expresión de una persona, e imitarlos lo mejor que podemos, es un trabajo cognitivo agotador que además nos distrae por completo. Un estudio experimental que llevaron a cabo en 2015 el doctor Kulesza y su equipo de investigación descubrió que cuando se les pedía a los participantes que imitaran sutilmente el comportamiento de su interlocutor, les costaba más reconocer las emociones de esa persona a la que estaban imitando.[58] Aunque los participantes, que eran todos neurotípicos, conseguían imitar bastante bien las manifestaciones emocionales de su interlocutor, estaban tan enfocados en las expresiones y gestos que dejaban de pensar en qué significaban todas esas manifestaciones emocionales. El estudio no se ha replicado con sujetos Autistas o neurodiversos, pero si imitar a alguien requiere un esfuerzo mental tan intenso que reduce la empatía en las personas neurotípicas, probablemente ocurra lo mismo en el caso de las Autistas. De hecho, estos resultados sugieren que la meticulosa atención que ponemos en enmascarar nuestras emociones y reflejar las de nuestro interlocutor tiene un papel decisivo en que nos cueste tanto sentir empatía.

Dado que las personas Autistas solemos tener también dificultad para identificar *nuestras* emociones (sobre todo en medio de una interacción social estresante), nos cuesta mucho reconocer en el momento si la conducta de alguien nos ha herido o incomodado. Yo tengo que reflexionar sobre ello y tardo tiempo en saber cómo y por qué me ha herido un comportamiento o un comentario. El educador sexual y escritor Autista Stevie Lang ha descubierto, por ejemplo, que en las personas Autistas el consentimiento sexual puede no atender a razones muy claras, ya que no siempre sabemos diferenciar entre querer algo y *querer quererlo* para hacer feliz a alguien:

«Es posible que nuestra aversión al rechazo y nuestro deseo de que se nos acepte nos creen confusión —dice— y no sepamos con certeza cuándo experimentamos verdadero consentimiento y cuándo estamos simplemente tratando de ajustarnos a las expectativas sociales, para caer bien o evitar que nos rechacen».

En definitiva, todo enmascaramiento consiste en ignorar o apartar nuestros sentimientos para poder dedicarnos a agradar a los demás o para ajustarnos a las normas sociales. Por tanto, dejar que este sistema de valores rija nuestra vida siempre será autodestructivo, independientemente de cuáles sean los mecanismos que utilicemos para enmascararnos. Tanto si empleamos el alcohol, el ejercicio desmedido, el trabajo excesivo, el aislamiento social, la codependencia o cualquier otra estrategia autodestructiva que nos ayude a pasar desapercibidos, siempre será perjudicial dar más importancia a la aprobación social y a conseguir «pasar» por neurotípicos que a nuestras necesidades reales.

Lo cierto es que no tenemos por qué vivir así. Las personas Autistas podemos aprender a escucharnos a nosotras mismas de nuevo, a no aceptar la vergüenza que la sociedad nos ha querido imponer y a ser radicalmente visibles y francas sobre las adaptaciones que necesitamos y merecemos. Puede resultar difícil y desafiante desprenderse de años de enmascaramiento autoprotector instintivo, pero tenemos de verdad la posibilidad de elegir una vida libre de todas esas imposiciones. En los próximos capítulos, veremos lo que indican las investigaciones sobre cómo acomodar nuestro neurotipo en todas las facetas de la vida, escucharemos a asesores y especialistas que están ayudando a otros Autistas a desenmascararse y conoceremos a varias personas Autistas enmascaradas que han empezado a aceptar quiénes son y a cuestionar todo aquello que en cierto momento de sus vidas les enseñó a ocultarse.

CAPÍTULO 5

Repensemos el Autismo

Empecemos por el principio: el primer paso para poder desenmascararte es darte cuenta de que eres Autista. Puede que no te parezca un paso intencional hacia la autoaceptación o la autenticidad, pero entender que eres una persona discapacitada supone un replanteamiento de la vida bastante drástico. Casi todas las personas neurodiversas a las que he entrevistado para este libro me han contado que descubrir que eran Autistas fue una auténtica revelación y las hizo replantearse todo lo que creían sobre quiénes eran. Las numerosas etiquetas dolorosas que habían llevado dentro durante años ya no parecían tan relevantes: no es que siempre hubieran sido tontas o perezosas o que vivieran en la inopia, eran simplemente discapacitadas. No es que tuvieran que aceptar que no daban la talla, ni que fueran torpes o estuvieran equivocadas en todo, simplemente no se las había tratado con la compasión que merecían ni se les habían dado los medios con los que habrían podido florecer. Nombrar su posición en la sociedad como personas discapacitadas las ayudó a exteriorizar lo que llevaban mucho tiempo interiorizando. Demostraba que su sufrimiento nunca había sido en ningún sentido culpa suya.

Por supuesto, adoptar una identidad Autista no deshace al instante los mecanismos de compensación y camuflaje a los que muchos de nosotros hemos tenido que recurrir y que se han convertido en un automatismo. Al igual que la hipervigilancia en quienes tienen TEPT tras haber sobrevivido a experiencias traumáticas, el enmascaramiento es un acto reflejo, que se manifiesta con mayor intensidad cuando experimentamos incertidumbre o percibimos una situación social amenazante. Y te aseguro que reconocernos como personas discapacitadas no hace que el mundo nos parezca menos confuso o amenazador. Sin embargo, aceptarnos como Autistas nos da a muchos de nosotros la libertad para cuestionar (quizá por primera vez) si es justo que tengamos que vivir ocultando nuestra forma de ser y disculpándonos por ser quienes somos.

El proceso de desenmascararnos consiste fundamentalmente en repensar las creencias y comportamientos que nos parecían normales antes de descubrir que somos Autistas. Significa reexaminar los estereotipos sobre el Autismo (y otras discapacidades) a los que hemos estado expuestos, la imagen que nos han presentado los medios de comunicación y la educación escolar, y que aprendimos de las experiencias de nuestra juventud. Nos exige que cuestionemos los valores más preciados de la sociedad y que descubramos cada aspecto en el que haya una diferencia entre lo que nos han dicho que *deberíamos* ser y cómo nos gustaría de verdad vivir. Por último, para desenmascararnos, antes tenemos que mirar atrás, a nuestro pasado, con espíritu comprensivo, benevolente, y poco a poco aprender a ver que las facetas de nosotros que nos dijeron que eran demasiado escandalosas, o afectadas, o exageradas, o raras, en realidad están perfectamente bien; son incluso maravillosas, y sin duda merecen todo nuestro amor.

Reformulemos los estereotipos del Autismo

Hace unos años, Trevor estaba de acampada con sus amigos en los montes Ozark, en el Medio Oeste de Estados Unidos. Todos habían bebido bastante y se estaban «azotando» unos a otros con las camisetas y haciendo el tonto. Alguien tuvo la idea de hacer un concurso improvisado de «belleza de antebrazos». Todos se rieron y se quedaron mirando a Trevor. El silencio se apoderó del grupo.

Trevor fingió sentirse intimidado y luego se dirigió lentamente al centro del corro. Se subió las mangas despacio, casi con gesto seductor, y a continuación adoptó una pose teatral, como sacada de un cómic, exhibiendo sus antebrazos desproporcionadamente grandes y musculosos. Todos lanzaban exclamaciones ante el espectáculo, y su compañero de piso empezó a abanicarse como si se fuera a desmayar.

«Era una broma recurrente en el grupo —explica—. La verdad es que tengo unos antebrazos enormes. Como Popeye. De tanto sacudir las manos».

Trevor siempre ha regulado y expresado sus emociones aleteando y sacudiendo las manos. El aleteo es una de las formas de autoestimulación Autista más comunes. Es una señal de Autismo tan conocida y visible que uno de los principales objetivos de la terapia ABA es justamente enseñar a los niños y niñas a tener «las manos quietas».[1] Aunque el aleteo es inofensivo y no tendría por qué molestar a nadie, las personas neurotípicas lo reconocen inmediatamente como un signo de discapacidad y, por tanto, lo castigan con dureza. La gente imita el aleteo Autista cuando quiere dar a entender que una persona discapacitada es estúpida, molesta o no tiene control de sus actos. Donald Trump hizo una imitación cruel del aleteo de manos durante su campaña de 2016, mientras criticaba a un periodista con discapacidad física. Pero en los últimos tiempos, a pesar de todo el condicionamiento social, Trevor ha aprendido a aceptar sus aleteos.

Ahora tiene cuarenta y cinco años, y hace unos pocos que les reveló a sus amigos que es Autista, pero en realidad sabía de su discapacidad desde los doce. Cuando le diagnosticaron Autismo, su madre le dijo que tendría que mantenerlo en secreto el resto de su vida; estaba convencida de que todos lo infravalorarían y lo excluirían si se enteraban de que «carecía» de muchas de las habilidades de la gente neurotípica. Durante décadas, Trevor ocultó obedientemente sus movimientos repetitivos (*stims*) y su tendencia a pensar demasiado las cosas. En la universidad, fue a clases de improvisación para aprender a parecer más extravertido. Leía libros sobre los buenos modales y cuando tenía alguna cita con algún chico, se retiraba pronto para que su acompañante no se diera cuenta de que le costaba hablar si estaba cansado.

Con el tiempo, a medida que el movimiento en favor de la aceptación del Autismo se fue haciendo más visible, empezó a cuestionar los consejos que su madre le dio de niño. Entraba en foros como r/AutismTranslated, de Reddit, y leía los relatos de personas que se habían declarado neurodiversas. En el sitio web Stimtastic, encontró colgantes y pulseras hechos de goma masticable (o *chewelry*) ideados para la autoestimulación y en secreto pidió unos cuantos.

Contarles a sus amigos que era Autista acabó siendo casi una decepción.

«No se sorprendieron —me dijo riendo—. Ni lo más mínimo. Me conocen bien».

Antes de salir del armario, Trevor no podía explicarle a la gente por qué tenía unos antebrazos tan fornidos. Era una rareza más que lo hacía cohibirse, ya que, por lo demás, no era un tipo musculoso. Como muchos otros Autistas,[2] tenía un tono muscular inferior a la mayoría de los neurotípicos que conocía. Caminaba encorvado y tenía los brazos caídos. Las camisas abotonadas de talla grande lo ayudaban a ocultar su cuerpo característicamente Autista.

Pero una vez que salió del armario, pudo dejar que todos admiraran sus brazos musculosos e hicieran bromas. Le sorprendía mucho que a la gente le parecieran atractivos. Ya no se siente acomplejado por su cuerpo ni por sus movimientos autoestimulantes. Toda la energía mental que antes dedicaba a ocultar su discapacidad le permite ahora centrarse en otras cosas. Y el miedo que su madre le infundió a lo que ocurriría si detectaban que era Autista ha demostrado no tener fundamento.

En capítulos anteriores, hemos reflexionado sobre las reacciones habituales de las personas neurotípicas cuando detectan por primera vez rasgos claros de discapacidad en su hijo o su hija y hemos visto los numerosos estereotipos negativos sobre el Autismo que nos causan vergüenza y nos llevan a enmascararnos. Aquí vamos a reexaminar esas experiencias tempranas y los rasgos estereotípicamente Autistas y a pensar si es posible contemplarlos desde una perspectiva más neutra o incluso positiva.

En el libro *El niño tozudo (niños y adolescentes)*, la autora y educadora parental Mary Sheedy Kurcinka anima a los padres o cuidadores frustrados y agotados a replantearse las impresiones negativas que tienen de sus hijos.[3] Kurcinka no se refería específicamente a los niños y niñas Autistas cuando a principios de la década de 1990 acuñó la expresión *spirited child* (que da título al libro original y que se tradujo al castellano como 'niño tozudo'), pero está bastante claro que la vivacidad de su propio hijo tiene mucho en común con la de los niños Autistas. Al igual que la expresión *niño índigo* (muy popular desde hace décadas entre los padres adeptos al movimiento Nueva Era),[4] *spirited child*, un niño de espíritu inquieto, hace referencia a una constelación algo vaga de comportamientos y rasgos que se solapan en gran medida con el Autismo y el trastorno por déficit de atención con hiperactividad (TDAH). Los padres de niños y niñas con rasgos del espectro Autista tratan a menudo de encontrar (o inventan) un eufemismo que suavice las diferencias de sus hijos. La intención es evitar la etiqueta y añadirle un poco de brillo espiritual. En el caso de Kurcinka, calificar a su hijo de *espíritu inquieto* fue un acto de rebeldía contra las opiniones estigmatizadoras que los psiquiatras y otros médicos tenían sobre él y su futuro.

Los profesionales veían al temperamental hijo de Kurcinka como un niño testarudo, difícil y de carácter fuerte; era propenso a chillar y a reaccionar con intensidad a los estímulos, y desafiante cuando recibía instrucciones que no quería seguir. Cuando Kurcinka empezó a investigar por su cuenta, vio que toda la literatura a la que podían recurrir los padres y las madres de niños como el suyo hablaba solo de lo difícil que era criarlos y de la carga que suponían para sus cuidadores. A principios de los años noventa del siglo xx, la idea generalizada era que tener un hijo o una hija Autista arruinaba la vida de la familia. Una estadística muy citada en aquella época, y totalmente incorrecta,[5] aseguraba que entre los padres de niños y niñas Autistas la tasa de divorcio era del ochenta por ciento.[6] La neurodivergencia era un horror que les tocaba soportar a algunas familias, y los niños y niñas discapacitados eran sutilmente los culpables de haberla traído al hogar. Consternada por la mala calidad de la información que se había difundido hasta entonces, Kurcinka se propuso crear recursos que fueran más compasivos y que contemplaran el comportamiento de los niños y niñas de *espíritu inquieto* con curiosidad, en lugar de condena.

Kurcinka pedía a padres y madres que intentaran reformular los rasgos de sus hijos no como algo «problemático» sino positivo. Muchos de los comportamientos del niño que más perturbaban a los adultos eran en realidad señales de independencia y voluntad. Como escribe en su blog *Real Social Skills* la rabina Ruti Regan, activista Autista en favor de los derechos de las personas discapacitadas, «la desobediencia es una destreza social».[7] Solo es «mala», vista desde fuera, desde la perspectiva de quien pretende controlar o restringir. Aunque el estereotipo de la persona Autista es el de alguien que carece de empatía, son con mucha frecuencia los profesores y cuidadores no Autistas de niños y niñas Autistas los que no se toman la molestia de reflexionar sobre cuál puede ser la experiencia interior de esos niños ni sobre los sentimientos y motivos que hay detrás de su conducta. Puede que sea más agotador de lo habitual educar a un niño o una niña desobedientes, pero si quieres que tu hijo o tu hija sean personas fuertes, sanas y capaces de defenderse, es fundamental que tengan el coraje para plantarse y decir «no».

La siguiente lista recoge algunas de las etiquetas estigmatizadoras de los niños y niñas de *espíritu inquieto* que Kurcinka cuestiona en su libro y las alternativas de tono positivo que recomienda:

ETIQUETA TRADICIONAL	NUEVA ETIQUETA
Tozudo	Seguro de sí mismo, persistente
Incontrolable	Enérgico
Ensimismado	Perceptivo
Melindroso	Selectivo, con discernimiento
Exigente	Sabe con claridad lo que quiere
Inflexible	Tradicional; no le gustan los cambios
Manipulador	Carismático, sabe conseguir lo que necesita
Ansioso	Cauteloso
Explosivo	Dramático
Entrometido	Curioso, inquisitivo
Escandaloso	Entusiasta, apasionado
Desobediente	Con ideas propias, comprometido

Quizá te hayas dado cuenta de que algunos de los rasgos que aparecen en la tabla de Kurcinka estaban también incluidos en las listas de estereotipos negativos del Autismo que he presentado en secciones anteriores. Elaboré las tablas del capítulo tres mucho antes de leer el libro de Kurcinka, basándome en los comentarios de gran cantidad de adultos Autistas. Es bastante curioso que muchas de las características que menos les gustan de sí mismas a las personas Autistas adultas sean exactamente las mismas de las que se quejaban sus cuidadores hace treinta años, en la época en la que Kurcinka escribía su libro. A pesar de que estas tablas y la suya hayan tenido un desarrollo independiente, está claro que hay un diálogo entre ellas. Cuando éramos pequeños, a muchos de nosotros los adultos nos consideraban escandalosos, testarudos, sin sentimientos, exageradamente reactivos y agobiantes. Y ahora que nos hemos hecho mayores, seguimos convencidos de que somos de verdad intratables y de que es muy difícil querernos.

Cuando alguien que forma parte de un grupo muy estigmatizado absorbe y se cree algunos de los estereotipos negativos aplicados a su grupo, sufre lo que los investigadores llaman *autoestigma*. El autoestigma pesa mucho; quienes lo sufren en alto grado tienen muy baja autoestima y se consideran menos capacitados que el resto, y además no se atreven a buscar ayuda terapéutica.[8] Los psicólogos han estudiado durante décadas cómo reducir el autoestigma en personas con trastornos mentales como la depresión, la ansiedad y la esquizofrenia; sin embargo, no existe prácticamente ninguna investigación sobre cómo reducir el autoestigma en las personas Autistas. Los pocos datos que existen provienen de trabajos dirigidos a ayudar a los familiares no discapacitados de niños y niñas Autistas a sentir menos vergüenza por estar *emparentados con* una persona discapacitada.[*]

Así que, dada la escasez de estudios sobre cómo reducir el autoestigma en las personas Autistas, tenemos que utilizar los datos sobre cómo tratar la interiorización de un estereotipo en otras poblaciones discapacitadas. Un estudio que realizaron los psicólogos Corrigan, Kosyluk y Rush en 2013 reveló que para una variedad de personas con trastornos mentales, declararse orgullosas de su discapacidad y presentarla como una parte valiosa de su identidad fue un paso que las ayudó a reducir la influencia del autoestigma.[9] En un estudio

---

[*] N. del A.: Recomiendo este artículo: Liao, X., Lei, X. y Li, Y. (2019). Stigma among parents of children with autism: A literature review. *Asian Journal of Psychiatry, 45,* 88-94. He hecho una revisión exhaustiva de la literatura y he encontrado numerosos estudios sobre la reducción del autoestigma en personas que no son realmente Autistas, sino que simplemente están relacionadas con alguien Autista, y este artículo menciona algunos de los trabajos más fundamentales sobre el tema. En el momento de escribir esto, no he encontrado aún ningún artículo sobre la reducción del autoestigma en los miembros del grupo estigmatizado: los propios Autistas.

experimental más reciente, de 2018, el profesor Martínez-Hidalgo y su equipo emparejaron a personas que tenían trastornos mentales estigmatizados con interlocutores neurotípicos durante una serie de talleres, en los que hablaron de salud mental y otros temas, por ejemplo la creatividad.[10] Al final del experimento, los participantes que tenían trastornos mentales decían sentirse menos avergonzados por sus respectivas afecciones y los prejuicios de sus interlocutores neurotípicos contra las personas afectadas por un trastorno mental también habían disminuido un poco. Este estudio incluyó a algunos participantes Autistas, aunque la muestra era muy diversa y también incluía a personas de otros neurotipos, pero los resultados son prometedores. En general, la mayoría de las investigaciones muestran que asumir con orgullo la propia discapacidad puede tener un efecto transformador para la persona y cambiar la idea que tenían de nosotros los individuos neurotípicos.

Resulta alentador ver cómo otros Autistas enmascarados asumen con orgullo rasgos suyos que antes les desagradaban profundamente y que desde la infancia habían aprendido a detestar: el infantilismo, el egoísmo, la terquedad, parecer un robot... Visto desde otro ángulo, el infantilismo es alegría, apertura y curiosidad. El egoísmo es una habilidad esencial de autoprotección. Una de las personas a las que entrevisté me dijo que fueron su terquedad y su claridad moral lo que lo impulsó a presentar una denuncia contra su empresa al descubrir que estaba violando la privacidad de los clientes. Algunos estudios indican que quienes están acostumbrados a caer mal y a ir en contra de la corriente social son quienes menos miedo tienen de hablar y denunciar las injusticias.*

---

* N. del A.: Algunas investigaciones sugieren que los Autistas son buenos denunciantes: a los denunciantes efectivos les suele dar igual ganarse las antipatías de la gente y tienen un firme sentido de la moralidad que no se deja influir por las presiones sociales. Véase, por ejemplo, Anvari, F., Wenzel, M., Woodyatt, L. y Haslam, S. A. (2019). The social psychology of whistleblowing: An integrated model. *Organizational Psychology Review, 9*(1), 41-67.

Bobbi, el «fallo de género» del que hablaba en el capítulo dos, me cuenta que ha aprendido a contemplar su singular combinación de temeridad y sensibilidad como un auténtico superpoder. Es terapeuta ocupacional y trabaja con niños pequeños. Dice que, debido a su pasado y a su Autismo, es capaz de conectar con los niños y niñas frustrados como lo más natural.

«Cuando a los niños se les dice que son demasiado sensibles, que su manera de reaccionar a las cosas está mal, eso los destroza por dentro. Pero ser sensible no es malo. Si estuviéramos hablando de un detector de metales, que fuera sensible sería bueno. O de un perro que detecta bombas. Eso es lo que quieres, que un buen instrumento sea sensible. ¿Por qué está mal tener un olfato capaz de detectar las bombas emocionales del entorno?».

Bobbi tenía muy buen olfato emocional ya en la infancia. A su familia no le gustaba aquella habilidad suya para las manipulaciones emocionales, la negligencia y los abusos psicológicos. La «sensibilidad», pese a ser señal de atención y discernimiento, se trata incluso con desprecio cuando te permite detectar cosas que la gente preferiría que no captaras. En la actualidad, Bobbi trabaja en un lugar en el que su sensibilidad se valora como el regalo que realmente es. Utiliza esa sensibilidad para ayudar a niños y niñas a reconocer su dolor y conectar con él.

Algunas experiencias Autistas son desagradables se miren como se miren. Los problemas gastrointestinales son dolorosos. El agobio sensorial es un auténtico tormento. No es de extrañar que muchos Autistas (entre los que me incluyo) estén enfadados por tener estas características de la discapacidad. Sin embargo, ni los rasgos de la personalidad ni las formas de pensar y de sentir asociados con el Autismo son innatamente malos. Por lo general, interiorizamos los mensajes de que somos egoístas, inmaduros y crueles solo porque las personas neurotípicas que había a nuestro alrededor no disponían de la información necesaria para poder observar nuestros rasgos Autistas desde el ángulo adecuado.

En la tabla siguiente están todos los rasgos Autistas «negativos» que vimos en el capítulo dos reformulados desde la perspectiva del individuo Autista. Puedes añadir tus propias reformulaciones, o ejemplos de cómo tus «peores» rasgos te han sido de mucha utilidad.

REFORMULACIÓN DE LOS ESTEREOTIPOS AUTISTAS

Me decían que era:	Pero en realidad:	Valoro esta cualidad mía porque:
Arrogante	• Tengo seguridad en mí mismo. • Tengo principios. • Soy independiente.	• Me ayuda a defender lo que es justo. • Suelo ser el primero en hablar claro sobre un problema. • Puedo ser un ejemplo positivo para los demás. • _____ • _____ • _____

REFORMULACIÓN DE LOS ESTEREOTIPOS AUTISTAS

Me decían que era:	Pero en realidad:	Valoro esta cualidad mía porque:
Frío y sin sentimientos	• Soy Analítico. • Soy racional. • Soy reflexivo.	• Me doy cuenta de cosas que otros pasan por alto. • No me dejo llevar por la impulsividad como les ocurre a otros. • Soy capaz de captar conexiones y patrones que otros no perciben. • _____ • _____ • _____
Escandaloso e irritante	• Soy Entusiasta. • Soy vital. • Soy expresivo.	• Soy mi mejor defensor. • Elevo los niveles de energía de los demás. • Experimento intensamente la alegría y sé reconocer la belleza. • _____ • _____ • _____

REFORMULACIÓN DE LOS ESTEREOTIPOS AUTISTAS

Me decían que era:	Pero en realidad:	Valoro esta cualidad mía porque:
Infantil	• Soy curioso. • De mente abierta. • Soy alegre.	• Me encanta aprender y evolucionar. • Experimento toda la gama de emociones humanas. • Disfruto de las cosas sencillas de la vida. • _____ • _____ • _____
Torpe	• Soy auténtico. • Soy original. • No me mimetizo con la multitud.	• Si hay algo que a mí me resulta difícil, es probable que a otras personas les pase lo mismo. • Mi forma de moverme por el mundo es enteramente propia. • No me amoldo a las normas injustas. • _____ • _____ • _____

REFORMULACIÓN DE LOS ESTEREOTIPOS AUTISTAS

Me decían que era:	Pero en realidad:	Valoro esta cualidad mía porque:
Atontado, patético	• Soy reflexivo. • Soy modesto. • Muestro abiertamente mi vulnerabilidad.	• Reconozco que todos nos necesitamos unos a otros. • Sé pedir la ayuda que necesito. • Valoro mis conexiones con otras personas. • _____ • _____ • _____
Demasiado sensible	• Soy perceptivo. • Soy capaz de sintonizar emocionalmente. • Soy compasivo.	• Reconozco muy bien el maltrato. • Capto con facilidad el clima emocional de cualquier lugar. • Estoy en contacto con mis sentimientos y con los de los demás. • _____ • _____ • _____

REFORMULACIÓN DE LOS ESTEREOTIPOS AUTISTAS		
Me decían que era:	**Pero en realidad:**	**Valoro esta cualidad mía porque:**
Raro	• Soy original. • Soy pionero. • Soy poco convencional.	• Hago del mundo un lugar más abierto y expansivo. • Desafío las convenciones obsoletas y las reglas injustas. • Soy la máxima autoridad sobre cómo debe ser mi vida. • _____ • _____ • _____

Con frecuencia, aquellos rasgos nuestros que incomodan o desconciertan a las personas neurotípicas son precisamente los que definen quiénes somos y nos ayudan a mantenernos a salvo. Cuando dejamos de considerar nuestra discapacidad desde la perspectiva de los demás y nos centramos en nuestras propias perspectivas y necesidades, esto queda claro. En realidad, no es malo que seamos temperamentales, ruidosos, intensos, raros, aferrados a nuestros principios. Todos estos rasgos son simplemente un inconveniente para los sistemas diseñados por una sociedad capacitista que no tiene en cuenta nuestra particular forma de ser. Pero cuanto más trabajemos por normalizar nuestro neurotipo, y cuanto más asumamos nuestra identidad Autista en voz alta y con orgullo, más obligadas estarán las instituciones a cambiar y a adaptarse a nosotros y a otros grupos a los que se ha excluido repetidamente.

Otro paso importante en el proceso de desenmascararnos es aprender a reivindicar nuestras pasiones e intereses especiales. La mayoría llevamos años reprimiendo nuestros sentimientos más intensos; no solo la angustia y la incomodidad, sino también la alegría. Si nos dedicamos con fruición a nuestros intereses especiales y nos deleitamos con nuestra capacidad Autista de hiperfocalización, contribuimos a reeducar a nuestro cerebro para que perciba nuestro neurotipo como una fuente de belleza, y no como un sello vergonzoso.

Es hora de celebrar nuestros intereses especiales

Clara está obsesionada con los músicos de la nueva ola y el pop de los años ochenta. Tiene la habitación repleta de discos antiguos y las paredes cubiertas de carteles de conciertos muy anteriores al año en que nació, 1993. Clara tiene el pelo rojo, del color de las manzanas de feria, y lleva botas de cuero con plataforma, vaqueros desgastados, pintalabios rosa y andróginas camisas negras asimétricas. Su músico favorito es el difunto Pete Burns, del grupo Dead or Alive, famoso por la canción *You Spin Me Round (Like a Record)* [Me haces girar (como un disco)]. Conoció a Pete y en repetidas ocasiones consiguió su autógrafo, y ha visto todas las grabaciones de conciertos, entrevistas y *reality shows* en los que ha aparecido.

Clara es Autista y tiene un interés especial en Pete Burns, y dedicarse a ese interés le produce un placer inmenso. Cuando conecta de verdad con alguien, se abre de par en par a esa persona y le recita datos sobre las numerosas operaciones de cirugía estética de Pete Burns y la polémica mediática en torno a él. Cuando gesticula con los brazos, un tatuaje de la cara de su ídolo asoma bajo la manga de su camiseta.

Al irse a estudiar a otra ciudad hace unos años, Clara decidió ocultar su obsesión por Pete Burns. Quería entrar en la universidad con buen pie y no asustar a nadie por su obsesión con el cantante y estrella de la telerrealidad. Así que no se había llevado a su nuevo apartamento ningún disco ni póster y se cubría el tatuaje con jerséis de manga larga. Pero descubrió que, abotonada y enmascarada, le resultaba muy difícil hacer amigos.

«Era como si los días estuvieran huecos —dice—. Todo era rutinario y mecánico y no había nada en lo que apoyarse».

Al cabo de un año de vivir así, Clara se sentía apática y terriblemente deprimida. Sacaba unas notas pésimas y no tenía apetito. Sus padres la animaron a que cambiara de universidad, y al final pidió un traslado de expediente a una ciudad más cercana a la casa familiar, para poder volver a vivir en la habitación de siempre rodeada de todas sus cosas de Pete Burns. Restableció el contacto con amigos de Internet igual de apasionados que ella por la música y la moda alternativa, y poco a poco su vida empezó a mejorar.

«Fue como volver a la vida —dice—, como una plantita decaída que estira el tallo cuando le da el sol».

Los cerebros Autistas son auténticas esponjas en lo referente a los intereses especiales y absorben datos y cifras a un ritmo que a las personas neurotípicas les parece sobrehumano. Podemos desarrollar un interés especial casi por cualquier cosa. Algunos aprendemos a hablar con fluidez el klingon;[*] otros memorizan algoritmos para resolver cubos de Rubik. El cerebro de mi hermana es un compendio de diálogos y detalles de películas. Mis intereses especiales han incluido de todo, desde la biología de los murciélagos hasta la historia de la dinastía Tudor, pasando por las finanzas personales y los *subreddits* dirigidos por los denominados «activistas por los derechos de los hombres».[**]

Aunque el *Manual diagnóstico y estadístico de los trastornos mentales* establece que una de las características del Autismo es la «restringida»

---

[*] N. de la T.: El klingon es una lengua elaborada y artística que desarrolló Marc Okrand para los estudios Paramount Pictures como lengua vernácula de la raza klingon en el universo de *Star Trek*.

[**] N. de la T.: Reddit es básicamente una colección inmensa de foros, o subcomunidades, donde la gente puede compartir noticias y contenido, además de comentar las publicaciones de otras personas. Esas subcomunidades se conocen como *subreddits* y están creadas y moderadas por sus usuarios.

gama de intereses, hay personas Autistas que cada dos meses cambian de intereses especiales y acaban convirtiéndose en polímatas en temas de lo más variado. Otras se dedican de lleno a un solo tema toda su vida. No tenemos control sobre cuáles son nuestros intereses especiales ni sobre cuándo aparecen o desaparecen de nuestra vida. Obsesionarse con una persona o con un tema no es una elección y no refleja necesariamente nuestros valores o creencias; de ahí la experiencia de mi antiguo compañero de clase Chris, que tenía que soportar que lo acosaran debido a su obsesión con la Segunda Guerra Mundial. Muchas veces mis intereses especiales han sido una perversa fascinación por una persona o un movimiento que considero moralmente aborrecible. Aunque a mucha gente le resultaría perturbador leer (por ejemplo) blogs tránsfobos durante horas, a mí estudiar temas como ese me ha resultado fortalecedor e informativo.

Tiene un efecto renovador y estimulante en las personas Autistas dedicar tiempo a aprender sobre nuestros intereses especiales. En los estudios que se han hecho sobre la vida de los adultos Autistas, se ha encontrado una relación favorable entre la dedicación a los intereses especiales y el bienestar subjetivo.[11] Cuando empezamos a valorar esas hiperfijaciones, nos sentimos más felices y satisfechos con la vida. Pero durante mucho tiempo, los investigadores neurotípicos consideraron que los intereses especiales eran un impedimento para tener una vida «normal». Los terapeutas del método ABA penalizan a sus pequeños pacientes por hablar de ellos;[12] les retiran la atención y el afecto cuando sacan el tema en cuestión. Esto les enseña a los niños y niñas Autistas a ocultar sus alegrías más profundas y a no cultivar sus pasiones.

Castigarlos por hablar de sus intereses especiales es quizá la medida más caprichosamente cruel de la terapia ABA. La mayoría de los niños tienen un interés apasionado por algo en un momento u otro; y en la edad adulta, tener una intensa pasión por un tema puede aportar mucho significado y placer a la vida, así como una oportunidad para conectar con personas de ideas afines. Sin embargo, el fundamento de la terapia ABA es reforzar las normas sociales más restrictivas e imponérselas a los niños y niñas Autistas con la esperanza de que amoldarse todo lo posible a la sociedad los mantendrá «a salvo». Como la sociedad suele considerar que apasionarse demasiado por un videojuego, un cómic o una especie animal salvaje es infantil o limitador, a los niños Autistas se les exige que aprendan a ocultar su entusiasmo.

Curiosamente, a los adultos solo se los avergüenza por tener un interés obsesivo si ese interés es demasiado «extraño» y no les brinda la oportunidad de acumular éxitos o de ganar mucho dinero. A quienes eligen trabajar ochenta horas a la semana no se los penaliza por obsesivos o hiperactivos, sino que se celebra su diligencia. Si una persona adulta termina su jornada laboral y se pasa las tardes aprendiendo programación informática o diseñando joyas que vende en Etsy, se la considera emprendedora. En cambio, si alguien dedica su tiempo libre a algo que le produce placer pero no beneficia económicamente a nadie, se lo considera frívolo o vergonzoso, incluso egoísta. En este caso, está claro que las medidas punitivas que se toman con los niños y niñas Autistas reflejan un problema social de mayor magnitud: ni el placer ni las actividades lúdicas no productivas se valoran, y cuando a alguien le apasionan las cosas «incorrectas», esa pasión se censura porque supone una distracción del trabajo serio y otras responsabilidades «respetables».

Impedir que los niños Autistas se dediquen con entusiasmo a sus intereses especiales tiene un coste inmenso para su salud mental. Como se ha visto, darles la libertad para desarrollar y expresar sus intereses se traduce en un mejor desarrollo social, emocional e incluso de la motricidad fina.[13] Una encuesta realizada a jóvenes Autistas en 2016 por la doctora Teti y su equipo reveló que muchos utilizan sus intereses especiales para desarrollar la conciencia emocional y estrategias de afrontamiento.[14] Es algo que ocurre con frecuencia en las comunidades de *fans* de temas de entretenimiento (*fandoms*) y frikis de cualquier tema, donde las personas neurodiversas con intereses especiales comunes se encuentran, socializan y, a veces, empiezan a desenmascararse. En un estudio sobre los hábitos de la gente en Internet realizado en 2012, los investigadores Johnson y Caldwell-Harris descubrieron que los adultos Autistas tenían en realidad un mayor número y variedad de intereses que los no Autistas, y en las redes sociales tenían muchas más publicaciones sobre sus intereses dirigidas a suscitar la conversación que las personas neurotípicas.[15] Los Autistas somos también una parte fundamental de la mayoría de las comunidades y convenciones de *fans* centradas en aficiones comunes: dedicamos mucha energía a encontrar y crear espacios en los que poder interactuar con personas que comparten nuestros intereses, y en los espacios de *fans* y *nerds*,[*] las normas sociales tienden a ser más indulgentes y relajadas. Así que, en definitiva, nuestros intereses especiales nos ayudan a ser más extravertidos y completos.

En 2020, la activista en favor de los derechos de la comunidad Autista Jersey Noah creó la Semana del Interés Especial, una serie de mensajes de reflexión publicados a lo largo de una semana en las redes sociales para invitar a los Autistas a reflexionar y compartir las cosas que nos hacen felices. Gran parte de lo que escribimos en Internet las personas Autistas gira en torno a nuestras frustraciones y las experiencias de sentirnos excluidos e incomprendidos. En Internet, se entiende normalmente que es la obligación de los adultos Autistas educar a los no Autistas sobre cómo es realmente nuestro neurotipo y desmentir toda la información errónea que las personas alísticas han absorbido (y proyectado sobre nosotros) durante toda nuestra vida. Jersey creó la Semana del Interés Especial para dar a los Autistas un respiro de toda esa obligatoriedad educativa y del peso emocional que conlleva. En cierto modo, creó una especie de terapia anti-ABA, en la que nos animaba a la población neurodiversa a hablar de nuestras obsesiones en voz tan alta como quisiéramos sin preocuparnos por las expectativas o necesidades de la gente neurotípica.

---

[*] N. de la T.: El estereotipo del *nerd* es el de una persona de inteligencia sobresaliente que tiene hábitos y pasiones diferentes a los que la sociedad establece como «comunes».

Me puse en contacto con Jersey cuando estaba ideando las propuestas para la Semana del Interés Especial y también con otros creadores Autistas, como Matt y Brandy Haberer, presentadores del pódcast sobre discapacidad *The Chronic Couple*. En octubre de 2020, la primera Semana del Interés Especial se celebró en Instagram con el *hashtag* #AutieJoy. Participaron cientos de personas Autistas, que publicaron fotos de sus colecciones de sombreros, de los pendientes de abalorios que habían diseñado y de hojas de cálculo que mostraban sus logros en los videojuegos. Fue catártico leer estas historias y compartir que también mis hiperfijaciones moldeaban favorablemente mi vida.

Al pie de estas líneas tienes una versión adaptada de las ideas que propuso Jersey Noah en la Semana del Interés Especial y que puedes utilizar en privado o en un blog o red social para reflexionar sobre tus propias pasiones y lo que han significado para ti.

SEMANA DEL INTERÉS ESPECIAL:*
Siete preguntas que te ayudarán a reflexionar sobre la alegría Autista

Instrucciones: Durante una semana, dedica un poco de tiempo cada día a reflexionar sobre una de las sugerencias que aparecen a continuación. En los espacios de la segunda columna puedes hacer garabatos, escribir sobre el tema o incluso pegar fotos relacionadas con ese interés especial. También puedes buscar recuerdos físicos de esos intereses especiales: prueba a escuchar un disco que te gustaba mucho, por ejemplo, o a abrir el cajón donde solías guardar objetos que coleccionabas y a sacarlos de nuevo; cualquier cosa que te ayude a conectar con un poderoso sentimiento de alegría Autista.

---

* N. del A.: El concepto de la Semana del Interés Especial y la etiqueta #AutieJoy son creación de Jersey Noah; las propuestas son idea de Jersey, mía y de muchos otros activistas Autistas; también fueron trabajo mío las instrucciones de la tabla.

SEMANA DEL INTERÉS ESPECIAL:* Siete preguntas que te ayudarán a reflexionar sobre la alegría Autista	
Día 1: Tu interés especial más antiguo.	
Día 2: Tu interés especial más reciente.	
Día 3: Un interés especial que ha cambiado o crecido con el tiempo.	
Día 4: Un interés especial que te ha llevado a coleccionar objetos.	
Día 5: El interés especial que más ha moldeado tu vida.	
Día 6: Un interés especial que compartes con alguien.	
Día 7: Un día para acoger y celebrar tus intereses especiales. Piensa en una de las cosas buenas que han traído a tu vida tus intereses especiales.	

Reflexionar sobre tus intereses especiales tal vez te produzca un sentimiento de intensa alegría, o te dé fuerzas o esperanza, que era lo que pretendía también el ejercicio de Heather Morgan «Integración basada en valores» (que encontraste en la introducción del libro, en la página 28). Enmascararnos se traduce en impedirnos ser nosotros mismos y dejar que las expectativas neurotípicas dominen cada uno de nuestros actos, en lugar de utilizar como guía nuestros propios valores fundamentales. Pero cuando indagamos en qué es lo que de verdad nos estimula, lo que nos hace sentirnos felices y plenamente vivos, podemos identificar quiénes somos realmente y cómo debería ser nuestra vida. En la siguiente sección, vamos a volver a los momentos clave del ejercicio que hiciste al principio del libro para ver qué nos dicen sobre quiénes somos y qué es lo que más valoramos.

Redescubre tus valores

«Las personas Autistas absorbemos cantidad de mensajes que nos hacen pensar: "Ah, esto no está permitido. Me esfuerce lo que me esfuerce, nunca daré la talla. Las normas no son las mismas para mí que para los demás" –dice Heather–. Y podemos deconstruir esos mensajes preguntándonos: "¿Y qué dicen mis valores al respecto?"».

Durante mucho tiempo, Heather creyó que las normas que los demás debían cumplir eran fundamentalmente distintas de las que tenía que cumplir ella. Intentaba encajar entre las líneas que los neurotípicos le habían trazado, pero por mucho que se esforzara no era capaz. Las instrucciones que le daban no coincidían con las expectativas reales (tácitas) que tenía la gente. Era paralizante. Al final, decidió dejar de vivir pendiente de lo que otros esperaban de ella y permitir que la guiaran sus valores reales. Fue entonces cuando ideó el ejercicio de integración basada en valores, que ahora hace tiempo que utiliza como guía con sus clientes Autistas.

En la introducción, te animaba a completar la primera etapa del proceso de integración basada en valores evocando el recuerdo de cinco «momentos clave» de tu vida en los que te sentiste verdaderamente vivo. Uno de los objetivos de este ejercicio es ayudarte a fortalecer la confianza en tus instintos y tus deseos. La cualidad de cada uno de tus momentos clave y los sentimientos particulares asociados a él pueden ayudarte también a descubrir qué es lo que más valoras en la vida. Para determinar cuáles son tus valores, puedes mirar atrás e intentar explicar por qué fue tan especial cada uno de esos momentos.

«Una vez que hayas terminado de contar cada una de las cinco historias —escribe Heather—, vuelve atrás y busca las palabras clave que la describen. La mayoría de los relatos tendrán al menos dos o tres palabras clave, y habrá palabras clave que se repitan en varios de los relatos».[16]

Supongamos, por ejemplo, que uno de los momentos que te vienen a la mente es el día de tu boda. ¿Qué fue lo más conmovedor de ese día? ¿Fue el que estuvieran allí contigo todas las personas que son importantes para ti? ¿Fue la conexión que sentiste con tu pareja? ¿Disfrutaste con la atención que te dedicaba todo el mundo? ¿Con la celebración? Intenta identificar qué hizo que ese momento fuera tan especial y no juzgues nada de lo que descubras. Fíjate en palabras que se repitan en varios recuerdos. Intenta profundizar un poco más y utiliza palabras basadas en valores (como *conexión*, *familia*, *creatividad* o *generosidad*) para describir esas experiencias especiales.

INTEGRACIÓN BASADA EN VALORES:*
Paso 2: Identifica tus valores

Instrucciones: Para completar esta actividad, tendrás que consultar el ejercicio de los momentos clave que hiciste en la introducción del libro (página 28). Repasa esos recuerdos y trata de hacer una lista de palabras clave que describan cada uno de los momentos y por qué fue especial para ti. La mayoría de los relatos tendrán al menos dos o tres palabras clave, y algunas de ellas se repetirán en varios relatos. Tómate la libertad de escribir tantas palabras como quieras, hasta que identifiques las que captan de verdad tus sentimientos.

Momento n.º 1	Palabras clave que describen por qué fue especial este momento:
Momento n.º 2	Palabras clave que describen por qué fue especial este momento:
Momento n.º 3	Palabras clave que describen por qué fue especial este momento:
Momento n.º 4	Palabras clave que describen por qué fue especial este momento:
Momento n.º 5:	Palabras clave que describen por qué fue especial este momento:

Trata de identificar cuáles de las palabras que has escrito son las más importantes o conectan más contigo. Mira a ver si hay palabras que puedan agruparse en una o si hay una palabra sola que pueda resumir una idea o sensación.

A continuación puedes hacer una lista de palabras clave e intentar agruparlas:

---

* Tabla y actividad adaptadas del ejercicio de Integración Basada en Valores, de Heather Morgan.

Nuestros recuerdos clave y las palabras que utilizamos para describirlos pueden ayudarnos a comprender lo que más nos importa y ofrecernos un valioso contraste entre la forma en que vivimos actualmente y la vida que nos gustaría construir.

Para ilustrar este proceso y algunas de las conclusiones que pueden derivarse de él, permíteme que te cuente uno de mis momentos clave. En 2019, una noche de verano volvía a casa caminando por Wrigleyville, el barrio creado en torno al Wrigley Field, el estadio de béisbol de los Chicago Cubs, que está repleto de bares deportivos. Había un ambiente festivo y cantidad de gente borracha deambulando de bar en bar. Al desviarme hacia una calle lateral más tranquila, vi a una mujer apartarse de un hombre que se tambaleaba, visiblemente borracho. La mujer asentía y le sonreía pero intentaba alejarse de él, y me dio la impresión de que estaba muy turbada. El hombre caminaba en dirección a ella dando tumbos y gritándole que no se fuera. Decidí cambiar de plan y seguir a la pareja calle abajo.

Los observé durante un rato. La mujer hacía todo lo posible por distanciarse, y el hombre conseguía volver a alcanzarla y le hacía preguntas. Ella respondía con ademanes tranquilos y apaciguadores. Él estiraba los brazos y la rodeaba por los hombros, y ella se escurría del abrazo una y otra vez. De repente, vi al hombre hacer un avance y ponerle la mano en la parte baja de la espalda. Ella se tensó. La mano siguió bajando y empezó a acariciarle la parte trasera de los vaqueros. Se me activaron los instintos.

—Déjala en paz, tío —grité, mientras corría en dirección a ellos. Se puso rígido—. Suéltala.

Me miró de frente, con los ojos rojos, medio cerrados, y despacio contestó:

—Estamos perfectamente.

—Te he dicho que dejes de tocarla —le dije en tono bajo, autoritario, mientras me interponía entre ellos—. Tú te quedas aquí conmigo hasta que ella se haya perdido de vista.

Me hizo una mueca y arrastrando las palabras replicó:

—Déjanos en paz tú.

—No, tío. Vas a dejarla tranquila. Y te vas a quedar aquí, conmigo, hasta que ella esté lejos.

Era obvio que se estaba enfadando, y por un momento pensé que iba a darme un puñetazo. Pero no tenía miedo. Me sentía en perfecto control de la situación. Le repetí varias veces que se quedara quieto donde estaba, ahora con la voz a todo volumen para que pudiera oírme la gente que anduviera por el barrio. El tipo estaba furioso, pero se quedó allí conmigo, mirándome fijamente mientras se balanceaba con expresión amenazadora, hasta que la mujer llegó a su apartamento, a media manzana de distancia, entró y cerró la puerta con llave.

—Lárgate de aquí —le dije entonces—. Quiero ver cómo te marchas en la otra dirección. —Me quedé allí sin moverme hasta que desapareció calle arriba.

La mayor parte de mi vida me han faltado el valor y la claridad para actuar. Empiezo a vacilar, me entran dudas, me preocupa estar equivocado y avergonzar a alguien. Normalmente me digo que estoy malinterpretando la situación o que no tengo el poder para arreglar las injusticias que veo. También tiendo a anteponer mi propio bienestar al de los demás, porque no confío en que nadie vaya a valorarme. Pero en este caso, no tuve ninguna de esas dudas ni asomó la cobardía. Defendí lo que era correcto, a pesar de la sensación tan rara que tenía en el estómago y de que significara exponerme a acabar herido. Tomé una decisión y utilicé mi maravillosa arrogancia Autista para tomar el mando.

Cuando contrasto esa versión de mí, fuerte y seguro de mí mismo, con la persona nerviosa, sonriente y contenida que suelo ser cuando me enmascaro, veo exactamente dónde residen mis valores y veo que la máscara me impide ser quien auténticamente soy. Cuando me dejo dominar por el miedo a parecer «raro» o «grosero», les fallo a los demás y me fallo a mí. Esta experiencia me mostró que valoro más *proteger a los demás* y *tener principios* y *coraje* de lo que valoro encajar o ser invisible... pero que a menudo tengo la tentación de sucumbir a estos deseos. Cuando escucho lo que dicen mis valores, mi vida me llena, adquiere un sentido más pleno. Me siento más atrevido y capaz, menos inmovilizado. Este recuerdo me hace ver también que es mi Autismo, y no mi máscara, lo que me ayuda a vivir de acuerdo con aquello en lo que creo de verdad. Pude intervenir y ayudar a aquella mujer porque me dio igual crear una situación desagradable y fui lo bastante obstinado y enérgico como para mantenerme firme frente a la agresividad y la intimidación. Puede que haya momentos en que estas cualidades me conviertan en una molesta interferencia para las personas neurotípicas, pero a veces interponerse es exactamente lo que hay que hacer.

Empecemos a sentir gratitud por nuestro Autismo y nuestro pasado

En lo que va de capítulo, nos hemos dedicado a repensar creencias injustas que hemos interiorizado sobre el Autismo y sobre nosotros mismos. Puede ser un proceso fortalecedor, pero también conlleva cierta melancolía. Tal vez pienses en la cantidad de años que «has desperdiciado» enmascarándote y te arrepientas de haber dejado que la vergüenza y las críticas sociales te moldearan. Para que te resulte más fácil superar esos sentimientos dolorosos, prueba a sentir hacia ti mismo un poco de gratitud y a hacer balance de la influencia positiva que el Autismo ha tenido en tu vida. Ser Autista en un mundo neurotípico suele ser traumatizante,[17] y sentir que no tienes otra opción que esconderte detrás de una máscara significa básicamente tolerar una imposición social abusiva. Pero aunque a veces desearías que la vida hubiera sido diferente, o no haber tenido que sufrir tanto, tu discapacidad no es culpable de lo que ha ocurrido, y tú tampoco. Fue un sistema de injusticia muy extendido y que viene de muy lejos lo que te puso en una situación tan difícil. De todos modos, aun sabiendo esto, es posible que te sientas inmensamente resentido por cómo ha sido tu vida hasta ahora. Pero los estudios psicológicos muestran que sentir gratitud hacia el yo que ha sobrevivido a todas las experiencias traumáticas es un poderoso medio de curación.[18]

A menudo, quienes han tenido que emplear estrategias imperfectas para poder soportar el trauma experimentan una *fragmentación* de la identidad; ven algunos de sus sentimientos y comportamientos casi como partes separadas de sí mismos, en lugar de sentirse un todo integrado y coherente sobre el que pueden tener control. Quizá la persona que eran en el colegio no coincidía con la que tenían que ser en casa, y tuvieron que idear un entramado de ficciones sociales muy complejo para poder desenvolverse en la vida. Es fácil sentirse avergonzado por haber recurrido a esta clase de fingimientos para sobrevivir. Pero darle las gracias a tu yo del pasado y hacer balance de cómo ha moldeado tu vida el Autismo (incluso aunque intentaras ocultarlo) te puede ayudar a sentirte más cohesionado y también a aceptar mejor cómo han sido las cosas.

Mi amigo James Finn es novelista, antiguo activista de ACT UP,* y analista de defensa jubilado de las Fuerzas Aéreas de Estados Unidos. En sus cincuenta y ocho años de vida ha desempeñado muchas funciones, y todas ellas se han adaptado bien a su naturaleza Autista, centrada y observadora. Recibió el diagnóstico hace solo diez años, así que se pasó la mayor parte de su vida sin saber por qué era tan hábil escudriñando hechos y desarrollando sistemas que lo ayudaran a organizarlos, o por qué absorbía cualquier idioma nuevo como una esponja. Solo sabía que le atraían los trabajos que conllevaban estar mucho tiempo a solas procesando información.

«Probablemente las Fuerzas Aéreas se dediquen a reclutar a analistas Autistas —me dice—. Y si no lo hacen, deberían hacerlo. Podía

---

* N. de la T.: ACT UP (en castellano 'pórtate mal') es el acrónimo de la AIDS Coalition to Unleash Power ('coalición del sida para desatar el poder'). La intención de este grupo de acción directa, fundado en 1987 en Nueva York en el Centro para la comunidad lésbica, gay, bisexual y transgénero, era llamar la atención del público sobre la pandemia de sida y la gente que la padecía, con objeto de conseguir legislaciones favorables, promover la asistencia a los enfermos y la investigación científica, e instaurar las políticas necesarias hasta poner fin a la enfermedad.

pasarme horas y horas estudiando conjuntos de datos y estableciendo conexiones, y prácticamente acabar viviendo en la oficina; era maravilloso. Si no hubiera sido porque un año vino el FBI y me hizo polígrafos al azar y tuve que mentir sobre mi homosexualidad, probablemente me habría quedado en el ejército».

Tras abandonar las Fuerzas Aéreas en los años ochenta, James encontró trabajo como traductor para las Naciones Unidas. Cuando empezó a intensificarse la crisis del sida, decidió colaborar con una agencia de servicios contra el VIH/sida, donde pudo ayudar a personas *queer* y a consumidores de drogas intravenosas. Vivió en Nueva York y siguió muy comprometido con el activismo de ACT UP hasta finales de los años noventa, cuando al fin la lucha contra el sida empezó a parecer menos infructuosa. James se trasladó a Montreal a vivir con su novio y encontró trabajo en el sector de ventas. Pasaba su tiempo libre aprendiendo francés, escribiendo y reescribiendo obsesivamente traducciones en un cuaderno.

«Esta fue, de hecho, una de las cosas que alertaron a mi terapeuta de que tal vez fuera Autista —dice James—. Tenía cinco cuadernos llenos de frases en francés a un lado de la página, traducidas al inglés de tres formas distintas en el otro lado. Se lo conté, y me miró y levantó las cejas como diciendo: "Perdona, ¿cómo dices?"».

Poco después de esto evaluaron a James, y se descubrió que efectivamente era Autista. Los cuarenta y ocho años anteriores cobraron sentido al instante. En su trabajo de vendedor, solía pasarse horas escribiendo transcripciones de hipotéticos diálogos, calculando todas las posibilidades de una conversación; de ese modo, dijeran lo que dijeran los compradores, tenía preparada una respuesta. Hoy, sus lectores de ficción le dicen que es fantástico escribiendo diálogos y que entiende de verdad cómo hablan y qué sienten los demás. Pero no es porque estas cosas le salgan de forma natural. Dedicó miles de horas a diseccionar conversaciones hasta encontrarles sentido.

«El Autismo me ha creado cantidad de dificultades a lo largo de mi vida, y muchas veces no me gusta —dice James—. Pero sin él, no habría sido director de una organización de servicios para el VIH. No habría escrito novelas. No habría aprendido francés. Así que, aunque a veces me sienta solo, y aunque a veces me duela que la gente me juzgue mal, diría que incluso pasar por esto ha valido la pena».

Es una frase que escucho con frecuencia a personas Autistas, sobre todo a aquellas que han encontrado una comunidad en la que han podido relacionarse con otras personas neurodiversas y han tenido tiempo de hacer las paces con quien realmente son. Tras el primer sobresalto al enterarte de que tienes una discapacidad oculta, suelen llegar oleadas de aceptación y alivio.

En los círculos de autodefensa Autista, surge a menudo la pregunta de si nos tomaríamos una pastilla que «curase» mágicamente el Autismo. La gran mayoría de la gente de nuestra comunidad rechaza de plano la pregunta, puesto que el Autismo es una parte esencial de quienes somos, imposible de separar de nuestras personalidades, talentos, preferencias y perspectiva de las cosas en general. No seríamos los mismos sin él. Ser Autista ha marcado fundamentalmente la vida de James Finn, su carrera, dónde vive, sus relaciones y sus pasiones, al igual que lo ha marcado el hecho de ser gay. Realmente, no es posible imaginar a un James Finn que carezca de esos rasgos y siga siendo él de una forma reconocible.

Por mi parte, sé que sin el Autismo no me habría doctorado a los veinticinco años; no habría memorizado miles de letras de canciones, no me habría hecho amigo de docenas de frikis de género *queer* con intereses fascinantes, ni habría escrito tantas palabras como he escrito. Si el Autismo no me hubiera impedido conducir con soltura, quizá no me habría mudado a Chicago. Quizá habría elegido vivir en una ciudad sin transporte público y no habría conocido a la persona que es mi pareja desde hace más de diez años. Cada aspecto de quien soy está íntimamente entretejido con el resto, y en los días buenos me quiero lo suficiente como para estar agradecido casi por cada uno de ellos.

Para terminar este capítulo, me gustaría pedirte que reflexionaras sobre las cosas positivas que el Autismo ha aportado a tu vida.

Estos aspectos positivos no tienen por qué ser respetables según los estándares neurotípicos. La mayoría no tenemos el síndrome del sabio, y nuestra valía no debería medirse por nuestra capacidad (o incapacidad) para alcanzar los niveles de éxito convencionales. Lo que de verdad importa aquí es que te centres en el placer, la conexión y el sentido que la neurodiversidad ha traído a tu vida. El Autismo no se puede «curar», y, en su mayoría, los integrantes de la comunidad de autodefensa del Autismo acaban viendo este hecho como una bendición, porque el Autismo es un elemento esencial de su existencia y forma parte integral de las personas magníficas que son.

Gracias a la hiperfocalización Autista, he desarrollado estas habilidades:	
Gracias a mis intereses especiales, he aprendido mucho sobre estos temas:	
Si no fuera Autista, nunca habría conocido a estas personas que son tan importantes para mí:	
Si no fuera Autista, nunca habría tenido estas experiencias:	
Si no fuera Autista, no tendría estos increíbles rasgos de personalidad:	
Ser Autista es agotador, pero me ha hecho resistente en estos aspectos:	

El autoestigma es un mentiroso: no das lástima, ni eres inaguantable, ni un bebé, ni un bicho raro al que todo le da igual. Eres una persona marginada con muchas cualidades hermosas y únicas. Tus necesidades son de categoría neutra y tus emociones son señales valiosas a las que responder y que no merecen ser motivo de vergüenza. El Autismo siempre ha sido una poderosa fuerza motriz en tu vida, a menudo para bien, incluso cuando no sabías de su existencia. Ahora que sabes que forma parte de tu vida, puedes empezar poco a poco a aceptar y amar a la persona que siempre has sido bajo la máscara y compartir con el mundo esta versión de ti. Desenmascararte no es un acto instantáneo que hagas en un arranque de confianza, sino un proceso gradual de ir relajando las inhibiciones, empezando a confiar en tus sentimientos y abandonando las estrategias compensatorias, que ya no tienen cabida. En el próximo capítulo, veremos cómo puedes reducir el camuflaje y la compensación, rechazar las expectativas de la sociedad neurotípica y construir un estilo de vida que tenga tu neurotipo como centro, en lugar de esforzarte por que interfiera lo menos posible.

CAPÍTULO 6

Construir una vida Autista

«En el último año he perdido más de diez mil seguidoras. Y creo que es porque he dejado de aspirar a ser cierta versión de mí y ahora hago simplemente lo que quiero».

Moorea Seal es una empresaria y escritora afincada en Seattle y durante muchos años fue también comisaria digital e *influencer*. Se la conoce sobre todo por ser la autora de la exitosa serie de diarios *52 Lists* [Las 52 listas], que ofrece un año de sugerencias semanales para escribir sobre un tema específico. Hay 52 listas para la felicidad, 52 listas para la valentía y 52 listas para la convivencia...; también hay agendas, postales y listas de tareas asociadas al título del proyecto *52 Lists*. Cada libro tiene un diseño precioso, relajante y estimulante a la vez, con gráficos sobre fondos de tonos tierra y fotos de plantas. Las sugerencias, además de tener un claro sentido práctico, reflejan el viaje de autoexploración y de salud mental en los que Moorea se embarcó hace ya años.

La tienda que tenía antiguamente Moorea en Seattle era muy parecida: un espacio acogedor, organizado con mucho detalle, en el que se exhibían elegantes vestidos y joyas, bolsos y zapatos de tacón, y cactus bola plantados en brillantes recipientes blancos de diseño geométrico. Moorea se hizo famosa en Pinterest porque tenía un talento preternatural para combinar elementos visuales. Su ojo para los detalles y su buen gusto la hicieron triunfar también en Instagram. La marca digital de Moorea se hizo tan reconocible que sus *fans* empezaron a buscar su tienda, así que abrió una y le puso su nombre para facilitar la asociación con sus productos. En pocos años, Moorea se había convertido en una superexitosa autora, pequeña empresaria e *influencer*. Asistía a conferencias y se reunía con representantes de las grandes marcas. Firmó un contrato con Gap y Nordstrom, y organizaciones y sitios web de inspiración para las chicas jóvenes, como Smart Girls, de Amy Poehler, la presentaron como ejemplo de emprendedora. Todo esto lo vivió como persona Autista sin diagnosticar que se escondía tras una máscara de elegante belleza femenina. Cuanto más crecía su marca, más confinada se sentía Moorea.

«He estado sometida a una presión enorme por ser la cara visible de la marca; a vestir de cierta forma, a hacer una interpretación de Moorea —me dice—. Quiero ser Moorea, nada más. Quiero ser yo. No quiero tener que ponerme *todo esto* encima a cada momento».

En la cima del éxito, Moorea tenía un matrimonio que no funcionaba y estaba empezando a cuestionarse su orientación sexual. El ajetreo constante de dirigir un negocio y representar a su empresa la estaba agotando. Comenzó a tener ataques de ansiedad. Su cerebro, en un intento desesperado por protegerse de una carga tan abrumadora, empezó a desconectarse durante las reuniones y en situaciones de estrés.

«En las reuniones, mis socios me gritaban: "Moorea, presta atención. Haz esto. Tenías que haber enviado aquello...". Y yo me echaba a llorar. Lloraba a mares. Entonces me decían que era una manipuladora emocional. Y lo único que pasaba es que ya no me quedaban palabras».

Moorea siempre había sentido una tensión entre su yo interior «raro» y la mujer atractiva y compuesta que la gente esperaba que fuera. Era abiertamente una aliada de las personas LGBTQ, pero no era capaz de reconocer su propia naturaleza *queer*. Profesionalmente, se la valoraba por su capacidad mental y los diseños únicos que creaba, pero nadie quería que transgrediera los límites y publicara sus opiniones políticas. Ella acataba las normas; intentaba encontrar un equilibrio entre ser ella misma y ser una *influencer*, pero esto la atrapaba en una posición terriblemente inauténtica y agotadora.

Así que empezó a soltarse de algunas cosas. Cerró la tienda y redujo las asociaciones comerciales a unos pocos colaboradores que le interesaban de verdad. Se separó de su marido y se declaró *queer*. Empezó a boxear, a desarrollar los músculos y a vestirse más a menudo con ropa holgada y masculina. En Instagram, el número de seguidoras disminuyó. Empezó a publicar entradas en favor del movimiento internacional Black Lives Matter ('las vidas negras importan'), sobre su propia batalla con la depresión y la no conformidad de género, y el número de seguidoras disminuyó todavía más. Muchas de las mujeres blancas heterosexuales que adoraban su antigua marca se quedaron espantadas de la Moorea real.

Cuanto más abrazaba su verdadero yo, más perdía en el exterior. Pero lo cierto es que no lo vivía como una pérdida; ahora tenía una mayor comprensión de quién era realmente. Varios meses después de la pandemia, un amigo le sugirió que se hiciera una prueba de Autismo. Muy pronto recibió el diagnóstico.

«En ese momento me sentí feliz —me dice—. Lo único que pensé fue: "¡Claro, ahora entiendo"!».

El caso de Moorea es un poco distinto de los que hemos visto hasta ahora. Empezó a desenmascararse meses antes de descubrir de dónde provenía la necesidad de ponerse una máscara. La disonancia que había en su vida era tan notable que no necesitó un diagnóstico de Autismo para saber que la situación era insostenible y que las cosas tenían que cambiar. Ser una *influencer queer* andrógina en una industria hiperfemenina y conformista era obviamente inviable. En cuanto lo reconoció y empezó a alejarse de ello, todas sus facetas ocultas comenzaron a brillar. Y cuando se enteró de que era Autista, no lo recibió como un golpe ni se avergonzó. Siempre había tenido amigos Autistas y amigos con discapacidades intelectuales, así que, en muchos sentidos, enterarse fue como volver a casa. Para cuando reveló en Instagram que era Autista, toda la gente que podía haber reaccionado a la revelación con antipatía ya había desaparecido.

«Voy a seguir siendo brutalmente veraz sobre quién soy —dice—, y la gente responderá como quiera».

Moorea ha pasado por muchos cambios en los últimos años, y a veces la han hecho tambalearse emocionalmente. Pero ha afrontado estos cambios con una aceptación radical y confianza en sí misma. Sabe que ser Autista ha sido una fuerza positiva en su vida, y escucharse le ha permitido reflexionar sobre qué formas de vida son sostenibles para ella y la hacen sentirse auténticamente bien. Creo que, en definitiva, esto es a lo que todos los Autistas enmascarados deberíamos aspirar: a confiar en nosotros mismos y a aceptarnos tan incondicionalmente como para poder aceptar los rechazos y las pérdidas que a veces conlleva vivir siendo quienes realmente somos. No podemos complacer a todo el mundo. Desenmascararnos significa dejar de intentar ser una «marca» atractiva.

Moorea había camuflado y compensado maravillosamente su Autismo durante muchos años. Pero llegó un momento en que se dio cuenta de que era mejor vivir a su manera que gustar a las masas. Cuando la entrevisté, vivía en la caseta de invitados que su hermana tenía en el jardín y decidía su propio horario de trabajo. Tenía mucho tiempo para jugar con su sobrinito y para dedicarlo a reparadores baños y paseos. Unos meses después, se mudó a un microestudio barato pero confortable y se ciñó todavía más a lo esencial. Sigue haciendo trabajo creativo y curativo, pero ha aprendido a soltarse de muchas cosas. Su vida actual no es tan acelerada ni ambiciosa como la anterior. Tiene más que ver con quien es ella.

En este capítulo, veremos distintas formas en que podemos construirnos una vida en torno a nuestras fortalezas, valores y necesidades.

También escucharemos a varios asesores, activistas y psicoterapeutas Autistas que han ideado formas de adaptar el entorno a los cuerpos y mentes neurodiversos, y seguiremos leyendo sobre personas como Moorea, que han dejado de seguir el guion neurotípico sobre cómo «deberían» ser un hogar, una carrera profesional o una vida. Recuerda que el enmascaramiento es a la vez camuflaje y compensación; es un complejo sistema de conductas, actuaciones e incluso decisiones vitales. Por lo tanto, desenmascarar el Autismo es mucho más que reducir nuestras inhibiciones: significa replantearnos nuestra forma de vivir entera. Cuando confiamos en nosotros mismos y estamos en contacto con nuestros valores, todo, desde cómo vestimos hasta cómo organizamos nuestra casa o cómo concebimos el tiempo en sí, puede cambiar.

Diseño divergente

Marta Rose es educadora y asesora de personas Autistas, como ella, y escribe con regularidad en Internet bajo el nombre @divergent_design_studios. Algunos de sus trabajos más innovadores giran en torno al concepto de *diseño divergente*, cuyo fundamento es que los espacios físicos que habitamos las personas Autistas deben dar prioridad a nuestra salud sensorial y adaptarse a los patrones que en la práctica adopta nuestra vida.

«Cuando se diseña un espacio interior —escribe—, se tiene en cuenta cómo vives realmente, no cómo aspiras a vivir [...] tu espacio debe estar diseñado para adaptarse a la realidad de tu vida, sin vergüenza ni prejuicios».[1]

Antes de vivir de acuerdo con este principio (y hacerles comprender su importancia a otras personas Autistas), Marta solía enfadarse consigo misma por cosas como dejar la ropa amontonada en el suelo al irse a la cama. Colocó un cesto cerca del armario para que le fuera más fácil tener la habitación en orden, pero al terminar el día estaba siempre demasiado cansada para ponerse a separar la ropa que estaba lo bastante limpia como para guardarla en el armario de la que necesitaba ir a la lavadora. Tenía la mesa del comedor llena de trastos y se reprochaba no utilizarla nunca para celebrar comidas familiares. El diseño de su casa era ambicioso, pero nada práctico.

«Mi nuevo plan es poner unos colgadores en la pared, justo al lado de la cama, y así no tener que dar ni un paso más para separar la ropa que aún no está sucia —explica—. Y la que está sucia, puedo echarla al cesto o tirarla al suelo y recogerla al día siguiente». De este modo, Marta mantiene su habitación razonablemente organizada, pero no se estresa por no tenerlo todo ordenado con esmero.

Mariah, una diseñadora que descubrió recientemente que es Autista, dice que rediseñar su casa y su espacio de trabajo ha sido una parte fundamental de desenmascararse.

«Trabajo como diseñadora, así que he aprendido infinidad de "reglas de diseño", pero la verdad es que rompí muchas de ellas cuando me propuse reconfigurar mi escritorio —afirma—. Trabajar desde casa me ayuda a poder desenmascararme en cantidad de sentidos que la gente ni siquiera nota. Pero me desenmascaro ante mí misma, y eso es extraordinariamente liberador».

Mariah ha colocado cerca de su escritorio una caja de herramientas sensoriales y antiestrés, para poder tomarlas y juguetear con ellas siempre que lo necesite. Debajo de su mesa hay un rodillo de masaje que le permite autoestimularse utilizando los pies. Lleva unos protectores antirruido de calidad profesional (de los que se usan en jardinería y silvicultura) y tiene al alcance de la mano varitas de plástico llenas de purpurina con las que juguetear. La distribución de su escritorio no se parece a lo que le enseñaron que «debe» ser un espacio bien diseñado. Vivir según sus propias reglas ha tenido un efecto enormemente positivo. No para de hacer ajustes, de encontrar nuevas formas de hacerse la vida más cómoda.

«Es una sensación global nueva; estos detalles hacen que todo sea distinto. ¡Es como si mi cuerpo hubiera estado enmascarado!», dice. Ahora que su entorno cotidiano colabora con su cuerpo en lugar de interferir en él, se siente física y mentalmente libre.

Marta Rose explica en un artículo que el diseño divergente debe respetar la relación particular que tienen las personas Autistas con los objetos. A algunos de nosotros nos estresa mucho el desorden visual porque crea «ruido» sensorial, y soportarlo nos resulta a veces muy difícil. Si un objeto nuevo invade mi espacio, lo noto al instante y me molesta muchísimo. A veces, en un impulso, tiro cosas necesarias porque me agobia mucho verlas. Una vez, una universidad me envió un enorme equipo de grabación para preparar un evento virtual. Me desestabilizó tanto que estuve a punto de devolver la caja a UPS y mentirle a la universidad diciendo que se había perdido en el reparto. Así de desesperadamente quería que desapareciera de mi casa. He tenido que idear maneras de resolver esta cuestión. Cuando ayudé a organizar un intercambio de ropa trans, por ejemplo, le pedí a una amiga que guardara en su casa toda la ropa que la gente iba donando; sabía que si tenía un montón de bolsas de ropa en mi apartamento, una noche, en un impulso, podían acabar todas en la basura.

La investigación experimental indica que a muchas personas Autistas nos resulta muy difícil ignorar el «ruido» visual, hasta el punto de que interfiere seriamente en el procesamiento mental.[2] El desorden nos impide concentrarnos y por tanto pensar con claridad o regular nuestras emociones. Un estudio realizado a escolares Autistas reveló que muchos de ellos no eran capaces de prestar atención si el aula tenía las paredes cubiertas de carteles de colorido chillón y las estanterías repletas de libros y juguetes.[3] Sin embargo, en la mayoría de los espacios infantiles todo brilla mucho y hay demasiados objetos, a pesar de lo negativamente que esto afecta al procesamiento en los niños Autistas. No es de extrañar que los diseños de la marca Moorea Seal destacaran por su estética exquisitamente minimalista. Muchas personas neurodiversas prefieren un entorno sobrio o incluso espartano; significa que hay menos que organizar, menos que limpiar cada semana y menos que empaquetar cuando llega el momento de mudarse. Es comprensible que el concepto esté tan de moda: el diseño minimalista, los armarios cápsula y deshacerse de los objetos que atiborran el espacio y no «producen alegría» (a lo Marie Kondo) se han hecho tan populares en los últimos años porque son visualmente relajantes y prácticos.[4]

Dicho esto, no todas las personas Autistas optan por el minimalismo. Marta Rose comenta que los objetos tienen gran significado para las personas Autistas, por lo cual puede que nos resulte muy difícil ordenar los espacios en los que vivimos y desprendernos de cosas.[5] Muchos nos identificamos con los objetos a los que les tenemos cariño; llegamos a sentir incluso cierta empatía con ellos, como si estuvieran vivos. Los psicólogos denominan a este fenómeno *personificación de objetos*, y es mucho más frecuente en la población Autista que en la neurotípica.[6] También tendemos a conectar más fácilmente con los animales que con las personas, y esto es algo que debemos tener en cuenta a la hora de organizar el entorno doméstico.

Los Autistas suelen depender de objetos queridos que sienten que les proporcionan coherencia, familiaridad y apoyo emocional.[7] Ordenar la casa y deshacernos de cosas innecesarias nos produce a muchos de nosotros la fatiga de tomar decisiones difíciles,[8] ya que nos obliga a hacer el enorme esfuerzo de buscar razones por las que tal vez deberíamos conservar algo y a pensar en todas las situaciones posibles en las que podría sernos útil. Por otro lado, el proceso de liberar espacio es una batalla contra la programación social: «¿De verdad quiero deshacerme de mi colección de muñecos de acción, o simplemente creo que tirarla me hará parecer más adulto? ¿Por qué no me pongo nunca estas botas, porque son demasiado llamativas y poco prácticas, o porque están enterradas debajo de un montón de camisetas y me olvido de que existen?».

Para saber qué hacer ante estas necesidades contrapuestas, Marta Rose tiene algunas sugerencias. Para empezar, puedes exponer un solo objeto que represente una colección entera que se ha salido de madre. Si tienes docenas de juguetes de colección, por ejemplo, puedes colocar en un estante tus favoritos y guardar el resto. Elegir qué juguetes «destacar» cada semana o cada mes puede ser una forma divertida de echar un vistazo a toda la colección y expresarte en el momento. También puedes hacer fotos de los objetos para catalogarlos y deshacerte de algunos. A veces, los trastos viejos se pueden reutilizar: objetos de maquillaje y joyas que ya no usas pueden servirte para hacer arte plástico; las camisetas con agujeros se pueden recortar y coser unas a otras para hacer una colcha. A menudo, esto hace que el dolor de deshacerte de amigos inanimados a los que tienes cariño sea un poco menos doloroso, porque pasan a formar parte de otra cosa que usarás y apreciarás.

Si quieres conservar una colección entera pero te distrae mirarla todos los días, puedes colgar una cortina sobre las estanterías o colocar los objetos en contenedores cerrados. Marta recomienda además que los Autistas se planteen contratar a alguien que los ayude a ordenar y mantener limpio su espacio. Contratar a una persona para que limpie u ordene tu casa es hacer una adaptación que necesitas, aunque Marta comenta que a muchos Autistas (sobre todo mujeres) de entrada suele darles vergüenza pedir esta clase de ayuda. Otro inconveniente es que algunas personas Autistas podrían ponerse nerviosas o sentirse desreguladas por tener en su casa a alguien extraño reorganizando o limpiando sus cosas, o quizá necesiten que las tareas de limpieza se hagan de una manera muy particular, y lidiar con esto puede ser muy frustrante para todas las partes implicadas. Además, habrá muchos Autistas que no puedan permitirse contratar a alguien que se ocupe con regularidad de la limpieza. La solución que han encontrado algunos de ellos es recurrir a la ayuda de amigos o compañeros sentimentales, o intercambiar habilidades en grupos de trueque que haya en la zona donde viven. Conozco a una mujer Autista a la que le encanta organizar espacios y la tranquiliza limpiar, así que se ocupa de ordenar las casas de otras personas discapacitadas sin cobrarles nada o a cambio de los suministros que necesita o de comida casera.

Algedra Interior Design es una empresa de diseño de interiores con sede en Dubái que ha consultado a personas Autistas y a sus familias para desarrollar una serie de proyectos de interiorismo divergente.[9] Las posteriores recomendaciones de Algedra son las que cabe esperar, a la vista de lo que indican las investigaciones que hemos visto hasta ahora: limitarse a las líneas limpias y los colores neutros, como los tonos tierra y pastel, así como evitar los estampados estridentes, las luces brillantes o los detalles recargados. Si sueles autoestimularte de un modo que podría causarte daños físicos (por ejemplo, balanceando los brazos), evita los muebles que tengan esquinas afiladas. Si a tu cuerpo le gusta moverse, puedes colocar una colchoneta blanda sobre la que dejarte caer. Algedra recomienda también utilizar aislamiento, alfombras y paneles acústicos decorativos para amortiguar el ruido de forma discreta.

Por supuesto, estos principios no le serán útiles a todo el mundo. Las necesidades y preferencias de la gente Autista son increíblemente variadas, como ya he explicado a lo largo del libro. Desenmascararnos en el entorno en el que vivimos significa, ante todo, desprendernos de las expectativas sobre cómo «deberíamos» vivir. Algunos Autistas necesitan estímulos sensoriales, luces brillantes y audaces o mucho sonido, y sus hogares lo reflejan. Respetar la necesidad de estimulación y activación es tan importante como proporcionar tranquilidad y quietud, por lo que, en el caso de algunas personas Autistas, desenmascarar su hogar quizá signifique darse permiso para tener el espacio todo lo desordenado que quieran. Clara, la superfan de Pete Burns, sabe que se siente mejor cuando está rodeada de sus discos favoritos y pósteres de conciertos, su maquillaje y sus accesorios chillones.

«Necesito color y que haya cosas, y un sitio donde poder poner música a todo volumen», dice.

Aquí tienes unas cuantas preguntas que te ayudarán a reflexionar sobre qué necesitas que desaparezca de tu casa y tu espacio de trabajo, y sobre cómo podrías hacer que tu entorno sea un poco más favorable:

Preguntas de diseño divergente

- ¿Qué texturas te ayudan a estar más presente o centran tus sentidos?
- ¿Te gustan los espacios minimalistas y sobrios, o los espacios acogedores, llenos de objetos que tienen para ti un significado?
- ¿Qué olores te relajan? ¿Qué olores te avivan?
- ¿Te gusta la luz tenue, las luces de colores, o las luces blancas resplandecientes?
- ¿Qué objetos te gusta sostener o tener cerca de ti?
- ¿Necesitas ruido de fondo para concentrarte? ¿Hay algún ruido ambiental en tu entorno del que necesites protegerte?
- ¿Te estás aferrando a algún objeto o mueble porque piensas que «deberías» apreciarlo? Si fueras capaz de desprenderte de esos objetos, ¿qué pondrías en su lugar?

Uno de los elementos esenciales del diseño divergente de Marta Rose es considerar la experiencia vivida como un dato. El mejor indicador de cómo usarás un espacio (y de lo que necesitas que te ofrezca) es cómo lo usas. Si nunca comes ni cenas en el comedor, quizá ese espacio pueda convertirse en una sala de juegos. Si poner una sábana bajera ajustable te causa tal frustración que nunca haces la cama, puedes probar a colocar una sábana encimera directamente sobre el colchón. En realidad, ¡así es como la mayoría de los seres humanos han hecho la cama a lo largo de la historia![10] No tienes por qué vivir como un adulto «presentable». Puedes hacer las cosas a tu manera, y eso significa que puedes reexaminar tus hábitos, el espacio donde vives e incluso tu forma de concebir el tiempo.

Reimagina el éxito y el tiempo

«No entiendo por qué la jornada laboral es de ocho horas —me dice Sue—. Yo puedo tenerlo todo hecho más o menos en tres».

Sue tiene unos cincuenta años y trabaja en el sector tecnológico. No cayó en la cuenta de que podía ser Autista hasta hace unos años, cuando evaluaron a su hijo adolescente. A diferencia de muchos Autistas enmascarados con los que hablé, Sue no lo consideró una gran revelación. Simplemente le ha proporcionado un nuevo vocabulario para entender por qué otras personas le resultan tan desconcertantes.

«He tardado en entender que los neurotípicos necesitan entretenerse hablando, organizando papeles, abriendo y cerrando una y otra vez el correo electrónico, y al final el trabajo no les cunde mucho —dice encogiéndose de hombros—. Creo que algunos en realidad disfrutan pasándose el día entero en la oficina. Prefieren dedicar todo el día a avanzar en algo a trompicones que poner la mente en ello y terminarlo».

Sue ha sabido organizar su vida en torno al hecho de que es muy eficiente, y tiene poca paciencia con actividades que considera una pérdida de tiempo.

«Suelo terminar las tareas [laborales] del día hacia la hora de comer, luego hago recados y ejercicio. A media tarde, ya estoy lista para ponerme otra vez a trabajar, así que me siento a escribir un montón de correos electrónicos o hago cualquier otra cosa. Mis compañeros se encuentran luego cada mañana una tonelada de mensajes míos de Slack sobre las cosas que hay que arreglar».

Hace años, el jefe de Sue se dio cuenta de que dándole flexibilidad la empresa se beneficia de su productividad y dedicación naturales. Como he comentado repetidamente a lo largo del libro, los estudios muestran que las personas Autistas prestan mucha más atención a los pequeños detalles que las neurotípicas, especialmente cuando tienen la energía cognitiva para hacerlo; y en el trabajo, esto puede traducirse en beneficios reales.[11] Muchas empresas tecnológicas contratan expresamente a empleados Autistas porque tenemos fama de hacer un trabajo muy minucioso.[12] El problema es que esto puede crear una cultura de explotación empresarial. Si nuestras discapacidades solo se tienen en cuenta en la medida en que generan beneficios económicos, se trata de una forma de aceptación muy condicional, reservada a quienes parecen ser «altamente funcionales» y a quienes están dispuestos a definir su vida en función de su productividad. Aun así, el sector tecnológico es un ámbito en el que ser directo o carecer de habilidades sociales está un poco más aceptado, y, en el caso de Sue, todo ha encajado bien. Le gusta poder ser auténtica y brusca en el trabajo.

«No tengo mucha paciencia con la ineficacia o la dejadez —dice—, ni con que me pidan que haga trabajos insustanciales solo para tenerme ocupada. Como contrapartida, cuando trabajas conmigo sabes que el resultado será un trabajo de calidad superior a la media».

Los horarios y hábitos de trabajo de las personas Autistas desafían la concepción neurotípica convencional del tiempo. Al igual que Sue, muchos de nosotros somos capaces de terminar una cantidad enorme de trabajo en un solo arranque de hiperfocalización, aunque por lo general luego necesitaremos mucho más descanso y tiempo de recuperación para poder mantener esta clase de ritmo. Los ciclos de sueño-vigilia de los adultos Autistas también difieren, generalmente, de los ritmos circadianos de la gente neurotípica,[13] y somos muchos los que experimentamos trastornos del sueño.[14] Puede que una de las razones por las que necesitamos dormir más horas que los demás es lo agotador que nos resulta estar en el mundo. La sobrecarga sensorial, el agobio social y la presión que conlleva el enmascaramiento suponen un considerable desgaste de energía. Esto significa que muchos de nosotros no somos aptos para hacer un trabajo de nueve a cinco, y en vez de eso trabajamos con otros horarios.

Por supuesto, los estudios realizados en el ámbito industrial-organizativo dan a entender que, en realidad, hay muy pocas personas que rindan al máximo en un contexto laboral de ocho horas rígidamente estructurado, tengan o no tengan una discapacidad. La mayoría de los trabajadores solo son capaces de concentrarse de verdad y ser «productivos» durante unas cuatro horas al día.[15] Las largas jornadas laborales y los largos desplazamientos hacen que sea muy difícil sentirse realmente satisfecho con el trabajo y con la vida,[16, 17] y afectan a la salud física y mental.[18] Además, hay muchas características del lugar de trabajo neurotípico que distraen y provocan ansiedad tanto a los empleados alísticos como a los Autistas. La única diferencia es que a los alísticos suele costarles menos superar la molestia de las luces fluorescentes brillantes o el olor acre de la colonia de un compañero. Por lo tanto, prestar atención a las peticiones de los trabajadores Autistas es como escuchar al canario en la mina de carbón: nuestra acentuada sensibilidad sensorial y nuestras necesidades ponen en realidad de manifiesto lo injustas que son muchas expectativas laborales incluso para las personas neurotípicas.

Muchos de los Autistas a los que entrevisté para este libro son autónomos, contratistas independientes o trabajan en un sector que les ofrece horarios flexibles. La autora Autista y estríper Reese Piper me cuenta que su horario de trabajo en el club varía en función de cuánta energía tenga. Algunas semanas puede hacer tres turnos de diez horas; otras, solo tiene energía para uno. Cuando las cosas van bien, Reese gana lo suficiente para pagar sus facturas mensuales con solo un par de días de baile y puede tomarse días o incluso semanas libres avisando con relativamente poca anticipación. Conozco personalmente a otros trabajadores del sexo Autistas que acabaron dedicándose a este trabajo por la flexibilidad de horarios que les ofrecía. Además, se entiende que saber guardarse las emociones y fingir simpatía o interés forma parte del trabajo sexual. Los clientes suelen estar dispuestos a pagar mucho dinero por una experiencia social y emocional que parezca auténtica. A alguien Autista a quien las circunstancias le han obligado a vivir enmascarado toda su vida, puede darle una placentera sensación de control que le paguen por poner en práctica esa habilidad y que, además, le paguen lo suficiente como para poder dedicar luego el tiempo necesario a recuperarse de tener que hacerlo.

A veces, alterar la forma neurotípica de organizar el tiempo se traduce en poder entregarnos con más energía a nuestras pasiones. Stevie Lang, educador sexual e investigador Autista, cuenta que concentrarse intensamente en un interés especial puede ser en sí mismo reconstituyente:[19] «Cuando tengo un trabajo importante entre manos, le dedico toda mi atención —escribe—. Después de concentrarme de esta manera, necesito descansar. Pero el descanso no siempre consiste en darme un baño relajante o echarme una siesta. Puede consistir en sumergirme en uno de mis intereses especiales o en desconectar enfrente de una pantalla».

Las personas Autistas no necesariamente dan lo mejor de sí en una jornada laboral equilibrada, repartida por igual en tiempo de descanso, de trabajo y de esparcimiento. Algunos de nosotros funcionamos mejor en «ciclos de auge y caída», en los que una intensa hiperfocalización va seguida de tiempo de recuperación. Ha habido periodos de mi vida en los que me he pasado más de treinta horas a la semana escribiendo y blogueando, además de hacer a diario mi trabajo, y ese ritmo me ha resultado increíblemente estimulante. En otras épocas, he dedicado cada momento libre a leer en profundidad *subreddits* y blogs al azar hasta sentir como si los ojos estuvieran a punto de derretirse y salírseme del cráneo. Había saboreado cada minuto y estaba deseando volver a hacerlo. Cuando me dejo llevar por algún interés especial, me siento vivo. El concepto de «agotamiento» y el de «equilibrio entre trabajo y vida» no siempre se reflejan en la forma de funcionar de las personas Autistas como podría esperar la gente neurotípica. Por ejemplo, yo he sufrido un agotamiento intenso en periodos de mi vida en los que trabajaba relativamente poco pero tenía una intensa vida social.

La dedicación a nuestros intereses especiales es un factor importante para la salud mental de las personas Autistas. En un estudio realizado por la psicóloga clínica Melis Aday, se vio que la participación de los adultos Autistas en sus intereses especiales estaba asociada con el control del estrés y con niveles bajos de depresión.[20] Una posible interpretación de estos datos es que cuando una persona Autista tiene la energía para dedicarse a sus intereses especiales, hacerlo es una técnica muy valiosa para reducir la ansiedad. Igual de importante es que podamos dedicar tiempo a conductas repetitivas y autoestimulantes, ya que los estudios han mostrado repetidamente que mejoran nuestra salud mental y nuestra capacidad de afrontar las situaciones cotidianas.[21] Los estándares neurotípicos no toman en consideración la necesidad que tenemos los Autistas de disponer de tiempo para recargar las pilas, jugar e hiperfocalizarnos en nuestras actividades favoritas, lo cual puede significar que no tengamos la energía o el tiempo para cumplir con otras tareas al ritmo que lo hace una persona capacitada.

Dado que el grado de motivación de los Autistas es diferente en unos momentos y en otros, y que sus intereses y necesidades sociales y sensoriales cambian también, Marta Rose nos sugiere que concibamos el tiempo como una espiral, en lugar de como una línea recta.[22] En lugar de dividirlo en bloques independientes con un fin preestablecido (la hora de comer, de trabajar, de dormir), podemos pensar en el tiempo como algo que fluye e incluso se repliega sobre sí mismo, una serie de ciclos superpuestos, periodos de inactividad que se entrecruzan con periodos de desarrollo. Marta escribe: «Casi todas las medidas convencionales del tiempo que damos por sentadas –la forma en que están estructuradas las semanas, los días y las horas– se basan en un modelo de trabajo fabril. Yo lo llamo Tiempo Industrial. [...] Hay otras formas de concebir el tiempo. Formas estacionales. Cíclicas. Formas antiguas».

Durante gran parte de la historia de la humanidad, el tiempo era un concepto relativamente intuitivo; las estaciones y los ciclos de luz diurna influían en las actividades de la gente y en sus expectativas. Todo esto cambió con la invención de la electricidad y la industrialización del trabajo en almacenes y oficinas iluminados con bombillas. Con la expansión de las herramientas de trabajo digitales, la posibilidad del trabajo perpetuo se ha apoderado de nuestras vidas. No hay periodos de inactividad, ni noches oscuras, ni días de nieve en los que todo se para. No hay forma de escapar del trabajo (ni de las herramientas y aplicaciones de productividad), ni siquiera cuando estamos en casa.

En el marco capitalista del Tiempo Industrial, cualquier proyecto que se abandona o queda inacabado se considera un «fracaso», tiempo perdido, porque no ha dado lugar a un producto final tangible o visible. Pero concebir el tiempo como una serie de ciclos o espirales con objetivos cambiantes nos da la posibilidad de reconocer que el aprendizaje y la reflexión que han intervenido en un proyecto abortado (o incluso en enmascararnos) suelen dar sus frutos, aunque no de la forma que esperábamos. Cada decepción o fracaso nos enseña algo sobre lo que queremos y sobre qué es lo mejor para nosotros.

«Reformular el fracaso como una serie de datos —escribe Marta— lo cambia todo».

Marta anima a las personas neurodiversas a pensar en el progreso no como en una aproximación a un punto fijo que tenemos delante, sino como movimiento y adaptación, frenar y acelerar según lo requiera la situación del momento. Dado que las mentes Autistas se enfocan en comprender los detalles y en analizar complejos sistemas de información, tiene sentido concebir nuestra vida como un fractal, que se expande sin fin a nuevos temas y, a la vez, se focaliza con la mayor precisión en cada matiz. No somos Mario recorriendo un nivel de desplazamiento lateral con un único objetivo en mente, que es rescatar a la princesa Peach.* Nos parecemos más al protagonista del videojuego *Katamari Damacy*, un semidiós monstruoso y friki que hace rodar una bola de objetos cada vez más grande, a medida que a su paso va atrayendo más y más objetos al campo gravitatorio creciente de su bola, hasta engullir el universo entero. No completamos proyectos aislados. Construimos mundos.

En la práctica, ¿cómo puede aprender una persona Autista a aceptar el tiempo espiral? Marta Rose dice que todo se reduce a dos acciones:

1. Expande el marco temporal que utilizas para valorar la productividad y el éxito: contempla tu vida con «visión de gran

---

* N. de la T.: *Super Mario Bros* es un videojuego desarrollado y publicado por Nintendo para Nintendo Entertainment System (NES) en 1985. Es sucesor del juego arcade de 1983 *Mario Bros*. El jugador asume el papel de Mario, el protagonista de la serie, y el objetivo es recorrer el Reino Champiñón, sobrevivir a las fuerzas antagónicas de Bowser y salvar a la princesa Peach.

alcance». No tengas miedo de volver a proyectos que dejaste a medias ni de abandonar una pasión que ya no te entusiasma.
2. Ralentiza la marcha. La calma ayuda a las mentes neurodivergentes a procesar las enormes cantidades de datos que recibimos.

A los Autistas nos resulta muy difícil desvincular de las expectativas neurotípicas la imagen que tenemos de nosotros mismos y ralentizar la marcha, para poder tener una vida que sea de verdad reflejo de quienes queremos ser. Casi todas las personas Autistas con las que he hablado han descubierto que, para construirse una vida a su medida, han tenido que aprender a desentenderse de ciertas expectativas opresivas y a retirarse de actividades que en realidad no les interesan. Da miedo permitirse decepcionar a los demás, pero también puede ser radical y liberador. Admitir lo que no podemos hacer significa enfrentarnos al hecho de que tenemos una discapacidad y, por tanto, ocupamos una posición marginada en la sociedad, pero es también un requisito indispensable para averiguar por fin qué tipo de asistencia necesitamos y qué estilos de vida nos hacen sentirnos mejor. Tienes que ser capaz de decir no a ciertas expectativas irracionales para poder decir de verdad «sí» a las cosas que te importan.

Haz lo que quieras, a tu manera

Rory vive en Nueva Zelanda y es investigador y activista en favor de las personas con Autismo y TDAH. Como muchos de nosotros, ha encontrado «trucos» que le hacen más llevadera la vida cotidiana como Autista. En cierto sentido son estrategias de compensación, pero su propósito no es enmascarar su neurodiversidad, sino hacerle la vida más fácil y tolerable.

En el pasado, a Rory le costaba mantener la concentración mientras hacía las tareas domésticas. En cuanto algo lo distraía, dejaba lo que estuviera haciendo y se iba a hacer otra cosa. Ahora, cuando llega la hora de fregar los platos, se pone un bonito delantal de color rosa y crema, se encasqueta unos protectores antirruido y coloca espejos delante de las salidas de la cocina, para que si su mente (o su cuerpo) se aleja del fregadero, verse reflejado en ellos le recuerde que tiene que seguir fregando.

«El "disfraz" de friegaplatos me ayuda a mantener el rumbo –dice–. Los espejos me recuerdan lo que tengo que hacer».[23]

El Autismo y el TDAH pueden hacer que llevar al día las tareas domésticas sea un auténtico infierno. Al final, los platos amontonados empiezan a oler mal y se te resbalan de los dedos; frotar una y otra vez una encimera pegajosa o un inodoro sucio es todo menos inspirador, por no hablar ya de lo desagradable que es físicamente. Pasar de una tarea a otra es muy laborioso, ya que la mayoría de nosotros preferiríamos centrarnos en una sola cosa cada vez. Además, es agotador que la mente necesite dividir cualquier actividad compleja en pequeños pasos o intentar encontrarles una secuencia lógica. Algo aparentemente tan sencillo como «fregar los platos» puede convertirse de repente en una larga lista de pasos extenuantes: recoger los vasos y cuencos sucios que hay repartidos por toda la casa, poner a remojo las ollas y sartenes con restos incrustados, hacer sitio en el escurridor, fregarlo y secarlo todo, guardarlo todo, y todo ello en medio de olores nauseabundos y con las mangas de la camisa mojadas, que hacen que toda esta energía perturbadora nos suba y baje por los brazos.

Muchas personas neurodiversas sufrimos lo que se denomina «inercia Autista».[24] La misma hiperfocalización que nos permite disfrutar durante horas profundizando en nuestros intereses especiales hace que, por otro lado, nos cueste un horror levantarnos del sofá y ocuparnos del cubo de la basura, que empezó a desbordarse hace dos días. A un observador neurotípico no le da la impresión de que estemos librando una batalla interna. Desde su perspectiva, somos solo unos «perezosos».

Casi todas las personas neurodiversas con las que he hablado han oído repetidamente a lo largo de su vida que eran una «vagas», de boca de sus padres, sus profesores y sus amigos, siempre en tono de exasperación. La gente nos ve sentados, inmóviles, incapaces de actuar, e interpreta que no tenemos fuerza de voluntad o que todo nos da lo mismo.[*] Luego nos reprenden por lo apáticos que somos y porque no se puede contar con nosotros para nada, lo que hace que nos sintamos aún más paralizados, esta vez por la ansiedad. La gente neurotípica suele dar también por sentado que sabemos cómo hacer una tarea sin tener instrucciones claras de todo lo que conlleva; no entienden que no seamos capaces de intuir cómo llevarla a cabo sin saber lo que se espera que hagamos. Por ejemplo, puede que no *sepamos* que si alguien nos pide «limpia el baño», eso incluye fregar la ducha, el suelo, el lavabo y los espejos, y no solo arreglarlo todo un poco por encima. Otra posibilidad es que no sepamos qué grado de limpieza se considera aceptable y nos pasemos la mañana quitando meticulosamente los restos de cemento que sobresalen de las baldosas del suelo. Cuando a pesar de nuestros esfuerzos no acertamos a adivinar lo que los neurotípicos esperaban que hiciéramos, nos riñen por ir demasiado despacio, haber hecho una chapuza o no haber tenido en cuenta cuál podía ser su perspectiva. Como consecuencia, muchos nos quedamos atrapados en un bucle de impotencia, confusión, vergüenza e inmovilidad aprendidas.

El «disfraz de friegaplatos» y el sistema de espejos que utiliza Rory son una solución estupenda para algunos de los problemas que le plantean a una persona Autista las tareas domésticas. El delantal es divertido y atractivo, y aporta un toque lúdico a una actividad aburrida. Ponerse un atuendo determinado para ocuparse de esa tarea le ayuda a Rory a entrar mentalmente en «modo limpieza», y los cascos antirruido y los espejos contribuyen a que se mantenga mentalmente en ese estado. Estas herramientas le permiten asumir toda la

---

[*] N. del A.: Con frecuencia se da por hecho que la inercia Autista es «volitiva». Véase: Donnellan, A. M., Hill, D. A. y Leary, M. R. (2013). Rethinking autism: Implications of sensory and movement differences for understanding and support. *Frontiers in Integrative Neuroscience, 6*, 124.

CONSTRUIR UNA VIDA AUTISTA

responsabilidad de fregar los platos, sin tener que depender de que una persona no Autista le haga sugerencias bienintencionadas o lo presione. (Lamentablemente, no podemos contar con que la gente que hay a nuestro alrededor vaya a ser siempre paciente o comprensiva).

Las personas Autistas tenemos que inventar constantemente nuestras propias formas de hacer las cosas. Investigamos sin parar y recurrimos a herramientas digitales y a una variedad de pequeños trucos y trampas para abrirnos paso a través de actividades a las que alguien neurotípico no dedica ni un instante de pensamiento. Rhi, una bloguera Autista residente en el Reino Unido, explica que ella investiga en Internet, y lo planifica todo con antelación, cada vez que va a ir a un sitio nuevo. «Necesito saber dónde está la puerta principal. Dónde está el aparcamiento. Con quién tengo que hablar cuando llegue», escribe.[25] Gracias a herramientas como Google Streetview y Yelp, dice que la vida le resulta mucho más fácil que antes.

Kaitlin, que es Autista y se está recuperando de un trastorno de la conducta alimentaria, también ha utilizado las búsquedas en Internet para prepararse psicológicamente cuando va a salir a comer con sus amigos.

«Busco el restaurante y miro todo lo que hay en el menú —dice—, y veo qué puedo comer que no vaya a hacer que mis peculiaridades sensoriales o la anorexia se pongan como locos. También ensayo en voz alta cómo pedir el plato, sobre todo si el nombre es en otro idioma y no sé cómo se pronuncia».

No conozco a ninguna persona neurotípica que se siente en casa a buscar en Google cómo pronunciar palabras como *bouillabaisse* o *injera* para no pasarlo mal en el restaurante. Para los Autistas, en cambio, este grado de guionización y planificación previas es lo normal;[26] nos da una tranquilizadora sensación de dominio y control. Sin embargo, cuando los neurotípicos se dan cuenta de que hemos dedicado tanto tiempo y esfuerzo a actividades que para ellos son «elementales», suele parecerles muy bochornoso. Así que, para los Autistas enmascarados, pasar desapercibidos no depende solo de encontrar trucos de supervivencia que funcionen; aprendemos también a ocultar el hecho de que utilizamos trucos.

Kaitlin dice que a veces sus amigos la «pillan» utilizando guiones sociales en los restaurantes.[*] Debido a su historial de desórdenes alimentarios, este nivel de esfuerzo y premeditación parece sospechoso: «Mi amiga Amy se dio cuenta de que me estudiaba con antelación los menús de los restaurantes, porque siempre sabía demasiado sobre el menú. Pensó que eso significaba que estaba contando calorías porque seguía teniendo un problema con la anorexia. Así que ¡es como caminar por la cuerda floja!: necesitas saber lo suficiente, pero no demasiado, o a la gente le parece retorcido».

A Amy no se le ocurrió que Kaitlin estudiara el menú para controlar y reducir la ansiedad relacionada con la antigua anorexia. Pensó, sin dudarlo, que su amiga se preocupaba «demasiado» por el menú porque nuevamente estaba restringiendo la dieta. Que los Autistas enmascarados sepamos «demasiado», o pensemos en algo con demasiado detalle, se considera sospechoso. A la gente le parece calculador o inquietante que nos esforcemos tanto por algo que, a su entender, no merece ni un pensamiento pasajero.

Por todas estas razones, los «trucos de supervivencia» Autistas y la presión que conlleva enmascararse suelen estar relacionados. Pero no tienen por qué estarlo. Aunque las personas neurotípicas esperan que ocultemos los esfuerzos que hacemos para encajar, no ocultar nuestras pinceladas puede ser un acto revolucionario. Si algo nos resulta difícil, no deberíamos fingir que nos resulta fácil ni ocultar el agotamiento ni el estrés. Y si necesitamos mucha información para

---

[*] N. de la T.: Basándose en la teoría de la mente (que se explica a continuación) Carol Gray ideó en 1991 historias o guiones sociales: narraciones breves, en forma de guion, acompañadas de apoyo visual, que explican información procedente del contexto y normas de conducta de una situación social concreta. Incluyen datos importantes sobre por qué ocurre, qué personas guardan relación con ella y cómo debe actuar exactamente su protagonista. Se puede definir la teoría de la mente como la habilidad de deducir los estados mentales (pensamientos, deseos, intenciones...) de otra persona, lo cual nos permite utilizar dicha información para interpretar y predecir sus comportamientos, así como para regular y organizar el nuestro propio.

CONSTRUIR UNA VIDA AUTISTA

desenvolvernos con comodidad en un espacio desconocido, tampoco deberíamos tener que ocultarlo.

Aunque Kaitlin no le ha contado a todo el mundo que es Autista, decidió explicarle a Amy la razón de su «embarazoso» conocimiento detallado de los menús.

«Cuando era más joven, y más insegura todavía que ahora, me habría dado vergüenza decir que sí, que me leía los menús con antelación. Pero Amy sabe que tengo un hermano Autista y sabe cuánto afecta eso a su vida entera. Así que le dije: "Mira, yo soy como él, y esto es lo que hacemos. Estudiar de antemano los sitios que no conozco o leer sobre comidas nuevas me ayuda mucho"».

Ahora que Amy entiende los trucos de supervivencia de Kaitlin, hay complicidad entre ellas. Cuando salen a comer, Amy le pregunta qué ingredientes lleva un plato o dónde están los baños de un restaurante. En lugar de tener que ocultar su trabajo de preparación, Kaitlin lo puede compartir.

Entre los muchos «trucos de supervivencia» Autistas está el utilizar medios de accesibilidad sutiles, que no nos identifiquen como discapacitados. Intercambiamos entre nosotros opiniones sobre qué tapones para los oídos son los más discretos o qué auriculares antirruido son los más estilosos, o nos damos ideas sobre formas de procesar la ansiedad social o evitar el contacto visual en las aulas, por ejemplo valiéndonos de manualidades como el punto o el ganchillo. Son métodos de compensación que gozan de gran popularidad porque funcionan muy bien. Pero no tenemos por qué recurrir siempre a medios sutiles que no hieran la sensibilidad neurotípica. Podemos hacer las cosas a nuestra manera, con orgullo y de forma visible, y hablar abiertamente de los atajos y sistemas que hacen posible nuestra vida. Podemos autoestimularnos con gestos intensos y aparatosos, llevar protectores auditivos de tamaño industrial y pedir ayuda cuando la necesitemos. Cuanto más francos seamos acerca de las dificultades a las que nos enfrentamos constantemente, más difícil les resultará a las personas neurotípicas ignorar nuestras voces o el hecho de que la mayoría de los espacios públicos siguen siendo penosamente inaccesibles. Ser radicalmente visibles es también un ejercicio de liberarnos de la vergüenza.

Ser radicalmente visibles

Sky Cubacub es la fundadora de Rebirth Garments, una empresa de ropa y accesorios que tiene en cuenta las necesidades de los cuerpos *queer* y discapacitados. La tienda de Sky ofrece una amplia variedad de artículos cómodos y coloridos para personas de todos los géneros y tallas: bodis completos confeccionados con tejido de rejilla y telas fluorescentes, tops compresores de pecho que no son demasiado restrictivos ni ajustados, y una gran variedad de pins, pañuelos y camisetas con estampados brillantes.

Al principio de la pandemia de COVID-19, Rebirth Garments fue una de las primeras tiendas en poner a la venta mascarillas con una ventana de vinilo transparente que permitía leer los labios del usuario. Muchas personas discapacitadas (las Autistas incluidas) necesitan leer los labios de su interlocutor para poder seguir una conversación con facilidad. Cuando todo el mundo llevaba mascarilla, me costaba saber si alguien me estaba hablando a mí, porque en el movimiento de unos labios siempre había la señal que me hacía dirigir la atención hacia ellos.

Las mascarillas con ventana transparente tuvieron tanta demanda que Sky decidió regalar su diseño. Es más que una visionaria de la moda, es una visionaria de la política, y eso se nota en todos los aspectos de su negocio. Todo su trabajo se basa en su filosofía de visibilidad radical, que ha expresado en talleres, en una charla TEDx y en su fanzine *Radical Visibility: A Queercrip Dress Reform Movement Manifesto* ('Visibilidad radical: manifiesto del movimiento *queer*-discapacitado para la reforma del vestir').

¿Qué es la visibilidad radical? Es una forma de promover la aceptación de las personas LGTBQ y discapacitadas que destaca y celebra aquello que normalmente se oculta. Reivindica palabras que se han utilizado para deshumanizar a nuestras comunidades —*queer*, *lisiado*, *loco*— y las usa de un modo desafiante, como fuente de orgullo. La visibilidad radical presenta, por ejemplo, los bastones y las prótesis como envidiables accesorios de moda. Hace que nuestras diferencias sean atractivas a la vista.

«Las normas culturales no animan a las personas trans y discapacitadas a vestir con estilo o de forma llamativa —escribe Sky—. La sociedad quiere que "pasemos desapercibidos", que no llamemos la atención. Pero ¿qué pasa si nos resistimos a obedecer su deseo de volvernos invisibles? ¿Qué pasa si, con una reforma de la manera de vestir, nos negamos colectivamente a mimetizarnos?».[27]

La visibilidad radical es, en otras palabras, la antítesis del enmascaramiento. Aquello que el enmascaramiento oculta, la visibilidad radical lo convierte en centro de atención. Si el enmascaramiento explora constantemente el entorno en busca de señales de amenaza social, y controla los movimientos autoestimulantes y tics rebeldes del cuerpo Autista, la visibilidad radical lo anima simplemente a ser. La persona enmascarada satisface sus necesidades en privado y de cara a los demás es tolerante, se anda siempre con medias tintas y recurre a mecanismos de afrontamiento velados; una persona radicalmente visible declara abiertamente quién es y qué necesita, porque eso es lo que se merece.

Mucho antes de averiguar que era Autista, yo ya me había dado cuenta de que a las personas visiblemente discapacitadas se las intentaba persuadir de que minimizaran su diferencia. En el instituto, una buena amiga mía quería comprarse una silla de ruedas con el chasis de color verde atómico. Le habría sentado muy bien; ella tenía un estilo un poco *emo-indie* en aquella época, y la silla verde fluorescente habría encajado con él de maravilla. Pero su madre le quitó la idea de la cabeza: «Supongo que no querrás que tu silla de ruedas sea lo primero en lo que se fije la gente cuando te mira», le dijo.

La realidad es que tener una silla de ruedas negra y anodina no cambió el hecho de que la discapacidad fuera lo primero que veía la gente al mirar a mi amiga. Vivíamos en un mundo demasiado capacitista como para que pudiera no haber sido así. En público, los desconocidos la trataban con condescendencia, como si fuera una niña, o se comportaban como si ella sola no fuera capaz de expresar lo que necesitaba. El capacitismo nos predispone a fijarnos solo en los aspectos de una persona que nos llaman la atención por inusuales, y la generalizada exclusión social de las personas discapacitadas contribuye también a ello. Cuanta menos gente vemos en silla de ruedas, más nos sorprende ver una. Y cuanto más nos quedamos mirando boquiabiertos a los usuarios de las sillas de ruedas, menos cómoda se siente una persona discapacitada al entrar en el mundo. Es un ciclo de exclusión que se autoperpetúa.

Tal vez, a la larga, tener una silla de ruedas verde fosforescente habría contribuido a normalizar la discapacidad de mi amiga y a que la gente lo viera como algo natural. Habría comunicado el mensaje de que las sillas de ruedas no son objetos que haya que ocultar y que la discapacidad no es un hecho que haya que ignorar o encubrir con condescendencia o eufemismos. Y como indicaba la investigación sobre el autoestigma que he mencionado en el capítulo anterior, llevar la propia identidad con orgullo puede reducir los sentimientos de timidez y marginación.

El Autismo no siempre es tan obvio a simple vista como utilizar una silla de ruedas, pero los estudios sugieren que hay muchos marcadores sutiles de nuestra diferencia que las personas neurotípicas captan, aunque no siempre de un modo consciente. Por ejemplo, en 2007 el profesor Sasson y su equipo de investigación descubrieron que las personas neurotípicas identifican subconscientemente de inmediato si alguien es Autista, a menudo tan solo unos milisegundos después de conocerlo.[28] Sin embargo, no son conscientes de que han identificado a esa persona como Autista; piensan simplemente que es rara. En el estudio, se vio que los participantes no Autistas tenían menos interés en entablar conversación con los Autistas y sentían menos simpatía hacia ellos que hacia los no Autistas, sin más base que los datos recogidos en tan solo un momento de interacción. Hay que añadir que los participantes Autistas no habían hecho nada «malo»; su comportamiento era en todos los casos perfectamente apropiado desde el punto de vista social, al igual que el contenido de su discurso. Aunque habían hecho todo lo posible por presentarse como neurotípicos, algunos detalles de su actuación eran un poco sospechosos, estaban ligeramente desajustados, y por eso estos sujetos no resultaban simpáticos.

Por mucho que nos esforcemos los enmascarados en ocultar nuestra neurodiversidad, a menudo fracasamos estrepitosamente. La inautenticidad de una actuación social que resulta forzada les provoca rechazo a los neurotípicos. En el histórico estudio de 2016 sobre la psicología de lo que se percibe como «repelencia», los psicólogos McAndrew y Koehnke pidieron a los mil trescientos cuarenta y un encuestados que respondieran a preguntas sobre qué cualidades personales y comportamientos asociaban con los individuos «repelentes» u «horripilantes», y utilizaron un análisis factorial estadístico para desarrollar un factor final de «repelencia/horripilación» medible. El factor que desarrollaron incluía los siguientes rasgos: alguien que tiene un comportamiento torpe e impredecible, una sonrisa antinatural, que se ríe en momentos «antinaturales» y que habla demasiado tiempo seguido sobre un mismo tema sin saber cuándo ha llegado el momento de que se calle.[29] Cuando las personas Autistas intentamos socializar y conectar de un modo afable y entusiasta, estos son con frecuencia los rasgos que encarnamos. Incluso cuando la intención es que los neurotípicos se sientan cómodos, así que sonreímos, participamos en la conversación y estamos conscientemente presentes, es posible que demos una imagen tétrica o inquietante.

Una serie de experimentos que llevaron a cabo los psicólogos sociales Leander, Chartrand y Bargh en 2012 revelaron que cuando en una interacción alguien imita de una forma aunque solo sea ligeramente atípica el comportamiento de los demás, sus interlocutores se asustan e incluso se retraen físicamente.[30] Un poco de mimetismo es normal entre amigos. A medida que las personas se sienten más cómodas y en sintonía estando juntas, empiezan a reflejar las posturas y los gestos unas de otras. Pero si imitas demasiado a alguien, o lo haces en el momento equivocado, estos estudios muestran que puedes hacerle sentir, literalmente, un escalofrío. Los Autistas enmascarados hacemos auténticos esfuerzos por reflejar a los demás, pero como no sabemos hacerlo con la misma fluidez y naturalidad que la gente neurotípica, a menudo emitimos indeliberadamente ondas que provocan repelencia en nuestros interlocutores.

La solución, por tanto, es dejar de escondernos y de fingir ser lo que no somos. En lugar de esforzarnos (sin éxito) en imitar a las personas neurotípicas, podemos hacernos radicalmente visibles. El estudio de Sasson reveló que cuando se les informaba a los participantes de que estaban interactuando con una persona Autista, desaparecían sus prejuicios contra nosotros. De repente, su interlocutor les caía bien, aunque fuera un poco torpe, y demostraban interés por conocerlo. Tener una explicación para la rareza de la persona Autista hacía que desapareciera la sensación de repelencia. El estudio de seguimiento que hicieron Sasson y Morrison en 2019 confirmó que, cuando los neurotípicos saben que van a conocer a un Autista, la primera impresión que tienen de él es mucho más positiva, y después de la interacción suelen demostrar interés por saber más sobre el Autismo.[31] La visibilidad radical tiene sus recompensas.

En el trabajo de Sky, ser radicalmente visible es hacer de la autopresentación una forma de protesta. Escribe: «La visibilidad radical es una llamada a la acción: vestirte para que no se te ignore, para dejar claro que no quieres mimetizarte ni pasar desapercibido».

En persona, Sky tiene un aspecto igual de llamativo y genial que en sus sesiones fotográficas: lleva un tocado plateado y negro hecho de cota de malla metálica, unos *leggings* y un top de estampados brillantes y la cara pintada con diseños geométricos. Imposible ignorarla, ni hay posibilidad de que la mirada de los capacitados la haga ocultar su forma natural de moverse o lo que su cuerpo necesita. Hace años, a raíz de un trastorno de estómago, Sky tuvo que dejar de llevar pantalones entallados de tela rígida (vaqueros, por ejemplo) y los sustituyó por los de tejido elástico. Es raro verla vestida con algo que no sean mallas o pantalones cortos de ciclista. En este sentido, las experiencias de Sky son instructivas para los Autistas que quieren desenmascararse. Muchos llevamos el cuerpo embutido en atuendos «profesionales», anodinos e incómodos, para no llamar la atención, aunque lo experimentemos personalmente como una agresión a nuestros sentidos o la muerte de nuestra individualidad.

Para los Autistas enmascarados a los que os gustaría adoptar un estilo personal más radicalmente visible, aquí van unas cuantas ideas de por dónde podéis empezar:

Visibilidad radical del Autismo: vístete para desenmascararte

- Aparta las prendas que te agobien o que te opriman zonas del cuerpo en las que no te gusta sentir presión. Por ejemplo, sustituye los pantalones demasiado ajustados por otros similares confeccionados con tejidos elásticos o los sujetadores estructurados por *bralettes*, sin aros ni relleno, o tops. Hay hasta corbatas hechas de tejidos suaves y más flexibles.
- Presta atención a qué tipo de ropa te proporciona una sensación calmante y de estar plenamente presente en tu cuerpo. Por ejemplo, a algunas personas Autistas les gusta la sensación de compresión en las muñecas y llevar relojes o pulseras apretados. A otras les gustan los abrigos o chalecos con peso.
- Busca en tu vestuario cualquier otra fuente de estrés sensorial y elimínala: prueba a cortar todas las etiquetas de la ropa y a colocar plantillas en zapatos que sean incómodos. Muchos Autistas hacen fuerza en la almohadilla plantar al caminar, y tal vez necesites mayor apoyo en esa zona.
- Averigua qué modelos y estilos te gusta llevar. ¿Te sientes «más tú» cuando vas vestido entero de negro o prefieres ser un atrevido arcoíris?
- Incorpora los intereses especiales a tu atuendo diario. Lleva camisetas con tus personajes de anime favoritos o, en ambientes más formales,

gemelos o insignias de solapa con temática de videojuegos. Conjunta unas cuantas prendas que te den sutilmente una apariencia similar a la de algún personaje que te inspire.

- Autoestimúlate con estilo: ponte colgantes o pulseras con los que puedas juguetear o que puedas masticar (*chewelry*), lleva en los bolsillos algún juguete antiestrés, decora la funda del móvil con pegatinas de colores o ponle un soporte desplegable con el que puedas juguetear.

Muchas personas Autistas enmascaradas están tan divorciadas de su cuerpo y de su imagen que no les resulta fácil imaginar cómo se sentirían si tomaran realmente posesión de ellos. Si hasta ahora tu vestimenta no ha sido más que un disfraz neurotípico, tal vez no tengas ni idea de lo que significa tener un estilo personal auténtico. En este caso, ve poco a poco y empieza por eliminar aquello que te cause malestar: deshazte de las prendas que te hagan daño o te agobien. Reemplaza las prendas incómodas por otras que sean más amables con tu cuerpo y pregúntate si es posible que la idea de la respetabilidad esté dictando tu forma de presentarte al mundo. Quizá no necesites llevar el maquillaje, las medias o los trajes de chaqueta opresivos que tus padres o algún mentor te dijeron que era obligatorio llevar. Puede que haya llegado el momento de hacerte el «gran corte de pelo» y eliminar todo el cabello dañado por los productos químicos que has utilizado para alisarlo[32] o de empezar a ponerte joyas y tejidos tradicionales de tu cultura de origen. Es cierto que gran parte del mundo profesional impone medidas estrictas sobre cómo debe vestir y presentarse una persona, pero si estás entre la mayoría de la gente Autista que trabaja fuera del ámbito corporativo, es probable que tengas más margen de maniobra de lo que crees.

Cada vez son más los creadores Autistas que fabrican artículos autoestimulantes y de accesibilidad que pueden incorporarse a la indumentaria. La artista visual y diseñadora de joyas Carly Newman ha creado una línea de pendientes con tapones para los oídos, pensando en las personas Autistas.[33] En lugar de intentar ocultar que a veces necesito ponerme tapones cuando estoy en público, los pendientes de Carly muestran abiertamente esta herramienta de accesibilidad. Otras empresas, como Stimtastic y ARK Therapeutic, están especializadas en joyas de estimulación, por ejemplo anillos giratorios y pulseras de acupresión. Algunos creadores Autistas han hecho botones, gorras y objetos de joyería que hablan por ellos: grandes chapas verdes que dicen «¡Acércate a saludar!» o amarillas que dicen «Necesito espacio». En las convenciones a las que asisten numerosas personas Autistas, estas herramientas tienen un valor incalculable, ya que nos ayudan a socializar a la vez que ponen de manifiesto nuestros límites. Aún no están ampliamente normalizadas, pero al igual que mostrar en un pin o en la firma de los correos electrónicos los pronombres con los que quieres que se dirijan a ti, cuantas más personas adopten estas iniciativas, más normalizado estará que la gente las lea y se tome en serio lo que dicen.

Por supuesto, llevar ropa y accesorios que nos reafirmen es solo una manera de adoptar una visibilidad radical. En el fondo, tanto la visibilidad radical como desenmascararnos consisten en abandonar la fachada de conformidad con las reglas neurotípicas y aprender a vivir abierta y auténticamente como quienes somos. Esto se traduce, sobre todo, en cambiar la forma de expresarnos y de expresar nuestras necesidades. Con este fin, aquí tienes algunas sugerencias que pueden ayudarte a practicar la visibilidad radical en tu vida diaria:

EL DESENMASCARAMIENTO COTIDIANO:
Dificultades diarias para ser radicalmente visible

Decepciona a alguien: ensaya frases como «no», «no tengo tiempo para hacer eso», «esto me incomoda» o «ahora me tengo que ir» sin dar más explicaciones ni disculparte.

Expresa tu desacuerdo en una situación en la que normalmente asentirías para mantener la paz.

EL DESENMASCARAMIENTO COTIDIANO:
Dificultades diarias para ser radicalmente visible

Date cuenta de cuándo sientes que se te está presionando para que hagas algo que no quieres hacer. Ensaya en voz alta alguna frase como «no sé por qué insistes, ya te he dicho que no».

Intenta pasar un día entero sin tratar de adivinar o predecir las emociones de nadie.

Intenta pasar un día entero sin controlar qué mensajes emiten tus expresiones faciales o tu lenguaje corporal.

Pide algo que no acostumbras a pedir porque te hace sentirte culpable.

Mantén una conversación entera sin fingir ninguna reacción o emoción.

Canta una canción que te guste mientras vas caminando por la calle.

Llévate algún juguete autoestimulante a una reunión social o un espacio público y úsalo sin avergonzarte.

Sal a la calle con una indumentaria o un disfraz que te encante en lugar de esperar a que haya una fiesta o una «excusa» para ponértelo.

Cuando un amigo te pregunte cómo estás, dale una respuesta sincera.

Toma la iniciativa y haz algo sin pedir antes la aprobación de nadie.

Comparte las emociones intensas con personas con las que te sientas a salvo: encuentra a alguien con quien llorar o desahógate con un amigo sobre algo que te dé mucha rabia.

Cuando estés con alguien de confianza, háblale de tu neurodiversidad y de lo que significa para ti.

La visibilidad radical es autodefensa, además de autoexpresión. Lo que pasa es que a la mayoría de las personas Autistas enmascaradas les resulta aterrador precisamente dar la cara y hacerse valer. Cuando una situación social nos pone nerviosos, tendemos a ser complacientes, a sonreír y a reír por mucho malestar que nos cause, y a hacerlo de forma tan automática que es como si nuestros verdaderos sentimientos y preferencias desaparecieran en cuanto estamos en medio de la gente. Estos automatismos tienen la función de protegernos, y tenerlos no es ninguna vergüenza. Sin embargo, si queremos vivir más libremente, es necesario que cultivemos relaciones en las que podamos comunicarnos con autenticidad y sentir que se nos escucha y se nos respeta. El siguiente capítulo trata sobre cómo establecer relaciones Autistas que nos ayuden a ser plenamente quienes somos. Con esto me refiero a establecer relaciones genuinas y un sentimiento de comunidad con otras personas Autistas, y también a hacer que en nuestras relaciones con personas alísticas haya mucho más espacio para el Autismo.

CAPÍTULO 7

Cultivar relaciones Autistas

Han pasado ya años desde que James Finn dejó de trabajar con ACT UP y se fue de Nueva York,[*] pero sigue siendo un activista muy comprometido del movimiento LGTBQ. Desde el pequeño pueblo de Míchigan donde vive ahora, publica regularmente artículos sobre los ataques jurídicos y políticos del momento contra los derechos del colectivo LGTBQ en todo el mundo, y se reúne periódicamente con grupos de activistas. También colabora en la gestión de uno de los mayores grupos LGTBQ de Facebook. A veces, el estilo de comunicación directo y muy Autista de James molesta a sus compañeros activistas. Una vez ofendió profundamente a una compañera organizadora al pedirle que hablara más despacio y explicara sus planes con más claridad.

«Tuve que interrumpirla y decirle: "De verdad que no te entiendo —cuenta James—, sé que la mayoría de los participantes probablemente sí te entienden. Pero yo soy Autista, y a veces tengo seria

---

[*] N. de la T.: Ver nota de la página 219.

dificultad para leer entre líneas; ¿puedo pedirte que vayas más despacio?"».

En teoría, James había hecho lo correcto: había defendido su derecho a entender; había pedido que se hiciera la adaptación relativamente sencilla que necesitaba e incluso había explicado por qué le costaba seguir el ritmo de la conversación. Se estaba desenmascarando impecablemente. Por desgracia, sin embargo, en la práctica su petición no fue bien recibida, al menos en un principio.

«Me contestó que estaba hablándole en tono condescendiente y que solo quería hacerla dudar de sí misma —dice con un suspiro—. Yo me había mostrado vulnerable y ella respondió con hostilidad».

A los Autistas nos suele gustar lo que se denomina *infodumping* (compartir con otras personas nuestros conocimientos, a veces extensos, para estrechar lazos); no captamos ciertas claves sociales, que a los demás les parecen obvias, y tendemos a hablar muy detalladamente y con una voz monótona que a los demás les resulta seca o sarcástica. Para muchos de nosotros, la fluidez natural de una conversación es una barrera; o interrumpimos a quien está hablando en un momento inoportuno o, si el diálogo es muy rápido, no conseguimos intervenir y nos quedamos totalmente fuera. Por estas y otras razones, a las mujeres Autistas (sobre todo a las de color) se las suele considerar frías, o «unas víboras», y a los hombres Autistas se los suele tomar por condescendientes y paternalistas. Es un auténtico campo de minas social, por el que es muy difícil avanzar. Porque, por supuesto, en distintos momentos de su vida, a la mayoría de las mujeres las han tratado con abierta o velada condescendencia, y las han intentado confundir y anular, y es comprensible que se pongan muy nerviosas cuando se encuentran ante un comportamiento que les recuerda eso que ya han vivido. Las personas sin discapacidad que tradicionalmente han sufrido opresión debido a su identidad de género, por ejemplo, no siempre son conscientes del poder que ejercen sobre personas discapacitadas que a sus ojos son socialmente poderosas.

La organizadora estaba convencida de que James se estaba burlando de ella o de que le pedía que volviera a explicar sus argumentos para hacerle perder el hilo. Sin duda, en el pasado hubo hombres en las reuniones de activistas que utilizaron este tipo de tácticas contra ella. Afortunadamente, había en la reunión otros participantes que pudieron dar fe del carácter de James.

«Por suerte, un par de personas de la sala levantaron la mano y dijeron: "No, no está bromeando, es jodidamente Autista"», añade.

La organizadora no se fio de lo que había dicho James sobre su discapacidad (es muy raro que se nos crea y se nos escuche cuando comunicamos nuestras necesidades), pero sí hizo caso a las personas no discapacitadas que lo respaldaron. La tensión de la reunión se disipó rápidamente. Sin ese apoyo, tal vez la sinceridad de James y su tentativa de defender sus derechos habrían recibido un castigo.

El comportamiento de James es un ejemplo estupendo de cómo dar la cara como persona Autista y los comentarios de sus conocidos son también una buena ilustración de cómo ser un aliado para una persona Autista. Eso no quita para que el ambiente se volviera tenso. Creo que es importante mostrar una situación en la que casi todo el mundo actuó correctamente, o al menos de una forma comprensible, y sin embargo el resultado fue un tanto insatisfactorio. Desenmascararse no es una experiencia positiva en todos los sentidos; habrá veces en que, al dar el paso de anteponer nuestras necesidades a las de los demás, ellos se sientan frustrados y decepcionados; puede que incluso se disgusten y reaccionen contra nosotros. Es fundamental que contemos con que puede haber interacciones conflictivas y que aprendamos a mantenernos firmes ante las reacciones hostiles de la gente. Mientras no hayamos sido deliberadamente crueles con alguien o hayamos violado sus derechos, no es culpa nuestra que los demás no estén contentos con lo que decimos. Al fin y al cabo, las personas neurotípicas se pisan unas a otras constantemente durante una conversación y siguen adelante sin el menor problema. Como mínimo, a los neurodivergentes debería dársenos el mismo margen para mostrarnos como seres humanos plenamente presentes con nuestros defectos.

En muchos sentidos, a nivel psicológico el enmascaramiento es similar a la codependencia: un patrón de relación que consiste en tratar de manejar o controlar las reacciones y emociones de otras personas y que suele ser resultado de abusos previos.[1] Para desenmascararnos, es necesario que dejemos de depender de que los neurotípicos nos den el visto bueno y de tomarnos su aceptación como guía de conducta. Eso significará hacer a veces «lo correcto» aun sabiendo que a la gente le va a sentar mal. La mayoría de los Autistas enmascarados necesitamos mucha práctica para desarrollar un fuerte *discernimiento*, lo cual se traduce básicamente en utilizar nuestras propias creencias y percepciones para guiar nuestra conducta, en lugar de confiar en las fugaces reacciones e impresiones de los demás. Los enmascarados solemos angustiarnos mucho cuando alguien no está contento con nosotros. La desaprobación ha sido tan peligrosa y dolorosa en nuestra vida que, hasta ahora, muchos hemos estado dispuestos a hacer lo que fuera con tal de contentar a los demás. Por eso, aprender a tolerar la angustia que nos provoca disgustar a alguien es un paso crucial para poder desarrollar seguridad en nosotros mismos y defender nuestros derechos.

Los enmascarados dependemos a cada momento de las opiniones y los sentimientos de la gente. Hacemos todo lo posible para facilitarles la vida a los neurotípicos y a las personas que nos importan; ocultamos facetas de nosotros que sabemos que les parecen molestas, extrañas o inoportunas, y vigilamos de cerca el comportamiento de todo el mundo en busca de señales de desaprobación. Es normal y saludable ser considerados, pero nosotros tendemos a dedicar tanta energía a agradar a los demás que casi no nos queda espacio cognitivo para pensar en nosotros mismos o escucharnos. Ese empeño en agradar nos impide, además, conectar con la gente de forma genuina. Para forjar un vínculo, hace falta captar realmente las emociones de una persona —buenas y malas— y responder a ellas con sinceridad. La sonrisa superficial y la imitación no nos dejan ver y valorar a los demás en toda su complejidad.

Desenmascararse en público parece casi imposible, dado que cuando estamos con la gente es como si no tuviéramos pensamientos ni sentimientos propios. Lo sé porque me he encontrado en esa situación: inhibido hasta tal punto que no tenía ni idea de lo que pensaba o quería auténticamente, incapaz de reconocer que alguien había cruzado un límite o me había incomodado hasta horas después de que ocurriera, cuando volvía a estar solo y tenía espacio para reflexionar. Aunque me gustaría poder presentar el desenmascaramiento como una experiencia exclusivamente positiva, con la que te liberas de toda ansiedad y entras en un mundo de aceptación y comprensión, sé que no es así. Cuando decidimos desenmascararnos, tiene que ser porque nos damos cuenta de que el enmascaramiento nos está haciendo daño y de que ganarnos la desaprobación de los neurotípicos no es un precio demasiado alto por salir finalmente de la trampa.

A veces, desenmascararse significa recibir miradas reprobadoras en el autobús y tener que hacer un esfuerzo abrumador para que eso no te impida seguir autoestimulándote. A veces significa tener que escribirle un correo electrónico a un amigo, días después de una discusión, para explicarle que te acabas de dar cuenta de que sus palabras te hirieron. Para los Autistas negros y marrones, desenmascararse es particularmente comprometido, ya que mostrar su discapacidad en público puede poner en peligro su vida. Para muchos de nosotros significará tomar decisiones difíciles sobre dónde nos sentimos más seguros y aceptados, y cuándo y cómo podemos desenmascararnos de la manera más eficaz. Son muchas las fuerzas que entran en conflicto cuando dejamos salir nuestro verdadero yo en una interacción social y muchos los riesgos que coexisten con las abundantes oportunidades y beneficios.

Para que el desenmascaramiento sea sostenible y saludable, tenemos que incorporar a nuestro arsenal un montón de nuevas estrategias de afrontamiento y contar con unas cuantas personas que nos quieran y estén de nuestra parte. Tenemos que estar dispuestos a resolver los conflictos que surjan en nuestras relaciones y a cuidar la conexión que tenemos con quienes de verdad nos comprenden. A veces, desenmascararnos significa tener que enseñarles a nuestros amigos y familiares neurotípicos a tratarnos mejor; y a veces, puede significar distanciarnos de aquellos con los que no merece la pena hacer ningún esfuerzo. En este capítulo encontrarás cantidad de ejercicios e investigaciones que tratan sobre cómo establecer relaciones que satisfagan tus necesidades emocionales y psicológicas como persona Autista y sobre cómo desenvolverte en los espacios públicos y en las interacciones sociales que no sean tan comprensivos ni hospitalarios.

Autorrevelarte (... cuando tiene sentido)

Cuando James interrumpió a la conferenciante y le explicó que no era capaz de entender lo que se estaba diciendo porque era Autista, estaba *revelando* su condición de discapacitado. Los resultados de las investigaciones no son unánimes en cuanto a si la *autorrevelación* de las personas Autistas es beneficiosa. Como decía, algunos estudios experimentales indican que cuando un participante neurotípico es consciente de que está hablando con un Autista, muestra menos prejuicios y más simpatía hacia él que si no lo supiera. Saber que la torpeza y la rareza de alguien provienen de una mera neurodivergencia puede hacerlas más explicables y menos repelentes o inquietantes. Sin embargo, los psicólogos no están muy seguros de que este beneficio momentáneo (observado en conversaciones privadas entre dos personas) sea extensivo a otros contextos, como grupos numerosos o el lugar de trabajo.

En un estudio reciente, la doctora Romuáldez y su equipo de investigación preguntaron a personas Autistas adultas sobre sus experiencias de autorrevelación en entornos profesionales.[2] El equipo descubrió que, aunque la mayoría de los Autistas habían «salido del armario» con la esperanza de conseguir adaptaciones y un trato más paciente en sus lugares de trabajo, el cuarenta y cinco por ciento aseguraba que la decisión no los había beneficiado en absoluto. Aunque fueron relativamente pocas las personas que declararon haber sido objeto de malos tratos tras autorrevelarse como Autistas, muchas confesaron que el trato no había cambiado en nada, lo cual las había hecho sentirse más vulnerables. Por otro lado, el cuarenta por ciento de los encuestados dijeron que salir del armario había sido totalmente positivo, ya fuera porque su supervisor estaba dispuesto a adaptarse a ellos o porque sus compañeros de trabajo se habían mostrado comprensivos y agradecidos por la sinceridad.

Otras investigaciones indican que el efecto de autorrevelarse como Autista varía mucho en función de lo informada que esté la otra persona sobre el neurotipo.[3] Cuando el conocimiento que alguien tiene del Autismo es superficial y estereotipado, tiende a reaccionar a la autorrevelación de una forma altamente estigmatizante y deshumanizadora. Es posible que, por ejemplo, se sorprenda al enterarse de que el Autismo puede darse incluso en adultos y suelte el lamentable «¡pero no pareces Autista!». A veces, la respuesta que recibe la persona Autista al autorrevelarse es de infantilización (quizá incluso se le hable literalmente como a una criatura) o se la intenta tranquilizar con un montón de palabras condescendientes sobre lo inteligente que es y lo bien que aparenta ser «normal». Si una persona Autista revela su discapacidad en el centro donde estudia o en el trabajo, puede que de repente todos la eviten, por miedo a decir algo equivocado o a ofenderla. De todos modos, conocer a un adulto Autista y tener una interacción positiva con él suele abrir la mente de los neurotípicos y predisponerlos favorablemente a aprender sobre el Autismo.

Una forma de practicar la autorrevelación sin arriesgarte a sufrir un rechazo en la vida real es a través de las redes sociales. En plataformas como TikTok e Instagram, se han hecho virales algunos vídeos de adolescentes y adultos Autistas en que se los ve responder a la música del momento sin sus «máscaras». Uno de estos vídeos, en el que aparece una joven Autista de diecinueve años autoestimulándose con los auriculares puestos, se hizo hiperpopular en julio de 2020; lo vieron más de diez millones de personas y lo compartieron a gente de todo el mundo.[4] Los comentarios sobre él han sido casi todos de apoyo y curiosidad, y la creadora del vídeo, Jay, ha continuado educando sobre el Autismo a sus seguidores con muchos otros clips. La escritora y gran usuaria de Twitter (conocido ahora como X) Nicole Cliffe se autorreveló como Autista en 2020,[5] tras años de haber escrito con gran compasión sobre el Autismo de sus hijos, y ha utilizado con frecuencia su plataforma para educar a sus seguidores sobre la realidad del enmascaramiento y las vías de compensación. Sus seguidores la han apoyado enormemente y muchos han compartido sus propias experiencias de neurodiversidad. Tras décadas de desinformación, estereotipos y alarmismo generalizados, el público ha empezado finalmente a interesarse por cómo describimos nuestras experiencias las personas Autistas, y al fin disponemos de medios para asegurarnos de que se nos escucha.

Por supuesto, tampoco en Internet es siempre una experiencia positiva ser abiertamente Autista. Conozco a una bailarina Autista negra a quien, cuando publicó en Twitter vídeos suyos autoestimulándose al ritmo de la música, se la acosó con acusaciones de estar «fingiendo» su discapacidad para llamar la atención. Ni siquiera puedo citar su tuit, porque el vídeo desató tal avalancha de recriminaciones que la autora acabó por desactivar su cuenta. Es significativo que a una mujer negra se la tratara con suspicacia por hacer exactamente lo mismo que a Jay, una Autista blanca, le había valido tantos elogios: ser abierta y alegremente Autista en Internet con la esperanza de abrir la mente del público a la realidad del Autismo.

La decisión de cuándo y cómo autorrevelarse pone a los Autistas en un doble aprieto. Para que nos conozcan, tenemos que darnos a conocer, pero normalmente lo hacemos en un clima cultural riguroso en el que es muy probable que la gente no entienda nuestras intenciones. Al salir del armario, ayudamos a contrarrestar las imágenes tergiversadas que tiene la gente de nuestra discapacidad, pero como los estereotipos vienen de muy atrás y están tan extendidos, es imposible que un solo contraejemplo deshaga todo el daño que se ha hecho. Con frecuencia, cuando alguien del grupo mayoritario se encuentra ante una información que contradice los estereotipos sobre un grupo oprimido, contesta *depreciando* la información que acaba de recibir (diciendo, por ejemplo, «¡pues no eres tan Autista!») o *subagrupando* a las personas que se desvían de los estereotipos (por ejemplo, diciéndoles «pero tú no eres como esos otros Autistas, los que están realmente discapacitados. ¡Tú eres uno de los inteligentes!»).[6]

Muchas veces, autorrevelarse significa someterse a una avalancha de invalidación e ignorancia. El efecto positivo que tendrá tu decisión no es siempre algo que vayas a percibir o que vaya a beneficiarte directamente. Crystal lleva debatiéndose con esto desde el día que la diagnosticaron. A pesar de que fueron su madre y su abuelo quienes se opusieron a que la evaluaran de niña, cuando Crystal les comunicó el diagnóstico dc Autismo reaccionaron como si fuera absolutamente inesperado y desconcertante. Incluso le dijeron que era mejor que ignorara sus rasgos Autistas; que a todo el mundo le cuesta encajar en la sociedad y seguir el ritmo. Por desgracia, esto es lo que comúnmente experimenta el primer hijo o hija de la familia que se revela como Autista. Es probable que los familiares que comparten con él o con ella rasgos Autistas no diagnosticados se pongan a la defensiva y quiten importancia a la nueva identificación de esa persona diciéndole que sus dificultades son una parte normal del vivir cotidiano. Por supuesto, esto habla de sus propias experiencias de sufrimiento silenciadas durante toda una vida. La resistencia y las reacciones bruscas pueden revelar el resentimiento que sienten los miembros de la familia por no haber recibido tampoco ellos la ayuda o el reconocimiento que merecían.

Para que la autorrevelación Autista influya positivamente en alguien, la relación con esa persona debe ser de respeto y confianza mutuos. Tiene que estar dispuesta a seguir aprendiendo y, a la luz de la nueva información, revisar su comprensión de la discapacidad. Hace poco, Crystal empezó a salir con Aaqib, un profesor de primaria que le confesó que sabía muy poco sobre el Autismo en los adultos. De entrada, sus comentarios fueron los típicos que hace la gente cuando les cuentas que eres Autista: Crystal era demasiado guapa y desenvuelta para ser Autista, y el Autismo no era «excusa» suficiente para que se le olvidara acudir a una cita que llevaban tiempo planeando. Crystal le contestó que, si quería comprenderla, necesitaba informarse un poco, y eso hizo Aaqib. Empezó a ver vídeos de personas Autistas y a leer algunos de los libros que Crystal le recomendó.

«Uno de los libros que le regalé lo vi luego al lado del inodoro, en su casa, con las esquinas dobladas —cuenta—. Al parecer, lo había leído. Lo cual no tendría por qué ser una enorme sorpresa, pero es que en mi familia nadie leyó nunca ninguno de los artículos que les envié».

Aaqib ha demostrado merecerse el paso que dio Crystal al revelarle su discapacidad y esforzarse por hacerle entender sus dificultades; la familia de Crystal, no.

Ojalá pudiera recomendar que todas las personas Autistas se muestren sonora y visiblemente discapacitadas en todos los ámbitos de su vida. Pero reconozco lo simplista e ilusoria que sería tal recomendación. Aunque es natural que en un principio nos pongamos nerviosos al pensar en autorrevelarnos y tengamos que hacer un esfuerzo para superar la ansiedad y la inseguridad, lo cierto es que solo cada uno de nosotros sabe cuáles son realmente sus circunstancias. Hay cantidad de buenas razones para revelarle a alguien tu discapacidad y otras tantas razones igual de válidas para no hacerlo. Las siguientes preguntas pueden servirte para reflexionar sobre cómo te gustaría tratar esta cuestión:

1. ¿A quién quiero revelarle que soy Autista?
2. ¿Por qué quiero salir del armario? ¿Qué espero que ocurra?
3. ¿Qué me gustaría que la gente entendiera mejor de mí?
4. ¿Cuánta energía estoy dispuesto a poner en enseñarle a esta persona lo que es «realmente» el Autismo?

5. ¿Hay alguna «petición» concreta que me gustaría hacerle, quizá alguna adaptación o un trato distinto?

6. ¿Quién me «entiende» y puede hablar en mi defensa?

Como muestran estas preguntas, desenmascararse y declararse Autista no es lo mismo, y ninguna de las dos decisiones es tampoco binaria. Por ejemplo, podrías ser abiertamente Autista estando con tus amigos y con unos cuantos familiares de confianza pero no en las grandes reuniones de familia ni en el trabajo. Podrías dedicar tiempo y energía a hablarle a la gente de tu iglesia sobre el Autismo si crees que de verdad servirá de algo o podrías limitarte a solicitar las adaptaciones concretas que necesitas, sin ahondar en los motivos. Siempre es útil tener a tu lado a una persona de confianza que pueda hablar en tu favor si es preciso.

No es responsabilidad tuya que todo el mundo comprenda lo que es el Autismo ni tienes por qué exponerte obligatoriamente a juicios y estigmas. Por ejemplo, tal vez decidas que es más fácil comunicar al departamento de recursos humanos que tienes migrañas y que por eso necesitas que instalen un dispositivo que permita regular la intensidad de las luces. Si contarles a tus amigos que te duele el estómago y no tienes ánimo para salir te resulta más fácil que decirles que en ese momento sufres de extenuación Autista, no pasa nada porque utilices esa «excusa» para cancelar los planes. Tampoco pasa nada porque salgas del armario poco a poco, familiarizándote en privado primero con tu yo desenmascarado y estableciendo luego relaciones sin máscara (o menos enmascaradas) con las personas que sientas que lo puedes hacer con tranquilidad. Puede ser un gran apoyo contar con unas cuantas personas de confianza que intervengan, como hicieron los amigos activistas de James, cuando otros duden de tu discapacidad o que te ayuden a lidiar con el agobio sensorial recordándote de vez en cuando que estés alerta a tu cuerpo para detectar señales de inquietud incipientes. Es mucho más fácil que la gente se tome en serio cualquier petición tuya si hay personas cuyo comportamiento contigo deja claro que de verdad necesitas lo que estás pidiendo. Estas son unas cuantas ideas que está bien tener presentes durante el proceso de autorrevelación:

- El Autismo no es algo por lo que tenga que disculparme.
- No es imprescindible que la gente me entienda, o que lo entienda todo sobre el Autismo, para que me traten con respeto.
- Estoy saliendo del armario, o pidiendo adaptaciones, por mí, por nadie más.

Es de vital importancia que, además de todo el trabajo individual que hacemos para desenmascararnos y pedir que se satisfagan nuestras necesidades, encontremos y cultivemos relaciones de apoyo con personas que nos faciliten la tarea. De eso trata el siguiente ejercicio: de acabar ya con cualquier tendencia a complacer a la gente y empezar a establecer relaciones más profundas con «tu gente fresa» (*your strawberry people*), como dice Samuel Dylan Finch.

Cultivar amistades desenmascaradas: encuentra a «tu gente fresa»

En su escrito sobre la tendencia Autista a ser complacientes y adular a los demás, Samuel Dylan Finch cuenta que él solía descuidar las amistades genuinas. Asociaba el querer a alguien con tener que esforzarse mucho para contentar a esa persona. Si alguien era continuamente cálido y generoso con él, Samuel desconfiaba; no creía que eso pudiera ser afecto verdadero.

«Tenía la tendencia a abandonar a amigos, parejas, conocidos, a cualquiera que fuese de verdad generoso, cálido y estuviera abierto a conectar emocionalmente —escribe—. Los que somos propensos a complacer a la gente estamos tan acostumbrados a trabajar sin descanso en las relaciones que es muy desconcertante si alguien no nos da la ocasión de hacerlo».[7]

Samuel estaba más cómodo en las relaciones inseguras y que le provocaban sentimientos ambivalentes. Salía con personas que lo trataban mal, sus contactos profesionales lo explotaban y descuidaba a aquellos que entraban en su vida y tenían el potencial para convertirse en algo más. Tras años de vivir así, se dio cuenta de que necesitaba reconfigurar los patrones cerebrales que gobernaban su comportamiento social. Lo que le resultaba familiar le hacía daño. Así que se sentó e hizo una lista de las personas que merecían su amistad.

«Creé un documento de Google con los nombres de las personas que me trataban con "demasiada amabilidad" —escribe—. En la carpeta de contactos del teléfono móvil, puse emojis al lado de sus nombres. Le puse una fresa a cada persona que era supercariñosa y el emoji de la planta recién brotada a las que me habían enseñado cosas que me habían hecho pensar o madurar».

Samuel se puso en contacto con «su gente fresa» y les dijo que quería dar prioridad en su vida a cultivar la amistad con ellos. Admitió que en el pasado no se había permitido acoger su afecto por temor a decepcionarlos. A partir de entonces, cada vez que recibía una notificación en el teléfono y veía el símbolo de la fresa o la plantita, se aseguraba de responder rápidamente y con entusiasmo. Dejó de cancelar planes con estos amigos y de crear distancias artificiosas. Los situó en el centro de su vida.

En general, los Autistas no tenemos la capacidad de intuición social que tienen los neurotípicos. A cada notificación que recibimos, tendemos a concederle la misma importancia, independientemente de lo bien que conozcamos a una persona o lo que sintamos por ella. Esto es así especialmente si somos Autistas enmascarados y nos da tanto miedo que alguien pueda molestarse con nosotros que intentamos ser igual de cordiales y atentos con todo el mundo. Por esta razón, como sustituto del instinto social que suele ser inherente en las personas alísticas, una posibilidad es colocar una serie de nombres en la categoría de favoritos o de alta prioridad, o desactivar todas las notificaciones excepto las de un chat de grupo o aplicación determinados. En lugar de tener que tomar decisiones manuales sobre a quién responder y en qué orden, el sistema de «tu gente fresa» te recuerda que ciertas relaciones te importan más que otras, porque te ayudan a cultivar un sentido más sólido de ti mismo.

Un año después de que Samuel hiciera estos cambios en su vida, mucha de «su gente fresa» formaba parte de la nueva familia que había encontrado. Le dieron su apoyo durante la terapia para tratar el TEPT y mientras se recuperaba de la anorexia. Incluso se hicieron amigos entre ellos: Samuel cuenta que todos se comunican en un mismo chat de grupo.

Las investigaciones de psicología del desarrollo han observado que los Autistas suelen tener relaciones de apego inseguras desde edad muy temprana.[8] Los patrones afectivos de una persona están determinados por sus primeras relaciones, y concretamente por la estabilidad del vínculo con su cuidador principal. La calidad de los vínculos tempranos suele determinar también la calidad de sus relaciones posteriores, tanto románticas como de otro tipo, y su capacidad para aceptar consuelo y apoyo emocional.

Tal y como lo definen los psicólogos del desarrollo, una criatura que tiene un apego seguro utiliza a su cuidador como «base» de apoyo para explorar el mundo. Gracias a la seguridad que le da ese apego, el niño se atreve a aventurarse un poco en un parque infantil al que llega por primera vez y acercarse a los elementos de entretenimiento o tratar de hacer amigos, por ejemplo, pero volverá periódicamente a su figura de apego para asegurarse de que está protegido. Cuando se lo deja solo, el niño que tiene un apego seguro experimenta tristeza o miedo, pero se calma rápidamente en cuanto vuelve su cuidador. Al llegar a la edad adulta, ese niño es capaz de establecer vínculos con relativa facilidad y de enfrentarse a las dificultades y conflictos de relación con un alto grado de estabilidad y confianza.

En cambio, hay varios patrones de apego que la psicología del desarrollo considera disfuncionales. Por ejemplo, un niño que tenga un apego ansioso no querrá alejarse de su cuidador por temor a que lo abandone y, cuando se lo deja solo, es posible que experimente una terrible angustia de la que no se recupera fácilmente. Por el contrario, un niño que tenga un apego evasivo podría no relacionarse demasiado con sus cuidadores. Se ha observado que los Autistas presentan lo que se denomina un estilo de apego «ansioso-ambivalente» en proporción más alta que la población neurotípica. A quienes tienen este tipo de apego, es muy difícil tranquilizarlos cuando se sienten perdidos o tienen miedo, ya que no tienen la sensación de que sus seres queridos más cercanos sean una «base segura» en la que encontrar seguridad y consuelo. En la edad adulta, quienes tuvieron en la infancia un apego ansioso-ambivalente suelen adoptar patrones de dependencia emocional intensa, combinada con inseguridad. Anhelan que se los acepte, pero dudan de que los demás puedan aceptarlos. Cuando alguien intenta conectar con ellos, sin darse cuenta rechazan a esa persona.

Conviene señalar que los psicólogos del desarrollo definen la «forma visible» que adopta un apego seguro basándose en cómo se presenta en los niños y adultos neurotípicos. Los niños neurotípicos que tienen un apego seguro se comunican con sus padres de una manera fácilmente reconocible, mediante el contacto visual y vocalizaciones, cosas que podrían resultarles poco naturales a muchos niños Autistas. Por otro lado, muchas de las señales que definen un estilo de apego inseguro son difíciles de distinguir de los propios rasgos neurodivergentes (y del hecho de estar traumatizado por haber vivido durante años en un mundo neurotípico). El apego evitativo, por ejemplo, se caracteriza porque el niño da la espalda a su cuidador y no lo busca cuando está angustiado. Por tanto, aunque estos comportamientos pueden indicar que un niño no se siente apoyado por su cuidador, también pueden ser señal de que es Autista y reacio al contacto físico o visual o a la comunicación verbal.

Muchos Autistas experimentamos desde una edad temprana el rechazo y la falta de comprensión por parte de nuestros cuidadores principales. Es posible que incluso nos castiguen o nos retiren el afecto por no haber acudido a ellos al estilo neurotípico. Nuestra forma de intentar conectar, como por ejemplo jugar al lado de alguien pero sin establecer contacto visual con esa persona (lo que a veces se denomina *juego paralelo*), puede confundirse con una falta de interés por relacionarnos. Una crisis Autista de gran intensidad puede interpretarse como la dificultad para calmarse que caracteriza a un patrón de apego ansioso. Por estos y otros motivos, muchos Autistas acabamos sintiéndonos muy inseguros en nuestras relaciones o sentimos que se rechazan o malinterpretan nuestros intentos más sinceros de conexión. Las «reglas» del apego neurotípico imposibilitan que se nos considere aptos para establecer vínculos regulares y saludables.

Una de las maneras en que a veces se manifiesta el estilo de apego inseguro en las personas Autistas adultas es la turbación al recibir atención o elogios. Es posible que ni siquiera estés seguro de si la atención positiva que estás recibiendo es realmente apropiada, por lo acostumbrado que estás a que se burlen de ti o se metan contigo, o a dejarte engullir en relaciones abusivas o de gran dramatismo. Podría ser una ayuda pedirle su opinión a una persona de confianza, para ver si alguien está siendo realmente «demasiado amable» contigo, como dice Samuel, o si es solo que estás tan acostumbrado a que te traten mal que la amabilidad te parece sospechosa.

Aquí tienes algunas preguntas que te ayudarán a reflexionar sobre si apartas activamente de ti los ofrecimientos de relación seguros:

¿Estás apartando de ti a «tu gente fresa»?

1. Cuando alguien te hace un cumplido, ¿sientes que tienes que quitarle importancia?
2. ¿Hay personas en tu vida que te parecen «demasiado amables»? ¿Quiénes son?
3. ¿Tienes miedo de confiar en la gente porque sientes que podrían abandonarte?
4. Cuando alguien es atento contigo, ¿te entra pavor?

5. ¿Piensas veladamente que quienes son amables y cariñosos contigo se merecen algo «mejor» que ser amigos tuyos?

6. Cuando alguien se abre a ti y se muestra vulnerable, ¿encuentras formas de quitarle importancia?

7. ¿Te cuesta demostrarle a alguien la simpatía que le tienes?

Estas preguntas van directas a la raíz de las dudas sobre nosotros mismos, y de la necesidad de protegernos, que nos llevan a muchos Autistas a mantener la distancia emocional. La mayoría tenemos un montón de razones fundadas para temer a la gente. Cuando era más joven, muchas de las personas que se interesaban por mí eran chicas que querían «enseñarme» a ser más mujer. A veces, compañeros y compañeras de clase y de trabajo se acercaban a mí porque necesitaban ayuda con los deberes o con algún escrito. Empecé a dar por sentado que si alguien se interesaba por mí era porque quería jugar a arreglarme para divertirse un poco o porque creía que le podía ser útil. Pensaba que cada cumplido que recibía contenía una crítica velada y que esa persona en realidad quería crearme inseguridad para poder manipularme a su antojo.

A los Autistas nos cuesta mucho distinguir entre los amigos que nos aprecian de verdad y los conocidos que tienen una respuesta superficial favorable a la máscara que les mostramos. Una forma de discernir la diferencia es fijándonos en quiénes se han quedado a nuestro lado cuando hemos tenido un comportamiento mucho menos que perfecto. Nunca podrás relajarte con alguien si su aprobación es condicional. He aquí algunas preguntas que yo me hago para distinguir entre las personas que merecen el emoji de la fresa que utiliza Samuel y las que solo están interesadas en el yo agradable y adulador:

1. ¿A quién puedo expresarle cómodamente que discrepo de su opinión?

2. ¿Quién me ayuda a reflexionar sobre mis opiniones y decisiones sin prejuicios ni críticas?

3. ¿Quién me dice sinceramente que un comportamiento mío le ha hecho daño y me da una auténtica oportunidad de mejorar?
4. ¿Quién me trata con respeto en todas las circunstancias?
5. ¿Quién me hace sentir rejuvenecido o inspirado?
6. ¿Quién hace salir mi lado espontáneo y juguetón?
7. ¿Hay alguien con quien quiera intentar ser más abierto y comunicarme sin filtros?

Cuando pienso detenidamente en estas preguntas, me vienen a la mente un puñado de amigos que me tratan bien, que son francos conmigo y con los que sé que puedo contar. Su afecto es constante y se manifiesta en pequeños gestos, como recordar los detalles de experiencias que les he compartido. Cuando no estamos de acuerdo, estos amigos intentan comprender mi punto de vista o reflexionan sobre por qué veo las cosas como las veo. Si digo algo frívolo e hiriente, me lo comentan porque les importa nuestra amistad, pero no disfrutan haciendo que me avergüence. Son claros conmigo, me piden ayuda cuando la necesitan y no me reprochan mi torpeza cuando a veces intento estar a su lado y no lo consigo del todo. Estos amigos suelen ser también las personas con las que puedo compartir emociones confusas u opiniones a medio formar, y con las que me siento cómodo siendo raro, patético o haciendo el tonto. Su apoyo me da un lugar seguro en el que aterrizar cuando estoy enfadado, triste u obsesionado con algo que ha dicho un compañero de trabajo y a lo que no acabo de encontrarle sentido.

Y a la inversa, he descubierto que puedo identificar quién no está destinado a convertirse en una de «mis personas fresa» reflexionando sobre estas preguntas:

1. ¿A quién me obligo a dedicarle tiempo y energía por un sentimiento de obligación o culpa?
2. ¿De quién siento que tengo que ganarme la aprobación?

3. ¿Quién hace que me sienta inseguro, como si nunca diera la talla?
4. ¿Quién me resulta agotador?
5. ¿Con quién necesito tener cuidado con lo que digo?

Las personas que entran en esta categoría suelen ser extravertidas y es cierto que a veces me prestan mucha atención, pero solo de forma superficial. Puede que muestren interés por mí, pero sus preguntas son ligeramente punzantes o parecen una especie de cuestionario. Estar con ellas no me ayuda a relajarme y a prescindir de la máscara; me hace estar en guardia en todo momento. A algunas de estas personas las encuentro muy divertidas o interesantes, pero las he visto condenar a alguien al ostracismo por cometer un pequeño error de relación o castigarlo por tomar una decisión con la que ellas no estaban de acuerdo. Una de las personas que me vinieron a la mente es un amigo absolutamente encantador, pero que he visto que solo me dice de una forma muy vaga que lo he decepcionado y se niega a explicarme en qué sentido o qué he hecho. Otra amiga que me vino a la mente es una escritora mayor que yo a la que admiraba, pero que cada vez que quedábamos me sermoneaba sobre lo frío, intelectual y arrogante que soy. Aunque algunas de las observaciones que hacía eran acertadas, nunca me sentía aceptado en su presencia, ni siquiera tenía la sensación de caerle bien. No parecía que tuviera el propósito de ayudarme a madurar, sino de bajarme los humos.

Cuanto más tiempo pases con «tu gente fresa», más desenvuelto te sentirás en la comunicación con los demás y menos asociarás el contacto humano con una actuación falsa y estresante. Pasar tiempo de calidad con personas con las que te sientes relajado ayuda también a que desarrolles habilidades sociales que trasladar luego a otras relaciones. Los neurocientíficos han observado que el cerebro Autista sigue desarrollándose en áreas asociadas a las habilidades sociales hasta mucho después de lo que es habitual en el cerebro neurotípico.[9] En un estudio realizado en 2011 por la doctora Bastiaansen y su equipo, se observó que un grupo de sujetos Autistas que en la adolescencia presentaban mucha menos actividad que los alísticos en la circunvolución frontal inferior (un área del lóbulo frontal que participa en la interpretación de las expresiones faciales) cuando llegaron a los treinta años no mostraban diferencias con respecto a los no Autistas. En otras palabras, los cerebros Autistas acabaron «alcanzando» a los cerebros neurotípicos en cuanto a capacidad de procesamiento e interpretación de las expresiones faciales como datos sociales. Otros estudios han revelado que las personas Autistas de más de cincuenta años tienen prácticamente la misma capacidad que las alísticas para comprender las motivaciones y emociones de los demás.[10]

Los investigadores no saben con seguridad a qué se deben estos cambios, pero ven en ellos un sólido motivo para concebir el Autismo como una discapacidad o retraso del desarrollo. Por mi parte, sospecho que los Autistas mejoramos con el tiempo en la interpretación de los rostros y la comprensión del comportamiento humano porque desarrollamos nuestros propios sistemas y trucos para entender el mundo y podernos desenvolver. Tal vez nos habríamos desarrollado al mismo ritmo que las personas neurotípicas si se nos hubieran dado a edad temprana las herramientas apropiadas. A nuestro cerebro, los guiones y atajos sociales que el cerebro neurotípico asimila y pone en práctica con facilidad no le dicen nada, así que tenemos que enseñarnos a nosotros mismos a desarrollar instintos sociales.

Los Autistas vamos mejorando en la lectura de las expresiones faciales a medida que cumplimos años y tenemos más experiencia de contacto social. Pero independientemente de esto, merecemos vivir en un mundo en el que la gente neurotípica haga también un esfuerzo por entendernos a nosotros. Cuando estamos con personas que no nos dan terror ni nos hacen sentirnos socialmente desvalidos, es posible que nos cueste menos establecer contacto visual, iniciar una conversación y expresarnos con confianza.[11] Pero el hecho de que seas Autista significa que quizá nunca te libres por completo de la ansiedad social o de la tendencia a reaccionar ante la sola idea de que te abandonen. Y lo cierto es que tampoco tienes por qué aprender a expresarte o a conectar con los demás de una manera que a la gente neurotípica le parezca satisfactoria. Si el contacto visual te resulta abrumador y físicamente doloroso, es más importante que seas auténticamente tú y no mirar a la gente a los ojos que intentar que no te incomode establecer contacto visual. Relacionándote con personas de mente sana que te apoyen, puedes aprender a abrirte y a expresarte de una manera que sea eficaz y a la vez te resulte cómoda. Esto tiene como beneficio añadido que, a medida que vayas sintiéndote más y más a gusto en tu propia piel, tal vez descubras que ya no te sientes tan intimidado por la gente ni tan desconcertado por sus comportamientos.

Comunícate con claridad y sinceridad

Los Autistas solemos preferir los mensajes claros, explícitos, que no dependan del tono en el que se verbalizan ni de las señales no verbales que los acompañan. Nos gusta que se nos diga con la mayor precisión lo que se espera de nosotros y que se nos den abundantes oportunidades de hacer preguntas para aclarar cualquier duda. Cuando las personas alísticas con las que tratamos entienden o comparten estas necesidades, la relación con ellas se abre y permite que haya una conexión mucho más expansiva y profunda. Cuando aceptamos las características particulares de nuestro estilo de comunicación y su lado positivo, nos sentimos además mucho menos ineptos y desautorizados en contextos sociales.

La siguiente tabla sintetiza algunas de las necesidades más comunes que tenemos los Autistas para poder asimilar lo que se nos quiere comunicar. Puedes compartirla con personas neurotípicas de tu entorno, o con organizaciones que tengan interés en ser más accesibles a todos, o tomar nota de esas necesidades a nivel personal para pedir algunos ajustes que agradecerías.

NECESIDADES COMUNES DE LAS PERSONAS AUTISTAS PARA UNA COMUNICACIÓN EFICAZ	
Necesidad general	Algunas adaptaciones que podrías solicitar
Expectativas claras	• Planes específicos con detalles sobre la hora, el lugar y lo que es probable que ocurra. • Un «sí» o un «no» inequívocos, sin eufemismos como «vale, déjame que lo piense». • Un orden del día que se entregue con antelación y se respete. • Material de lectura concreto, preguntas y temas de debate antes de una mesa redonda, una entrevista u otro acto público que pueda causarte tensión. • Instrucciones detalladas, paso a paso, de cómo realizar una tarea. • Resultados u objetivos específicos y medibles.

NECESIDADES COMUNES DE LAS PERSONAS AUTISTAS PARA UNA COMUNICACIÓN EFICAZ	
Necesidad general	**Algunas adaptaciones que podrías solicitar**
Mensajes explícitos	• Que nadie dé por hecho que su expresión facial, tono de voz, postura, modo de respirar o lágrimas son indicadores claros de cómo se sienten. • Que den explicaciones directas de sus sentimientos: «En este momento estoy decepcionado porque...». • Que reconozcan y respeten los límites personales: «No parece que Sherry quiera hablar de eso ahora mismo». • Que no juzguen ni castiguen a nadie por no saber leer entre líneas. • Que hagan preguntas cuando no sepan cómo responder en determinada situación: «¿Qué te gustaría que hiciera al respecto?».

281

NECESIDADES COMUNES DE LAS PERSONAS AUTISTAS PARA UNA COMUNICACIÓN EFICAZ	
Necesidad general	Algunas adaptaciones que podrías solicitar
Aligerar la carga sensorial o social	• No exigir o esperar que alguien establezca contacto visual durante conversaciones intensas. • Conceder espacio físico y psicológico para tratar temas conflictivos, por ejemplo durante un paseo, un viaje en coche o mientras se está haciendo algún trabajo manual. • Dar libertad para que alguien exprese sus emociones y opiniones en un mensaje de texto, un correo electrónico o una nota escrita a mano. • Concederle a alguien tiempo para que reflexione a solas sobre lo que siente o piensa. • Aprender a reconocer la actitud aduladora y los indicios de una crisis inminente. • En situaciones sociales, facilitar descansos frecuentes o un espacio tranquilo al que la gente pueda retirarse.

Lo mismo que nos gusta la comunicación directa, estamos más que dispuestos a ofrecerla nosotros también; de hecho, a veces demasiado dispuestos. A lo largo de nuestra vida, a los Autistas enmascarados se nos castiga por pedir claridad, ser francos o decir abiertamente lo que otros prefieren insinuar con indirectas; y con el tiempo, aprendemos a filtrar nuestro modo de expresarnos. Sin embargo, en la edad adulta, con más experiencia y habilidad para defendernos, podemos empezar a examinar nuestro estilo de comunicación y convertir nuestras peculiaridades comunicativas en ventajas. Ni sé las veces que he intervenido en una reunión de trabajo para preguntar cuál era el verdadero objetivo de la reunión. Tanto en el mundo académico como en el de la organización política, es bastante común que la gente convoque una reunión cuando tiene la sensación de que hay que hacer algo, pero sin saber exactamente qué o cómo conseguirlo. Mi cerebro Autista hiperanalítico necesita estructura, y debido a la ansiedad social y a mis peculiaridades sensoriales quiero que la mayoría de las reuniones acaben lo antes posible. Así que, cuando el diálogo parece haber perdido el rumbo y los participantes empiezan a dar vueltas sin decir nada sustancial, tengo la tendencia a asumir el papel de moderador no oficial. Si alguien empieza a dar rodeos para expresar sus reservas, intento comprender su punto de vista y expreso explícitamente mi perspectiva. Si alguien, sin darse cuenta, se comporta de forma inapropiada o es ofensivo, redirijo la conversación en cuanto puedo. En esta clase de situaciones, muchos Autistas pueden hacer buen uso del «pequeño profesor» que llevan dentro y de su instinto enmascarador, utilizando las técnicas que antes empleaban para aplacarse y suavizar la intensidad de sus emociones con fines más prosociales.

El invierno pasado, asistí a una reunión del Comité de Diversidad e Inclusión en la universidad donde trabajo. Para romper el hielo, el organizador nos pidió que nos presentáramos y contáramos lo que más echábamos en falta de nuestra vida anterior a la pandemia.

Como pregunta para romper el hielo, la verdad es que era francamente insensible. En aquellos momentos, muchos llevábamos casi un año aislados y estábamos desesperados por tener contacto social, contacto físico y acontecimientos que nos ilusionaran. Estaba siendo un invierno angustiosamente sombrío y solitario, como colofón a un año horrendo, sembrado de muertes. Entre los asistentes, seguro que algunos habían perdido a personas queridas a causa del COVID. Pero, por supuesto, en una reunión de trabajo no puedes decir que lo que más echas en falta de la vida anterior a la pandemia es a alguien de tu familia a quien querías con todo tu corazón. No, tienes que buscar una respuesta aséptica y apropiada al contexto laboral; puedes decir, por ejemplo, que echas de menos comer en tu restaurante peruano favorito. La disonancia me revolvió el estómago. Así que, cuando fue mi turno de presentarme al grupo, dije: «Hola a todos, soy Devon, y creo que voy a pasar del "rompehielos". Si empiezo a decir todo lo que echo en falta de la vida antes del COVID, ¡voy a echarme a llorar!».

La gente se rio, identificándose con el comentario, que me aseguré de hacer en un tono desenfadado. No quería que el moderador se lo tomara como una crítica, pero me pareció importante resaltar lo desacertada que había sido su pregunta. El enmascaramiento y la honestidad no eran fuerzas contrapuestas en aquel momento: una facilitaba la otra.

Después de esto, otros participantes optaron también por no responder a la pregunta rompehielos. Uno de ellos me envió un mensaje privado en el que me daba las gracias por lo que había dicho. Luego, avanzada ya la reunión, expresé mi desánimo porque el comité no hubiera dicho nada sobre la propuesta que habían hecho muchos de los estudiantes negros de Loyola, que pedían que se eliminara del campus a la policía. Reconocí que, en conjunto, los objetivos del Comité de Diversidad e Inclusión (entre los que estaban, por ejemplo, contar el número de académicos de color que figuraban en los programas de varios cursos) me parecían insuficientes y que en mi opinión teníamos que hacer más para atajar la violencia policial que era habitual en nuestro campus. Como persona blanca, Autista, alineada con el sexo masculino y valorada por mi franqueza, sabía que podía tomarme la libertad de plantear cuestiones que otros no se habrían atrevido a exponer.

En el pasado, las primeras veces que me expresé así, me daba un poco de miedo parecer supergrosero. Por el contrario, casi siempre se me agradecía. He comprendido que para muchas personas alísticas es un alivio que alguien les hable con claridad. En el trabajo, la franqueza Autista dispensada con tacto puede resultar muy útil. Frases como «no, no tengo tiempo para tonterías», «esto me incomoda» o «¿qué presupuesto tienes?» desbaratan las artificiosas actuaciones sociales y hacen que las vaguedades den paso a cosas concretas. Todavía hay ocasiones en que puedo sonar demasiado cortante, o decir algo incómodo en el momento más inoportuno, pero en general he descubierto cómo poner mi franqueza Autista a mi servicio, tras muchos años de procurar esconderla.

Aunque los Autistas tenemos fama de ser «malos» comunicadores, los datos demuestran que no es cierto. En un estudio publicado en 2019, la doctora Crompton y sus colaboradores vieron que cuando se emparejaba a dos personas Autistas para que realizaran juntas una tarea, eran comunicadoras sociales muy eficaces: conseguían transmitirse una a otra numerosos conocimientos y matices en un breve espacio de tiempo, completar la tarea con rapidez y conectar entre sí.[12] En cambio, cuando se las emparejaba con un interlocutor no Autista, este solía malinterpretar lo que decían y no las escuchaba con atención. El estudio parece indicar que buena parte de lo que se consideran normalmente «déficits sociales» del Autismo no son en realidad déficits, sino simples peculiaridades de nuestro estilo de comunicación que no concuerdan con las expectativas neurotípicas.

Cuando las personas neurodiversas pedimos que se nos den mensajes explícitos, todo el mundo se beneficia de ello. La comunicación vaga y simbólica es más difícil de entender si eres Sordo o tienes dificultades auditivas; si eres inmigrante, de una cultura diferente con modismos distintos; si no dominas el idioma, o si tienes ansiedad social. Cuanto más sofisticada y simbólica sea una cultura, más les costará desenvolverse a las personas ajenas a ella. De hecho, en algunos casos esto se utiliza deliberadamente como método de control y exclusión. A los académicos, por ejemplo, se nos enseña a escribir en lenguaje seco y pasivo y a utilizar la jerga todo lo posible, como muestra de nuestro intelecto y seriedad. Como la escritura académica es difícil de entender y tiene difusión exclusivamente dentro del mundo académico, ser capaz de comprenderla se ha convertido en señal de que «perteneces». Pero una escritura difícil de entender es, por definición, una escritura menos eficaz. Lo mismo ocurre en el mundo de los negocios, donde el lenguaje se basa en una jerga hiperespecífica y en una variedad de metáforas deportivas, que hacen que cualquiera que no esté familiarizado con su cultura y su estilo de comunicación machistas se sienta forzosamente excluido. Es imprescindible derribar esta clase de barreras para construir una comunidad diversa y fluida, capaz de evolucionar y madurar.

Antes creía que era un inepto por no saber leer entre líneas al oír el discurso neurotípico. Ahora sé que a la mayoría de la gente neurotípica tampoco se le da muy bien. Las personas no Autistas procesan situaciones complejas de forma intuitiva y eficiente, pero cometen muchos errores. Piensa en la cantidad de veces que has visto a alguien extravertido y seguro de sí mismo malinterpretar una situación, interrumpir a su interlocutor o decir algo ofensivo, aparentemente sin darse cuenta o sin que le importe. Todos estos actos tienen consecuencias negativas, pero por lo general la persona alística que los comete no tiene que cargar con ellas; les toca a quienes están a su alrededor arreglar el desbarajuste, aclarar la equivocación o tratar de aliviar los sentimientos heridos. Una de las cosas más liberadoras que he aprendido como Autista es que no tiene nada de perjudicial que haga preguntas, que intervenga cuando es necesario o que exprese con sinceridad lo que siento o pienso. Cuando le dices a alguien lo que quieres y necesitas, tienes más posibilidades de conseguirlo. Y además, haces que también los demás se sientan libres para expresar abiertamente lo que necesitan ellos.

Suelta ya las expectativas neurotípicas

«Cuando llega una compañera nueva con la que voy a compartir piso —cuenta Reese—, le anuncio que no siempre estaré en disposición de fregar los platos. "Se van a quedar ahí, y no puedes contar con que es mi responsabilidad fregarlos. Si supone para ti un problema, no podemos vivir juntas"».

Hasta que a los veintitantos años descubrió que era Autista, la escritora y estríper Reese Piper tenía serias dificultades para poner orden en su vida. Era extravertida y sociable, y sacaba buenas notas, pero por alguna razón no conseguía llegar puntual a ningún sitio, y el tema de la limpieza era superior a ella. Tenía la ropa llena de manchas y se manchaba la cara cuando comía. Además, se le olvidaba contestar a los mensajes de texto y solo era capaz de mantener un par de amistades íntimas a la vez. Descubrir que era Autista no cambió fundamentalmente ninguna de estas cosas, pero sí le ofreció a Reese un contexto de por qué la vida le había resultado siempre tan difícil.

Dice: «Tengo una discapacidad y la he tenido siempre. Y dado que es una discapacidad, tengo derecho a recibir cierta ayuda, y admitir esto es bueno».

Antes de aceptarse como Autista, Reese pasó un tiempo intentando ocultar todos los «indicios» de su condición de discapacitada. En el club de estriptis en el que trabajaba, sabía mostrarse simpática y glamurosa, y seducir a los clientes para que le pidieran muchos bailes. Tenía facilidad para aprenderse los guiones sociales. Pero a cualquiera que diera señales de poder convertirse en amigo suyo o compañero sentimental, lo mantenía a distancia; no quería que nadie viera que tenía el coche lleno de basura o los platos acumulándose en el fregadero. Mantener el mundo a raya era para ella la parte más agotadora del enmascaramiento. Parecer una «adulta» funcional le exigía vivir con miedo, siempre disimulando y pidiendo disculpas. Para ella, la parte más crucial del proceso de desenmascararse ha sido admitir abiertamente de qué es capaz y de qué no, y dejar que cada cual se lo tome como quiera.

«Me daría mucha vergüenza que ahora mismo alguien entrara en mi coche, porque es como un contenedor de basura —afirma—. Pero si alguien necesita de verdad ir a algún sitio, me diría: "¡A la mierda, si no le gusta el coche es problema suyo! Tampoco es para tanto, solo está desordenado"».

Muchas personas Autistas, Reese entre ellas, entienden que aceptarse a sí mismas como son consiste menos en sentir un amor propio impecable y sereno que en poder decir «¡a la mierda, si no les gusta es problema suyo!», porque esto es lo que realmente las libera del deseo de esconderse. Reese está decidida a ser sincera sobre quién es, incluso aunque eso pueda ahuyentar a posibles compañeras de piso con las que de todas formas no habría encajado. Poco a poco, ha ido dejando de medir su vida tomando como referencia los estándares neurotípicos.

Algunas personas Autistas creen que el objetivo final de desenmascararnos es superar todo el estigma que hemos interiorizado y vivir libres de vergüenza para siempre. Yo no creo que sea realista ponernos el listón tan alto. El capacitismo es una fuerza social omnipresente de la que no podemos escapar por completo; pero lo que sí podemos hacer es aprender a observarlo como un sistema de valores culturales exterior a nosotros y que a menudo va en contra de nuestros valores personales. La voz que oigo sonar en la cabeza diciéndome que es patético no saber cocinar no es mi voz, es la programación social que habla desde mi interior, y no tengo por qué escucharla. En lugar de eso, puedo conectar con la parte de mí a la que le apasiona leer, escribir, bailar en las fiestas y dedicar horas y horas a los videojuegos, y reconocer que si alimentarme de tentempiés y comida rápida me deja más tiempo para honrar a esa persona, el intercambio merece la pena. También puedo recordarme que vivo en un mundo que exalta la hiperindependencia hasta un extremo ridículo y aislador. A lo largo de la historia y en muchas culturas diferentes, la mayoría de los individuos no se hacían cada uno su comida.[13] La comida era un trabajo comunitario, o había personas especializadas que se encargaban de hacerla, porque era una tarea que requería mucho tiempo y dedicación. ¡La comida rápida y los puestos de comida callejeros existen desde la antigüedad! Tradicionalmente, la mayoría de las residencias privadas ni siquiera tenían cocina, porque la gente vivía menos aislada y la responsabilidad de preparar la comida se repartía entre la comunidad. No pasa nada porque necesite ayuda para alimentarme. Si viviera en una época y un lugar en los que no era responsabilidad de cada persona prepararse individualmente su comida, la falta de destreza para esta clase de cosas no sería en absoluto discapacitante.

Como la realidad es que vivimos en un mundo tan individualista, muchos Autistas hemos aprendido a ser comprensivos con nosotros mismos y a aceptar tranquilamente que necesitamos ayuda. La mayoría de los seres humanos (tanto neurotípicos como neurodiversos) no tenemos capacidad para hacerlo todo solos, de modo que, si queremos vivir una vida plena, podemos elegir entre pedir la ayuda que necesitamos o desentendernos de algunas obligaciones. Esto es algo que ocupa un lugar central en el trabajo de la asesora Autista Heather Morgan: reta a sus clientes (y se reta a sí misma) a comparar y contrastar sus valores personales con la forma real en que viven su día a día.

«Estoy casada y soy madre de dos hijos, y entre los cuatro tenemos un montón de discapacidades y excepcionalidades que por un lado limitan la energía de la que dispongo y por otro me dan mucho trabajo —escribe Heather en su blog—. Así que constantemente oigo una letanía de voces y prioridades que se pelean entre sí compitiendo por mi tiempo y mi atención».[14]

Heather Morgan da clases, escribe, asesora a sus clientes y está terminando un posgrado en Teología. Es una mujer muy ocupada, y debido a su discapacidad física tiene que hacer muchas de las cosas mientras descansa en la cama. Le es sencillamente imposible encontrar el tiempo o la energía para ocuparse de todo, pero ella sabe muy bien quién es y qué es lo que más le importa en la vida, y eso le permite saber qué tareas tienen prioridad, a qué dice «sí» y de qué se desentiende.

Heather ha hecho el mismo ejercicio de «Integración basada en valores» que utiliza con sus clientes y ha recordado momentos importantes de su pasado que la hicieron sentirse intensamente viva. Ha profundizado de verdad en esos recuerdos clave para averiguar qué los hizo tan extraordinarios y ha descubierto los tres valores que tienen en común: sinceridad, conexión y transformación. Esas son las tres cualidades prioritarias en su vida, y acostumbra a contrastar esos valores con los ritmos de su realidad cotidiana. Para Heather, examinar si su vida actual está en consonancia con sus valores se concreta en formularse cuatro preguntas, que he adaptado y desarrollado en el siguiente ejercicio de reflexión. Para hacerlo, te ayudará tener a mano la lista de valores que escribiste en el ejercicio de «Integración basada en valores», en la página 28.

INTEGRACIÓN BASADA EN VALORES[15]
¿Tu vida actual está guiada por tus valores?

1. ¿Qué estoy haciendo con mi vida en este momento?
Pregúntate: ¿en qué empleas tu tiempo cada día? Intenta llevar un registro detallado de cómo pasas los días durante al menos una semana.

2. ¿Qué coincide con mis valores y qué me da alegría?
Reflexiona: después de llevar un diario detallado de tus actividades durante una semana, mira atrás y anota cuáles de ellas coinciden con tus valores y cuáles no. Puedes asignar un color a cada uno de tus valores, y utilizar rotuladores fluorescentes de cada color para marcar qué actividades son coherentes con ellos.

3. ¿Qué temas recurrentes encuentras?
Fíjate: ¿existen patrones en las actividades que mejor sensación te dejan cuando las terminas? ¿Se repite algún patrón en las cosas que siempre te motivan y que estás deseando hacer? ¿Qué tienen en común las actividades que son coherentes con tus valores? ¿Y las que no?

4. Suelta lo que no es realmente obligatorio.

Busca ayuda: como dice Heather, «¿Hay tareas que podría hacer otra persona en vez de tú? ¿Dedicas parte de tu tiempo a algo que no es necesario hacer con tanta regularidad o que podrías simplemente no hacer?».

Este tipo de ejercicios ponen de manifiesto las distintas maneras en que «tiramos» el tiempo tratando de satisfacer las expectativas de las personas neurotípicas que haya en nuestra vida o sencillamente intentando ajustarnos a una idea vaga de lo que creemos que la sociedad espera de nosotros. En cuanto somos capaces de poner un poco de distancia entre estas exigencias tácitas y la persona que realmente somos, empieza a ser mucho más fácil decir «no».

En su blog, Heather habla de un cliente suyo que, al terminar el ejercicio, se dio cuenta de que dedicaba dos horas cada noche a aspirar la casa y limpiar la cocina no porque le gustara (o porque le agradara el resultado), sino porque había aprendido de su madre que eso era lo que había que hacer. Poco después, dejó de hacerlo.

Mi amigo Cody es una persona Autista que tiene un pasado traumático, y fue para él todo un descubrimiento comprender que nunca podría ejercitarse de la forma en que la sociedad establece que «debería hacerlo» una persona sin discapacidad. En el caso de Cody, cualquier actividad que acelere el ritmo cardíaco le trae a la memoria la experiencia de los malos tratos. En su infancia, cuando le faltaba el aire era por un único motivo: que estaba intentando escapar de una situación peligrosa. Su cuerpo es un instrumento de autoprotección exquisitamente afinado, pero incompatible con el ejercicio físico extenuante. Así que ha decidido hacer las paces con este hecho y dedicarse solo a aquellas actividades físicas que lo hacen sentirse bien, como los calentamientos suaves, mantener el cuerpo a flote o recibir un masaje.

Cantidad de adultos Autistas que conozco han visto que, para vivir sanos y tranquilos, tienen que renunciar a ciertas cosas. Muchos de nosotros (incluido yo) hemos renunciado a cocinar, por ejemplo, por lo laborioso que es y toda la planificación y tiempo que requiere: medir los tiempos de cocinado y hacer la compra, preparar la lista de ingredientes, recordar los que ya tienes en casa, deshacerte de las sobras antes de que empiecen a oler, adivinar con días de antelación qué sabores y texturas serás capaz de tolerar... El esfuerzo es tan grande que no merece la pena. Así que nos despreocupamos del tema por completo y nos alimentamos de tentempiés precocinados y comida rápida. O le pedimos a alguna persona querida que se encargue de planificar las comidas y hacer la compra; nosotros tenemos ya suficiente con cuidar de alimentarnos y de sacar energía y tiempo para dedicar a las cosas que más nos importan.

Muchos Autistas enmascarados, al enterarse en la edad adulta de que llevan toda la vida cuidando en secreto de una discapacidad, sienten que el mundo se les viene encima. Adaptar el concepto que uno tiene de sí mismo es un largo proceso. Puede conllevar rabia, pesar, vergüenza y docenas y docenas de revelaciones diarias: «Ah, ¿o sea que eso era cosa del Autismo?». Aunque muchos acabemos reconociendo la identidad Autista como algo netamente positivo, aceptar nuestras limitaciones es una parte igualmente importante del viaje. Cuanto mejor sepamos en qué aspectos somos excelentes y en cuáles necesitamos ayuda, más posibilidades tendremos de crearnos una existencia vivamente interdependiente, sostenible y enriquecedora.

La última pieza del puzle (y creo que una pieza crucial) es reajustar tus expectativas de cómo es una vida Autista normal o saludable. La mejor forma de normalizar tu neurotipo es rodeándote de otras personas Autistas y discapacitadas, asimilando la rica diversidad de nuestro colectivo y aprendiendo a apreciar toda la variedad de singulares formas de vivir.

Encontrar (y crear) tu comunidad

«Lo que la mayoría de la gente "normal" y un poco "vainilla" no entiende –dice Tisa–,* es que el mundo *kink* está lleno de empollones Autistas. La gente piensa que es un ambiente raro, oscuro, que da miedo, cuando en realidad se parece más a un puñado de *nerds*, estudiosos frikis aprendiendo a usar distintos tipos de cuerda y a estimularse dejándose dar unos azotes, y cosas así».

Tisa organiza una convención anual de BDSM en un barrio del Medio Oeste de Estados Unidos. Su aspecto es el que cabría esperar de alguien que se mueve en ese ambiente: largas trenzas moradas que le llegan hasta la cintura, toda clase de prendas negras y un montón de *piercings*. También es una *nerd* Autista obsesionada con el detalle. Cuando no está ocupada con la logística de montar una mazmorra en el centro de conferencias de un hotel, se entrega apasionadamente con sus amigos a los juegos de rol o pinta figuras en miniatura. Tisa cuenta que sus círculos sociales de *nerds* y sus círculos de *kinks* se solapan enormemente. Las personas neurodivergentes abundan en ambos.

«A los Autistas nos encanta perdernos durante cinco horas en una campaña de Dragones y mazmorras,** y a algunos también nos encanta, ya sabes, la experiencia sensorial de que nos aten. Ambas comunidades son para gente marginal».

---

* N. de la T.: «Sexo vainilla» es el nombre que reciben las conductas sexuales que entran en el rango de lo que se considera normal en una cultura o subcultura dadas, y se refiere generalmente a aquellas que no incluyen elementos de BDSM, parafilias, *kinks* o fetichismos. La expresión proviene de asociar las conductas sexuales convencionales con entrar en una heladería y elegir, de entre toda la variedad de sabores, helado de vainilla. (*Kinks*: conceptos o fantasías sexuales no convencionales. BDSM son las siglas formadas con la combinación de las iniciales de los siguientes pares de palabras: *bondage* y disciplina; dominación y sumisión; sadismo y masoquismo. *Bondage*, en francés e inglés, 'esclavitud' o 'cautiverio', es una práctica erótica basada en la inmovilización del cuerpo de una persona).

** N. de la T.: *Dungeons & Dragons* (en castellano: *Dragones y mazmorras* o *Calabozos y dragones*) es un juego de rol de fantasía heroica actualmente publicado por Wizards of the Coast. Una campaña de *D&D* es una experiencia compartida, en la que los jugadores se reúnen alrededor de una mesa, dándose la mano, para crear una narrativa conjuntamente.

Los Autistas hemos creado desde cero muchas comunidades especializadas, tanto por necesidad como porque nuestros intereses y modos de ser son, en fin, raros. Si entras en una convención *furry*,* en un club de anime, en una mazmorra BDSM, en una casa de okupas anarquistas o en un circuito competitivo de videojuegos, te aseguro que encontrarás allí a docenas de personas Autistas, muchas de ellas en puestos organizativos o de liderazgo.

El concepto de *fandom* es de creación Autista. En su libro *Neuro-Tribes* [Neurotribus], Steve Silberman habla de los *nerds* Autistas de principios del siglo xx que viajaban por todo Estados Unidos en coche, a pie e incluso saltando de tren en tren para conocer a gente que compartiera sus mismos intereses.[16] En los primeros tiempos de la ciencia ficción, los adultos Autistas crearon las primeras revistas de aficionados y se intercambiaban relatos por correo postal y a través de la radio.[17] Los Autistas contribuyeron a planificar las primeras convenciones de ciencia ficción que se organizaron y estaban entre los primeros *trekkies* y escritores de *fan fiction*.** Mucho antes de que existiera Internet, los *nerds* Autistas se encontraban unos a otros por medio de anuncios personales que se publicaban en la contraportada de las revistas. Una vez que Internet empezó a funcionar, los Autistas lo llenaron de foros, salas de chat, juegos multijugador de participación masiva y otras actividades en línea que les permitieran encontrarse y organizarse como comunidad.[18]

No es solo que los Autistas tiendan a obsesionarse con temas hiperespecíficos y tengan las habilidades técnicas necesarias para construir estas redes de contacto.[19] Lo que mueve a muchos Autistas

---

* N. de la T.: Encuentro formal de los miembros del *furry fandom*: gente que tiene interés por el concepto de personajes animales con características humanas. (*Furry,* del inglés 'peludo', 'con pelo').

** N. de la T.: *Trekkie* (a veces también *trekker*) es el término utilizado para referirse a los *fans* de *Star Trek*. *Fan fiction* puede traducirse como 'ficciones de *fans*', creadas por *fans* y para *fans,* a partir de un texto original o personaje famoso. La expresión empezó a utilizarse hacia finales de 1930 entre los *fans* de la ciencia ficción para referirse a los *amateurs* que publicaban ciencia ficción en un fanzine y diferenciar estas creaciones de las publicaciones profesionales.

enmascarados son los aspectos sociales y prácticos de conectarse, tanto a través de Internet como en persona. A menudo son ellos quienes programan las sesiones de juegos de rol, quienes ajustan la configuración del foro para que el sitio resulte grato a la vista y quienes redactan las normas de las reuniones para evitar cualquier posible discusión entre los miembros.

«Yo no soy de esa clase de Autistas que tienen facilidad para el cálculo mental –dice Tisa–. Soy del tipo que piensa obsesivamente en la gente: qué clase de local será el más cómodo para todos, qué sillas son las mejores para los cuerpos gordos, cómo puedo evitar que esta persona tenga que interactuar con esa otra a la que detesta. Ese es el tipo de cosas sobre las que me hago gráficos en la cabeza».

Cuando las personas Autistas estamos al frente de la organización de un evento, somos capaces de crear entornos adaptados a nuestras necesidades sensoriales y sociales. En las pequeñas subculturas sin máscara creadas por personas Autistas y dirigidas por ellas, podemos hacernos una idea de cómo sería una sociedad que aceptara de verdad la neurodiversidad. Y descubrimos que un mundo que acepta plenamente el Autismo es un hábitat accesible para un amplio abanico de personas, no solo para las Autistas. Por lo general, es un mundo mucho más cómodo para todos.

Yo solía huir de las comunidades de *nerds* y evitaba a cualquiera que no fuera capaz de ocultar su torpeza y sus tics tan bien como yo. Intentaba por todos los medios parecer lo más normal y neurotípico posible, y tenía miedo de que, si me veían cerca de alguien que infringiera las normas sociales, fuera evidente para todo el mundo lo friki que secretamente era yo también.

He conocido a personas transgénero que tampoco se soportaban a sí mismas y evitaban de forma idéntica entablar amistad con cualquiera que en su opinión diera una mala imagen de nuestra comunidad.

Les molestaban, por ejemplo, las personas visiblemente trans que no se esforzaban en «pasar» por cisgénero o pensaban que aquellas que no sufrían una debilitante disforia de género estaban fingiendo ser trans solo para llamar la atención. Es una actitud terriblemente autodestructiva, que nos aísla y nos hace vivir divididos, resentidos unos con otros. En lugar de crear las redes de apoyo y el poder organizativo conjunto que necesitamos desesperadamente, el desprecio que sentimos por quienes somos se proyecta en el exterior y crea separación.

Aunque soy consciente de lo destructiva que es esta actitud para las personas trans, es lo mismo que sentía yo en el pasado ante la sola idea de unir fuerzas con otros Autistas. Es la misma actitud que adoptaba ante personas visiblemente Autistas, como mi compañero Chris. Cuando estaba con el resto de mis compañeros de clase, me burlaba de él como hacían los demás, e interiormente me obsesionaban sus gestos y movimientos. Solo al cabo de todo este tiempo, al mirar ahora atrás desde una perspectiva nueva, me doy cuenta de que Chris en realidad me caía bien y había cosas de él que me atraían mucho. Era inteligente e interesante y su cuerpo se movía libremente como le resultaba natural. Me cautivaba, pero ese sentimiento me provocaba a la vez rechazo y temor. El estigma que había interiorizado y que había cuajado en mi interior me envenenaba los sentimientos y me hacía odiarme y ser intolerante con él.

Alrededor de la época en la que cumplí los treinta años, y empecé a aceptar al fin mi identidad Autista y a conocer a otras personas Autistas, poco a poco aquel odio injustamente dirigido hacia otros fue desapareciendo. De entrada me uní a un grupo local de debate para personas de género *queer*. No lo hice con intención de conocer a gente Autista, pero hacía poco que había descubierto mi neurodiversidad y enseguida reconocí algunos de mis rasgos en los demás asistentes. Todos eran un poco tímidos y emocionalmente distantes, pero se animaban en cuanto alguien mencionaba su manga favorito o un texto de filosofía por el que sintieran especial interés. Todos experimentaban con estilos y presentaciones de género, y sin embargo no se criticaba a nadie por tener un aspecto «indebido» o no cumplir las normas de género correctamente.

También los procedimientos y normas del grupo *queer* parecían hechos a medida para las personas Autistas y nuestras necesidades de comunicación. Los moderadores proponían un tema específico de debate cada semana y establecían reglas concretas sobre cómo saber cuándo nos tocaba hablar a cada cual, cómo respetar los límites personales de los demás y cómo responder si alguien decía accidentalmente algo ofensivo. Los adultos de mi edad acudían a las reuniones con peluches y otros objetos calmantes, que los ayudaban a reducir el estrés, y participaban sin levantar la cabeza ni establecer contacto visual. Algunos llegaban en silencio, se acurrucaban en el suelo y rara vez decían algo. Cada pocas semanas, se celebraba el «día del fuerte de mantas», y entre todos transformábamos el espacio de reunión, iluminado con luz fluorescente, en una acogedora guarida decorada con guirnaldas de lucecitas tenues y forrada de edredones y almohadas. Solo unos años antes, me habría dado vergüenza tener algo que ver con un espacio tan sensiblero, pero necesitaba desesperadamente más amigos trans y en el grupo *queer* me sentía a gusto.

Al cabo de unos meses de asistir a las reuniones de grupo, un día surgió el tema del Autismo. Me autorrevelé a todos como Autista, y fue una sorpresa enterarme de que muchos de los asistentes regulares eran también neurodivergentes. Supe por los organizadores que las normas y la estructura del grupo se habían creado teniendo en cuenta las necesidades de las personas neurodiversas. Durante todos los años que el grupo llevaba en funcionamiento, gran parte de sus dirigentes habían sido Autistas o tiempo después habían descubierto que lo eran. No es de extrañar que, en mi vida adulta, aquel fuera el primer espacio público en el que me había sentido realmente a mis anchas. Empecé a pasar tiempo con miembros del grupo después de las reuniones y descubrí que ya no me avergonzaba ser un miembro visiblemente identificable de un colectivo «raro». Al contrario, me enorgullecía formar parte de él.

Estas experiencias me hicieron querer contactar con otros grupos, conocer a otros adultos «raros» y neurodivergentes que vivieran siendo abiertamente ellos y que no me miraran por encima del hombro. Así que empecé a asistir a reuniones de grupos de autodefensa Autista en la Biblioteca Pública de Chicago. Allí también me sentí a gusto al instante. Nos sentábamos todos en posiciones escalonadas apuntando cada cual en una dirección, charlando mientras nos mirábamos los zapatos o con los ojos puestos en los teléfonos móviles. No sentía la obligación de erguir la espalda, apoyar los pies en el suelo y fingir sonrisas y asentimientos para que la conversación no decayera. Fue una bendición.

El grupo de autodefensa del Autismo al que asistía era Autistics Against Curing Autism Chicago (Autistas de Chicago contra la cura del Autismo), que de entrada había sido una sección de la red nacional Autistic Self Advocacy Network ('red de autodefensa Autista'). Ambas versiones del grupo las había creado y dirigido Timotheus Gordon Jr., el activista e investigador Autista, amante del fútbol y los Pokémon, que te presenté en el capítulo uno. Gran parte de su proceso de desenmascaramiento ha estado definido por su talento para encontrar y crear espacios comunitarios que le han permitido ser él mismo y que nos han dado a otros Autistas la libertad de ser nosotros mismos también.

Tras haberse pasado la infancia y la adolescencia fingiendo ser un chico despreocupado y amante del fútbol, Timotheus se fue a estudiar a la Universidad de Minnesota. Allí, entró en una fraternidad e hizo nuevos amigos. Empezó también a participar en recitales de poesía competitivos (*slam*) y a conocer a otros *nerds*, aficionados al estudio y la investigación. Poco a poco, el concepto que tenía de sí mismo se fue expandiendo y encontró a gente afín y capaz de apreciar todas sus distintas facetas.

«En Chicago, había vivido escondido detrás de la máscara —explica—. Tenía que ser el tipo de estudiante y deportista que es básicamente... «la reina del baile», o como lo quieras llamar; la persona a la que le entusiasma todo lo que la sociedad ofrece. Tenía que ser el tío guay. Pero en Minnesota descubrí que podía ser yo mismo y aun así llamar la atención».

Cuando Timotheus volvió a Chicago unos años más tarde (después de vivir un tiempo en Atlanta y conectar con la comunidad de autodefensa Autista), descubrió que era capaz de profundizar en las amistades que tenía de antes y de forjar otras nuevas. Ahora que sabía que la gente respetaba y apreciaba a su yo abiertamente Autista, le resultaba fácil entablar relaciones en las que estar plenamente presente. Era un escritor y un artista de talento. Un tipo divertido, capaz de iluminar cualquier lugar con su sonrisa afable. Un defensor de la justicia que sabía cómo organizar y desarrollar recursos para otras personas discapacitadas. Y un friki que podía pasarse uno o dos días en casa sentado delante de un videojuego para recargar las pilas. Se dedicó con ese mismo espíritu de aceptación despreocupada y radical a la organización de la comunidad Autista. Centró su trabajo en las personas Autistas negras y marrones, y se aseguró de que los espacios que creaba acogieran con calidez y sin reservas a las personas LGBTQ. Con la ayuda de otros organizadores, contribuyó a impulsar CESSA, la Ley de Servicios Comunitarios de Emergencia y Apoyo. Este proyecto de ley creará en Illinois un equipo de profesionales de la salud mental que atenderán las llamadas del público al 911 (equivalente al 112) relacionadas con temas de salud mental, en lugar de enviar al domicilio a la policía.[20] En su trabajo, al igual que en su vida social, Timotheus ha encontrado la manera de encarnar plenamente sus valores y de luchar por hacer de la ciudad de Chicago un espacio en el que la condición de persona Autista negra se respete y aprecie de verdad.

En la época en la que descubrí las reuniones de autodefensa Autista que organizaba Timotheus, decidí compensar la infancia y la adolescencia que me había negado a mí mismo y empecé a asistir a convenciones de anime y de cómics. Fue un nuevo encuentro con la alegría Autista. Todo el mundo iba vestido con ropa desenfadada y llamativa. Podías entablar conversación con alguien por la vestimenta o por el pin de videojuego que llevara prendido. Las mesas redondas estaban repletas de gente interesante que se miraba fijamente las manos mientras analizaba las tramas de libros de hace décadas que casi nadie ha leído. Su pasión desvergonzada avivó el fuego de mi propio amor a quien realmente soy.

No era solo que estos grupos estuvieran llenos de gente rara como yo; estaban diseñados para que nos sintiéramos cómodos en ellos. Las normas contra el acoso dejaban claro cómo debías relacionarte con los demás y qué debías hacer si eras testigo de violencia, acoso sexual o intolerancia. En muchas convenciones, había aplicaciones que podías utilizar para denunciar un problema u hostigamiento, de modo que incluso si te quedabas paralizado en medio de un bloqueo Autista, podías pedir ayuda. Había voluntarios en cada esquina, orientando a los asistentes, explicándoles dónde colocarse y qué hacer. Había salas adaptadas a los sentidos, donde cualquiera que se sintiera abrumado podía relajarse entre luces tenues, música suave y tentempiés.

Como no me cansaba de las convenciones de cómics, empecé a asistir aún a más eventos: el Midwest FurFest (Festival *fur* del Medio Oeste), Anime Central (Central anime) o International Mr. Leather (Míster cuero internacional). Fue en esta época cuando conocí a Tisa, la organizadora de BDSM Autista, y me enteré de que eran organizadores neurodiversos los que estaban detrás de muchos de ellos.

«Hay quienes dicen que Internet es un mundo para Autistas construido por Autistas —explica Tisa—. Pero, en la vida real, la mayoría de las subculturas *nerd* y *kinky* también lo son. Se necesita un grado Autista de pasión para poner en marcha cosas como estas...Y la determinación a dejar que ondee la bandera friki».

Sin duda, son los Autistas quienes han impulsado muchas de estas comunidades de *fans*. En el Midwest FurFest, cada año hay varios paneles sobre el Autismo dentro de la comunidad *furry*, ya que es tan grande el solapamiento entre ambas identidades. Como se sabe, en la comunidad Brony (fan de *My Little Pony*) predominan los Autistas de todas las edades. El documental de Netflix sobre estas subculturas destaca el hecho,[21] que mencionan también varios estudios sobre los beneficios terapéuticos de los *fandoms* para adultos y niños Autistas por igual.[22] En los mundos del anime, el manga y los cómics, existe igualmente una población muy numerosa de personas neurodiversas de todas las edades.

Son los adultos discapacitados quienes ayudan a organizar los paneles y a crear espacios adaptados a las necesidades sensoriales de los asistentes; se encargan de gran parte de la programación, atienden los *stands* y crean con mucho cariño las piezas de artesanía que se venden en los mercadillos de los eventos. Es difícil hacer una estimación del número de personas Autistas que forman parte de estas subculturas, pero está claro que hemos ayudado a estructurarlas desde la base. Por un lado, porque necesitamos desesperadamente encontrar lugares a los que sentir que pertenecemos; por otro, porque las subculturas *geeky* nos proporcionan una formidable válvula de escape para la hiperfocalización,[*] y un medio para expresar nuestra diferencia sin sentirnos demasiado vulnerables.[**]

Los estudios indican que, cuando estamos rodeados de otras personas neurodiversas, los Autistas nos sentimos mucho más cómodos y desinhibidos.[23] También nosotros tenemos necesidad de

---

[*] N. de la T.: Si el estereotipo de *nerd* es el de una persona de inteligencia sobresaliente que tiene hábitos y gustos diferentes a los que la sociedad establece como «comunes», *geek*, en cambio, sería aquella persona que tiene una fascinación por un área de interés muy específica, aunque no tenga necesariamente una inteligencia excepcional. Utiliza la tecnología como medio para expresar y compartir su interés (animación, cómics, videojuegos, *software*...) a través de foros, chats y páginas web. Inventa sus propias historias, o teorías sobre los personajes de sus videojuegos favoritos, o crea y difunde sus propios programas informáticos. De todos modos, la línea que diferencia a un *nerd* de un *geek* es muy difusa. No son rivales; uno y otro se complementan, son parte del mismo movimiento cultural de corte intelectual. En algunos casos, un *geek* podría definirse como un *nerd* con una vida social convencional.

[**] N. del A.: Las personas Autistas tienden a socializar en torno a actividades compartidas más que a vínculos afectivos: Orsmond, G. I., Shattuck, P. T., Cooper, B. P., Sterzing, P. R. y Anderson, K. A. (2013). Social participation among young adults with an autism spectrum disorder. *Journal of Autism and Developmental Disorders, 43*(11), 2710-2719.

amistad y pertenencia, en el mismo grado o más que los alísticos.[24] Aunque las personas no Autistas den por hecho que no tenemos ningún interés en socializar, la mayoría de nosotros nos esforzamos cada día de nuestra vida por que se nos acepte. Y estando en compañía de otras personas neurodiversas, nos resulta mucho más fácil satisfacer esas necesidades sociales de una forma genuina y sencilla.

Como dice Reese Piper: «Son los neurotípicos los que han clasificado el Autismo como un trastorno social». En realidad, no es que los Autistas carezcamos de habilidades comunicativas ni del impulso de conectar. No estamos condenados a sentirnos para siempre marginados y solos. Podemos salir del desolador círculo vicioso de buscar la aceptación de los neurotípicos, sufrir su rechazo a pesar de todos nuestros esfuerzos y entonces esforzarnos más aún para que nos acepten. Podemos, en lugar de eso, apoyarnos y animarnos entre nosotros y crear nuestro propio mundo neurodiverso, en el que a todos —a los neurotípicos también— se nos reciba con gusto. En el último capítulo del libro, vamos a ver cómo sería ese mundo. Pero antes de empezar a hablar de cómo remodelar el mundo y crear una sociedad más amable, aquí van unas cuantas sugerencias de cómo conectar con otras personas Autistas y neurodiversas:

Organizaciones de autodefensa

- Si estás en Estados Unidos, Canadá o Australia, puedes comprobar si en tu zona hay una filial de la Autistic Self Advocacy Network ('red de autodefensa Autista') en https://Autisticadvocacy.org/get-involved/affiliate-groups/.
- En el Reino Unido, puedes unirte al grupo Neurodiverse Self Advocacy ('autodefensa neurodiversa') en https://ndsa.uk/.
- Considera la posibilidad de unirte al Autism National Committee ('comité nacional de Autismo') en https://www.autcom.org/ y de asistir a su conferencia anual física o virtualmente.

- Busca colectivos que se describan a sí mismos como grupos de autodefensa o de justicia para personas discapacitadas y que estén dirigidos por Autistas y velen por los intereses de los Autistas.

- Si un grupo tiene como prioridad atender a los familiares alísticos de personas Autistas, o promueve la búsqueda de una «cura», lo más probable es que tenga un ambiente poco solidario.

- Evita por completo la organización Autism Speaks, y cualquier otra que trabaje en colaboración con ella.[25]

- Las organizaciones dignas de confianza estarán dirigidas por personas Autistas y ofrecerán distintos métodos de participación, pensando muy especialmente en los Autistas no verbales y aquellos que tengan discapacidades físicas.

Grupos en línea

- En las redes sociales, busca etiquetas como #AutisticActually, #AutisticAdult, #AutisticJoy, #Neurodivergent, #AutisticSelfAdvocacy y #Neurodivergence.

- Aunque en la actualidad Facebook sea una plataforma de redes sociales menos activa de lo que fue, te recomiendo que hagas también una búsqueda rápida de grupos de autodefensa Autista, sobre todo de tu zona, o de comunidades Autistas específicas (Autistas negros, Autistas transexuales, Autistas en proceso de recuperarse de trastornos de la conducta alimentaria, etc.). Los grupos privados de Facebook permiten a veces mantener conversaciones más serias que otras redes sociales.

- En Reddit, el grupo r/AutismTranslated es un lugar estupendo para debatir en profundidad, compartir recursos y explorar la identidad Autista. También me gustan r/Aspergers y r/AspieMemes, y r/AutisticPride tiene mucha actividad.

- Wrong Planet (https://wrongplanet.net/) es un antiguo foro para Autistas, personas con TDAH y otras personas neurodivergentes. Es un foro de configuración anticuada, por lo que es ideal para conversaciones lentas y profundas.

- Cuando busques entre las etiquetas qué cuentas seguir, inclínate por comunidades que den voz a Autistas negros y marrones, Autistas transgénero y Autistas no verbales, y que fomenten el debate sano y la discrepancia de opiniones.

- Evita los grupos y páginas para padres y madres no Autistas de hijos e hijas Autistas, las cuentas que infantilicen a los Autistas o simplifiquen en exceso nuestras experiencias y aquellas en las que los individuos hagan una generalización de sus experiencias como si fueran representativas de todos los Autistas.

Grupos de intereses especiales

- Una buena forma de conocer a personas neurodivergentes afines es unirte a comunidades dedicadas a un interés especial que tengáis en común. Busca en Internet grupos locales de cómics, grupos de Dragones y Mazmorras que necesiten nuevos jugadores, clubes de anime o cosplay,* grupos de forrajeo, grupos de senderismo o clubes dedicados a cualquier cosa que te interese.

- Si al hacer una búsqueda superficial en Internet no encuentras ningún grupo que te interese, busca eventos y clubes que organice tu biblioteca, librería, tienda de cómics, centro de la comunidad queer, bar gay, mazmorra BDSM, centro comunitario de tu barrio, cafetería o tienda de coleccionables.

- Aunque Facebook y Meetup.com son plataformas menos activas que en el pasado, siguen siendo sitios útiles para encontrar grupos que compartan tus intereses especiales, así como reuniones locales para personas con ansiedad social o que tienen dificultad para relacionarse.

- Busca convenciones relacionadas con tus intereses especiales que vayan a celebrarse en tu zona y únete a comunidades en línea relacionadas

---

* N. de la T.: El cosplay (contracción de costume play) es una actividad interpretativa. Los participantes –cosplayers– utilizan accesorios y trajes que representan a un personaje específico y a menudo crean una subcultura en la que interactúan interpretando sus roles.

con ellas. Muchas veces, hay una sólida comunidad local que celebra reuniones y eventos a menor escala a lo largo del año.

- Dado que los grupos dedicados a intereses compartidos no son expresamente para personas Autistas, intenta reunir información sobre sus políticas de accesibilidad. Aunque hay muchos Autistas aficionados al anime, por ejemplo, también hay una parte de la comunidad que es capacitista, racista y tiene inclinaciones de extrema derecha. Esto es así en casi todas las comunidades; puede que tengas que indagar un poco para averiguar qué espacios podrían ofrecerte un clima de tranquilidad y se ajustan a tus valores.

Consejos generales y aspectos que debes tener en cuenta

- Es bastante común que nos sintamos incómodos o fuera de lugar la primera vez que hablamos con alguien o asistimos a un evento. A menos que ocurra algo grave, te recomiendo que te des la oportunidad de probar tres veces antes de llegar a la conclusión de que no es para ti.
- Presta atención al mensaje implícito de cualquier grupo: a quién se anima a asistir a un acto o acceder a un espacio y a quién no se tiene en cuenta o se excluye abiertamente. ¿Quizá las reuniones se celebran en un barrio al que solo puede acceder con facilidad la gente blanca rica? ¿Es un lugar accesible para personas que vayan en silla de ruedas?
- Aunque el concepto de accesibilidad «total» es una quimera, dado que hay quienes tienen necesidades de acceso incompatibles o contrapuestas, los grupos deben hacer todo lo posible por acomodar tanto a los asistentes actuales como a los potenciales. ¿El grupo ofrece formas de participar no verbales y asíncronas (es decir, no en directo)? ¿Se tienen en cuenta las posibles necesidades sensoriales de los asistentes (por ejemplo, con reglas que prohíban las fragancias fuertes)?
- Cuando empieces a conocer mejor a los integrantes de un grupo, fíjate en cómo responden al conflicto y las críticas. ¿Aceptan los líderes que se les hagan críticas constructivas y las toman en serio? ¿Cómo encajan los miembros el conflicto sano? ¿Lo tratan como una fuente de aprendizaje

EL AUTISMO SIN MÁSCARA

o existe una gran presión para «suavizar las cosas» lo antes posible? ¿Te parece que es un espacio en el que tienes libertad para cambiar de opinión sobre algo o equivocarte?

- Si has llevado una máscara puesta toda tu vida, es probable que experimentes cierta ansiedad en los espacios abiertamente Autistas. Puede que incluso te descubras juzgando el comportamiento de los demás. Si te ocurre, recuerda que es totalmente comprensible. La sociedad te ha metido en la cabeza normas muy estrictas sobre cómo deben ser las cosas, a menudo crueles, y al principio puede resultarte chocante ver que la gente viola algunas de ellas. Poco a poco, te irán pareciendo cada vez más naturales los comportamientos visiblemente neurodivergentes, y esto hará que también a ti te resulte más fácil abrirte.

CAPÍTULO 8

Crear un mundo neurodiverso

Los sistemas de salud, jurídicos y educativos de la mayoría de los países tratan la discapacidad basándose en lo que se denomina el *modelo médico de la discapacidad*. Este modelo entiende por discapacidad una inhabilidad o insuficiencia que existe *dentro* del cuerpo o la mente de una persona. Si estás discapacitado, tienes un problema personal que es necesario identificar, diagnosticar y tratar o curar. El propósito de la medicina en general y de la psiquiatría en particular es identificar cualquier disfunción y determinar algún tipo de intervención que haga desaparecer los síntomas de ese mal. Este sistema de creencias es el responsable de que existan organizaciones como Autism Speaks, que presenta el Autismo como una afección terrible que impide a los padres relacionarse normalmente con sus hijos y que es necesario curar con la mayor urgencia,[1] y de que existan métodos terapéuticos como la terapia ABA, que no aumenta la felicidad o el bienestar de los niños y niñas Autistas, sino que los hace obedientes y menos problemáticos, para que sus padres puedan dedicarse a sus vidas ajetreadas y productivas.

El modelo médico de la discapacidad ha sembrado en muchos de nosotros (y en la mayoría de nuestros médicos y terapeutas) la idea de que el sufrimiento humano debe entenderse como un problema que hay que solucionar a base de cambios individuales. Y es innegable que, para muchas enfermedades y discapacidades, la atención médica y un enfoque médico es lo más apropiado. Si tienes una lesión nerviosa que te produce un dolor insoportable cada minuto de tu vida, no hay duda de que el tratamiento médico y farmacológico te puede ayudar. Si tienes una enfermedad degenerativa que te va debilitando progresivamente, como la esclerosis múltiple, hay razones más que suficientes para que apoyes las investigaciones médicas que buscan una cura.

Donde el modelo médico está fuera de lugar es cuando se aplica a discapacidades que provienen de la exclusión social o la opresión. A veces, lo que la sociedad (y la psiquiatría) considera un defecto individual es en realidad una diferencia perfectamente benigna, que lo que necesita es que se hagan adaptaciones sociales y se la acepte. Aunque la homosexualidad se clasificara en un tiempo como una enfermedad mental, en realidad no lo era; por eso nunca funcionaron los métodos para intentar «curarla», y solo sirvieron para causar más daño psicológico. De hecho, clasificar a los homosexuales como enfermos acabó haciendo que parecieran realmente enfermos mentales, puesto que el ostracismo y la vergüenza conducen muy a menudo a la depresión, la ansiedad, el consumo de sustancias adictivas y la tendencia a autolesionarse, entre otros problemas psicológicos.

Y luego, tenemos el *modelo social de la discapacidad*, creado en los años ochenta del pasado siglo por el académico discapacitado Mike Oliver.[2] En sus artículos, Oliver describía la discapacidad como una condición política creada por los sistemas que hay *a nuestro alrededor*, no por nuestra mente y nuestro cuerpo. Un claro ejemplo de ello es que la mayoría de las instituciones educativas excluyan a los estudiantes Sordos. Hay sistemas escolares y comunidades enteras dirigidos por personas Sordas, para personas Sordas, en las que todo el mundo utiliza la lengua de signos y los subtítulos de los textos hablados se proporcionan, junto con otros recursos, como algo natural. En este contexto, ser Sordo no es una discapacidad. De hecho, sería una persona oyente que no conociera la lengua de signos la que estaría marginada en un mundo creado en torno a las necesidades de los Sordos. Lo que pasa es que la mayoría de la gente vive en un mundo en el que la sordera y el uso de la lengua de signos se han considerado casi siempre algo indeseable e indicio de que una persona es defectuosa. En inglés, la palabra mudo, *dumb*, adquirió en el siglo XIX el significado añadido de «tonto», porque se consideraba que las personas Sordas que no hablaban eran menos competentes y menos «plenamente humanas» que sus iguales que hablaban y oían. Esta perspectiva es la razón de que la mayoría de los espacios públicos no proporcionen a las personas Sordas los recursos que necesitan[3] y de que la mayoría de los centros educativos (y otras instituciones) las *discapaciten* activamente. Lo mismo puede decirse de las personas Ciegas, a las que con frecuencia se excluye de la educación pública y se les niega material braille y lectores de pantalla. Y otro tanto ocurre con las personas gordas: ni el transporte público, ni las aulas, ni los equipos médicos tienen en cuenta lo que el volumen de su cuerpo requiere, hasta el punto de que a menudo se las excluye de las investigaciones médicas.[*]

El modelo social de la discapacidad explica muchas de las dificultades que vivimos las personas Autistas. Cada uno de nosotros hemos experimentado repetidamente que se nos ignore y se nos excluya, porque la sociedad considera que nuestras diferencias son defectos vergonzosos en lugar de realidades humanas básicas que simplemente hay que aceptar. A menudo se nos dis-capacita por razones totalmente arbitrarias, lo mismo que a las personas Sordas. Es posible

---

[*] N. del A.: El pódcast *Fat Outta Hell* tiene una gran cobertura sobre cómo la mayoría de los espacios públicos son inaccesibles para los cuerpos gordos; incluso algo tan simple como un restaurante con mesas atornilladas al suelo puede significar que el espacio es totalmente impracticable para las personas voluminosas. Si quieres ver un ejemplo de cómo fomenta las desigualdades sanitarias el hecho de excluir a los pacientes gordos de la investigación médica, puedes leer este artículo en *Nature*: https://www.nature.com/articles/ejcn201457.

un mundo en el que todos utilicen la lengua de signos, pero como la población oyente es más numerosa y tiene más poder social que la población Sorda, se da prioridad a la comunicación oral. Del mismo modo que es perfectamente posible un mundo en el que no sea obligado establecer contacto visual (y, de hecho, hay muchas culturas en las que no hacerlo se considera de buena educación).[4] Sin embargo, en las culturas en las que es lo «normal» mirar a alguien a los ojos, a las personas Autistas, a las que esto les causa dolor, se las dis-capacita social y profesionalmente. Y las Autistas no son las únicas a las que se las penaliza debido a esta norma: cualquiera a quien le resulte difícil establecer contacto visual, ya sea por un problema de ansiedad social, por una experiencia traumática o porque no es algo que se estile en su cultura de origen, sufre las consecuencias de no cumplirla.

Tener una discapacidad social crea automáticamente la obligación de ponerse una máscara. Si por autoestimularte en público te pueden agredir o detener, estás socialmente *dis-capacitado* y obligado a enmascararte. Si tienes problemas en el trabajo porque no eres capaz de observar unas reglas sociales tácitas muy complejas, y como consecuencia acabas desempleado, por un lado se te discapacita socialmente y, por otro, se te castiga con severidad por no haberte sabido enmascarar bien. De ahí que, a nivel personal, desenmascararse tenga sus límites. Una solución individual no puede arreglar un sistema de opresión tan extensivo. Mientras existamos en una cultura y un sistema político que crea y recrea constantemente nuestro estatus de discapacitados, no tendremos plena libertad para desenmascararnos y vivir con autenticidad y tranquilidad.

En estos tiempos, los Autistas (u otro tipo de personas neurodiversas) que más libertad tienen para desenmascararse son los que, por lo demás, se encuentran en una posición social ventajosa. Yo tengo un doctorado y un cómodo trabajo de profesor; eso significa que muchos días puedo fijarme el horario que más me convenga, vestir con ropa cómoda y extravagante que no me provoque disforia de género ni agobio sensorial y cancelar todas las citas que tenía previstas si presiento que se acerca una crisis. Mis amigos y amigas Autistas que trabajan en supermercados, restaurantes, bares y guarderías no tienen esas opciones. Sus horarios, su atuendo e incluso la forma de expresar sus emociones están estrictamente controlados durante las horas de trabajo. Con mucha frecuencia, tienen que forzar una sonrisa, tragarse el dolor y aguantar situaciones que les causan un gran daño psicológico para poder conservar el empleo. Como persona blanca, de poca estatura y físico «no amenazador», puedo agitar las manos en público y torcer el gesto de la manera que se me antoje sin demasiadas consecuencias. Por el contrario, si una persona Autista negra, o una mujer Autista trans más bien alta, no se comporta en público con total compostura, es posible que la acosen, la denuncien a la policía o algo peor.

Hasta cierto punto, puede parecer que muchos de estos Autistas explotados y marginados están en condiciones médicas menos «buenas» que yo. Tal vez sufran episodios depresivos, ataques de ansiedad, migrañas, dolores de estómago y muchas otras cosas. Para hacer frente al estrés extremo de sus vidas, es más probable que fumen, beban y consuman drogas que en mi caso. No duermen tanto como yo y no se sienten tan a gusto con su cuerpo. Pero sus discapacidades no son médicamente más graves que las mías. La diferencia está en que, socialmente, ellos están más discapacitados que yo, tienen menos poder social y menos libertad, y el peso real de esto es muy fuerte.

La única forma de que todos los Autistas puedan desenmascararse es que la sociedad cambie radicalmente. Un mundo con reglas más flexibles y menos estigma es un mundo más accesible, menos discapacitante y que genera mucho menos sufrimiento humano. También es un mundo más acogedor para las personas con trastornos mentales, los inmigrantes y los refugiados, y para cualquiera que haya sufrido por no ser una perfecta abeja obrera. Como escribe el antropólogo psiquiátrico Roy Richard Grinker en su libro *Nobody's Normal* [Nadie es normal], la actual definición de «salud mental» está ligada al deseo estatal y empresarial de que reine una conformidad productiva e inofensiva.[5] Las emociones demasiado intensas, las pasiones demasiado infantiles e improductivas, los hábitos demasiado repetitivos y los cuerpos y mentes que requieren asistencia diaria chocan con esta definición increíblemente estrecha de la salud. Solo ampliando la definición de lo que es un comportamiento humano aceptable, y trabajando para satisfacer las múltiples necesidades de cada individuo, podremos avanzar.

Muchas de las personas a las que hoy se considera discapacitadas o trastornadas mentalmente tal vez habrían funcionado de maravilla en un contexto diferente al de la economía capitalista industrializada. Alguien que, en una sociedad más interdependiente, quizá habría sido un buen cazador, o una magnífica comadrona, cuentacuentos o costurera, puede parecer disfuncional si tiene que pasarse el día entero en una oficina. De hecho, algunas pruebas genómicas sugieren que cuando los humanos pasaron de vivir en sociedades basadas en la caza y la recolección a asentarse en sociedades agrarias (y, más tarde, industriales), los alelos que predicen la neurodivergencia se convirtieron en una desventaja.[6] Por ejemplo, en las sociedades en las que el día a día ofrecía menos estímulos y novedades que la vida que giraba en torno a la caza y la recolección, los rasgos del TDAH dejaron de ser ventajosos. Algunos investigadores han teorizado que lo mismo pudo haber ocurrido con el Autismo, pero la mayor parte de los estudios sobre el tema son inútiles, porque parten de la base de que el Autismo siempre ha sido una patología y un impedimento para el éxito reproductivo.[7] Sin embargo, no tenemos razones fundadas para creer que esto haya sido cierto en todas las sociedades y todas las épocas. Las formas de vida humanas y las maneras de atendernos unos a otros han sido innumerables a lo largo del tiempo y no siempre ha existido la disgregación que hoy nos parece normal.

Sencillamente, muchos neurotipos no son capaces de adaptarse a las largas jornadas laborales, los largos desplazamientos hasta el trabajo, las familias nucleares y el aislamiento que la «independencia» trae consigo. Podría decirse que a todo el mundo le cuesta adaptarse a estas cosas —lo de la jornada laboral de nueve a cinco no tiene un fundamento claro—, lo que pasa es que a algunos nos causa un malestar más visible y profundo que a otros. Si eliminamos la restrictiva definición de salud mental vigente y celebramos las distintas formas de pensar, sentir y comportarnos, podemos mejorar innumerables vidas. Si reformamos la sociedad para hacerla más flexible y receptiva a las diferencias, podemos mejorar la salud mental y física de todos los individuos. En este sentido, desenmascararnos es un objetivo político: el de crear una sociedad que valore la vida humana en todas sus expresiones, independientemente de las capacidades o necesidades de cada persona; un sistema social cuyo propósito sea cuidar de todas y cada una de ellas, no un aparato al que solo le interesa conseguir que sean lo más productivas posible.

Así que ¿cómo podemos crear un mundo en el que la neurodiversidad tenga cabida, en el que las diferencias no scan una patología y en el que todo el mundo sea libre de ser quien realmente es? Es un proyecto ambicioso, pero he aquí algunas medidas concretas por las que abogan la mayoría de las organizaciones de autodefensa Autista, medidas que están respaldadas por la investigación social y que creo que significarían una auténtica diferencia:

Ampliación de la protección jurídica para personas discapacitadas

En Estados Unidos, la Ley para Estadounidenses con Discapacidades (ADA, Americans with Disabilities Act) mejoró radicalmente la vida de las personas discapacitadas y amplió su capacidad para participar en la vida pública. La ley se centraba en dos áreas políticas principales: en primer lugar, exigía que los edificios y el transporte público facilitaran el acceso físico (por ejemplo, ofreciendo plazas de aparcamiento accesibles y rampas para sillas de ruedas); en segundo lugar, prohibía la discriminación de las personas discapacitadas en aspectos como la vivienda, la contratación, los ascensos y las indemnizaciones.* En todo el mundo se han aprobado leyes similares que velan por los derechos de las personas discapacitadas en materia de accesibilidad física y garantizan un acceso justo a la vivienda, el trabajo, la educación y los recursos y espacios públicos.[8]

Desgraciadamente, a pesar de sus buenas intenciones, la ADA y muchas leyes similares no cubrían ni mucho menos las necesidades reales. Aunque la ley hizo que se construyeran miles de ascensores y rampas y se colocaran innumerables letreros en Braille en los baños públicos, también estableció numerosas excepciones para los edificios antiguos e históricos. Más de treinta años después de que se aprobara la ley, lamentablemente muchas pequeñas empresas siguen siendo inaccesibles para las sillas de ruedas y otros aparatos de asistencia. En algunos casos, hubo recalcitrantes ciudades y empresas que se aprovecharon de las lagunas legales que les permitían ignorar los dictados de la ADA, con la excusa, por ejemplo, de tener que preservar las estructuras e infraestructuras antiguas.

A lo largo de la década de 1980, la corporación municipal de transportes Chicago Transit Authority (CTA) se negó a comprar autobuses con elevadores para sillas de ruedas, a pesar de las repetidas promesas a la comunidad de discapacitados de que todos los nuevos vehículos serían accesibles. Hicieron falta varios años de protestas organizadas a conciencia,** en las que los activistas discapacitados bloqueaban el tráfico con sus sillas de ruedas durante horas,[9] para que, ante estas alteraciones del orden público, la ciudad finalmente accediera a adquirir medios de transporte accesibles.[10] Incluso después de

---

* N. del A.: Siempre que una persona esté «por lo demás cualificada para hacer el trabajo», lo cual es algo subjetivo y da pie a la discriminación. Muchas ofertas de empleo para puestos que no implican trabajo físico (por ejemplo, un puesto de auxiliar administrativo) exigen, sin embargo, que el empleado sea capaz de levantar cajas de entre nueve y dieciocho kilos, por ejemplo.

** N. del A.:Organizadas por la ya fallecida activista en favor de los derechos de las personas discapacitadas Marca Bristo, fundadora de Access Living Chicago (Viviendas accesibles en Chicago). https://news.wttw.com/2019/09/09/disability-rights-community-mourns-loss-pioneer-marca-bristo.

que la ADA se hubiera sancionado, la resistencia a incluir socialmente a las personas discapacitadas continuó. Todavía hoy, aproximadamente una tercera parte de las estaciones de tren de la CTA carecen de ascensores para usuarios de sillas de ruedas.* Cada vez que se empieza a remodelar una estación, a fin de incorporar un ascensor y rampas, los comerciantes y residentes de los alrededores expresan su indignación por las molestias y las repercusiones económicas de las mejoras.

La aplicación de la ADA en lo referente a los requisitos que deben cumplir los edificios y los locales varía mucho de un estado a otro, e incluso aquellos que cumplen perfectamente la normativa son accesibles solo en unos cuantos sentidos. La ADA no exige, por ejemplo, que los actos públicos se subtitulen o interpreten en lengua de signos ni que se ofrezcan opciones a distancia para quienes no pueden salir de casa. La ley no dice nada sobre la intensidad de las luces y los olores, el volumen de la música ni muchas otras agresiones sensoriales que hacen que muchos espacios públicos sean inaccesibles para las personas Autistas. A menudo, edificios que técnicamente cumplen la ADA siguen siendo prácticamente inaccesibles. Por ejemplo, mi amigo Ángel va en silla de ruedas y necesita ayuda para ir al baño. Muchos baños que cumplen las exigencias de la ADA tienen el tamaño suficiente para que quepa su silla de ruedas, pero no para que quepan su silla de ruedas y su cuidador. La mayoría de los edificios son demasiado ruidosos y están demasiado abarrotados para que Ángel los pueda soportar, por lo que está excluido de la vida pública a múltiples niveles.

Si se quiere que las personas Autistas tengan plena participación en la vida pública, es imprescindible establecer requisitos de accesibilidad que cubran de verdad sus necesidades sensoriales, además de

---

* N. del A.: El sitio web de la empresa de transporte de Chicago CTA asegura que en el setenta y uno por ciento de las estaciones es posible acceder al tren «por ascensor o rampa». El «o» es aquí muy importante: muchas estaciones carecen de ascensores y simplemente ofrecen rampas de acceso a la estación a nivel de suelo, pero no un modo de acceder a las propias vías del tren. Véase https://wheelchairtravel.org/chicago/public-transportation/.

regular el acceso tanto a los actos como a los edificios. La arquitectura no es lo único que puede ser hostil a los cuerpos y mentes discapacitados. Como este libro ha mostrado en repetidas ocasiones, muchas de las formas en que se excluye a las personas discapacitadas son de carácter social y mucho más sutiles que la evidente falta de rampas o de señalización en Braille. En la actualidad, algunas tiendas y supermercados ofrecen a los compradores Autistas y sus familias un periodo «respetuoso con los sentidos» en su horario semanal, en el que se atenúan las luces, se limita la cantidad de público y se apagan la música y los sistemas de megafonía.* Por el momento, es un gesto totalmente voluntario que han tenido un pequeño número de tiendas de todo el mundo, pero proporciona un buen modelo de cuáles podrían ser las pautas de accesibilidad sensorial. La Red de Autodefensa Autista ha elaborado una lista de recomendaciones que contribuirían a crear espacios favorables a las necesidades sensoriales. En ella destaca lo siguiente:[11]

CONSTRUIR ESPACIOS PÚBLICOS RESPETUOSOS CON LOS SENTIDOS
Recomendaciones de la Red de Autodefensa Autista

Visuales
- Instalar dispositivos para regular la intensidad de la luz.
- Utilizar fuentes de luz difusa en lugar de luces fluorescentes o de techo.
- Restringir el uso del *flash* fotográfico.

---

* N. del A.: Target y Sobey's son algunos de los minoristas más conocidos que han adoptado horarios adaptados a las necesidades sensoriales: https://www.consumeraffairs.com/news/target-store-offers-sensory-friendly-shopping-hours-for-customers-with-autism-120916.html; https://strategyonline.ca/2019/12/04/sobeys-rolls-out-sensory-friendly-shopping-nationally/. En España, los supermercados Carrefour implantaron en 2021 la «Hora silenciosa» de 15:00 a 16:00.

- Utilizar colores definidos y contrastados para las diapositivas de las presentaciones.
- La señalización y los folletos deben ser sencillos y fáciles de leer.
- Limitar el «ruido visual»: eliminar gráficos, carteles, etc., que distraigan.

Auditivas

- Recordar a los asistentes que silencien las notificaciones del teléfono móvil.
- Reemplazar los aplausos por hacer «bailar los dedos» u otra alternativa más silenciosa.
- Asegurarse de que los oradores utilizan en todo momento un micrófono; si gritan, es mucho más difícil entenderlos que si hablan delante del micrófono a volumen uniforme.
- Siempre que sea posible, equipar los espacios con materiales que absorban y amortigüen el eco. Incluso una alfombra gruesa puede suponer una gran diferencia.

Táctiles

- Establecer que se salude chocando los codos u ondeando la mano, no con un apretón de manos o un abrazo.
- Adoptar un código de vestimenta desenfadado, para que la gente pueda vestir con ropa cómoda.
- Normalizar el uso de pelotas antiestrés, juguetes giratorios (*spinners*), cuadernos en los que hacer garabatos, etc.
- Oponerse abiertamente a la idea de que el maquillaje, la ropa formal incómoda, los tacones altos o los sujetadores hacen que una persona parezca más «profesional».
- Espaciar las sillas, proporcionar asientos semiprivados cerca de las esquinas o de algunas barreras.

Olfativas y gustativas

- Prohibir el uso de perfumes o colonias fuertes en los eventos.
- Poner distancia física, paneles o ventiladores para que los olores de la cocina y el baño no lleguen a otras áreas.
- Utilizar productos de limpieza ecológicos y respetuosos con los sentidos.
- En los eventos con servicio de *catering*, informar a los asistentes del menú exacto de antemano.
- Ofrecer un surtido de alimentos «insípidos» como alternativa.

Además de garantizar que los espacios públicos sean accesibles a nivel sensorial, la ADA, y leyes similares de todo el mundo, deberían cuidar otros detalles de accesibilidad en los actos públicos. Los subtítulos, la interpretación en lengua de signos y la posibilidad de participar virtualmente deberían ofrecerse de forma sistemática en los actos públicos de gran alcance, en lugar de solo mediante petición expresa, como ocurre en la actualidad. En muchos casos, hacer que los actos públicos sean más accesibles para todos exigiría ofrecer fondos y recursos a los organizadores, así como una explicación detallada sobre lo que significa la accesibilidad y por qué es importante. Estas medidas facilitarían el cambio (y remodelarían la actitud del público hacia la discapacidad) mucho más que las multas y otras medidas de carácter punitivo, al menos en lo que a los actos públicos se refiere.

En lo que respecta a la aplicación de los requisitos de accesibilidad de los edificios y la prevención de la discriminación en la vivienda y el empleo, la ADA podría reformarse para otorgar a las personas discapacitadas más poder de autodefensa. En Estados Unidos, el estado de California es uno de los que cumplen más estrictamente con esta ley, en parte porque cualquier persona discapacitada que encuentre en este estado una tienda o local inaccesible puede demandar a la empresa por un mínimo de cuatro mil dólares por daños y perjuicios, más las tasas legales.[12] Esta disposición otorga a las personas discapacitadas el poder legal de impugnar la inaccesibilidad cuando se la encuentran y los medios económicos para hacerlo, en lugar de tener que limitarse a esperar que el estado inspeccione en algún momento el edificio o local no accesible. En la mayor parte del país, es dificilísimo que una persona discapacitada pueda demostrar que ha sufrido discriminación o exclusión. Si el modelo de California se extendiera a todo Estados Unidos, y se modificara adecuadamente para poder aplicarlo a los casos de discriminación en el empleo y la vivienda, las personas discapacitadas tendrían muchos más recursos contra el trato discriminatorio.

Poner fin a la *contratación a voluntad* que impera en la mayoría de los estados mejoraría también considerablemente la vida de las personas discapacitadas. En la actualidad, un jefe puede despedir con facilidad a una persona Autista (o con depresión o esquizofrenia o síndrome de Tourette) una vez que descubre su discapacidad; basta con que mienta y diga que la despide por cualquier razón que no sea esa. Y como a cualquiera es posible despedirlo en cualquier momento por casi cualquier motivo, el capacitismo queda casi siempre encubierto.

Ampliar la protección a los trabajadores y dificultar el despido arbitrario sin previo aviso ayudaría a evitar que esto ocurra y mejoraría la seguridad económica y laboral de innumerables personas. Los individuos Autistas agradecen tener unos objetivos laborales medibles y especificados con claridad, y poner fin a la contratación a voluntad obligaría a las empresas a definir sus expectativas de forma documentada. Una protección legal que ampliara el acceso a permisos laborales de corta y larga duración por razones de discapacidad mejoraría también la calidad de vida de muchas personas, incluidas las Autistas, que tienen un elevado riesgo de agotamiento extremo. Significaría que nos sentiríamos menos obligados a enmascarar el dolor o el abatimiento que experimentemos por falta de energía. Exigirles legalmente a los empresarios que ofrezcan a sus empleados horarios flexibles y la posibilidad de trabajar a distancia sin necesidad de que presenten pruebas de discapacidad sería también un enorme beneficio para los empleados Autistas (tanto con diagnóstico como autodeterminados) y haría que el trabajo fuera más accesible para los padres, las madres, las personas que tienen a familiares mayores a su cuidado o gente que se encuentra en circunstancias difíciles. Tener en cuenta, de esta y otras maneras, las necesidades de los Autistas crearía un mundo más indulgente para todos, además de liberarnos de la obligación de vivir enmascarados.

Ampliación de las normas sociales

Aumentar la accesibilidad pública y la protección de los trabajadores influiría muy positivamente en la actitud general hacia la discapacidad y la neurodivergencia. El simple hecho de acoger a más personas Autistas en el mundo social es no solo un poderoso acto simbólico de apoyo, sino un enorme paso adelante en la normalización de los rasgos, comportamientos y estilos de comunicación neurodiversos. Si Ángel pudiera utilizar con facilidad los baños públicos y moverse por la biblioteca o el supermercado sin sufrir una agresión a los sentidos, habría muchos más miembros de su comunidad que tendrían ocasión de conocerlo, interactuar con él y aprender a ver con naturalidad sus formas de autoestimularse y de comunicarse con ellos utilizando su iPad. De entrada, Ángel se encontraría con muchas más miradas y preguntas que antes. Pero con el tiempo, las personas neurotípicas de su comunidad considerarían superficiales sus diferencias y se darían cuenta de que aquellos que no hablan y necesitan la asistencia de un cuidador son seres humanos complejos y plenamente realizados a los que vale la pena escuchar e incluir.

Tradicionalmente, a los individuos con trastornos y discapacidades mentales se los internaba de por vida porque se los consideraba antiestéticos y una amenaza para el orden público. A lo largo de la historia europea, los «manicomios» eran el lugar donde se recluía a cualquiera que se saltara las normas sociales, ya fueran deudores que se negaban a trabajar, delincuentes que habían violado las normas éticas y morales de la época, o personas que tenían un aspecto inusual o comportamientos inusuales, a veces totalmente benignos. Algo tan simple como una desfiguración física inofensiva podía ser motivo para que se excluyera a alguien de una existencia libre y pública.[13] Todavía hoy vivimos con el legado de estas opiniones. Incluso en el siglo xx, hasta que se impuso la desinstitucionalización a partir de 1980, se consideraba que era lo normal y lo apropiado mantener escondidos de la sociedad, e incluso de la familia, a aquellos que tuvieran una discapacidad intelectual o rasgos de Autismo visibles. Encerrar a las personas discapacitadas y neurodivergentes en instituciones crea un círculo vicioso de estigmatización y represión social: los individuos que se apartan de la norma, por poco que sea, son indeseables e invisibles, lo que significa que la sociedad se organiza en torno a un modelo de existencia cada vez más restringido; y esto, a su vez, hace que la vida sea cada vez más difícil para la siguiente generación de personas que se aparten de la norma. La única manera que tenemos de deshacer el daño tan inmenso que se ha hecho, y de crear instituciones y comunidades que acojan a todas las personas, es resistiéndonos a entrar en esta espiral de rechazo y deshumanización que trata de engullirnos y abriendo la sociedad de nuevo.

Los estudios de psicología social muestran que el contacto con grupos marginados ayuda a reducir los prejuicios públicos hacia esos grupos. Sin embargo, solo determinadas formas de contacto son beneficiosas. Al fin y al cabo, los esclavistas blancos del sur de Estados Unidos tenían contacto diario con las personas a las que habían robado la libertad, y no por eso eran menos dados a imponer la supremacía blanca. Las estructuras de poder circundantes y los incentivos económicos de explotar a la gente negra esclavizada hacían imposible que el contacto cambiara el orden social. Es el mismo problema al que hoy aluden los activistas negros cuando dicen que no les basta con que las instituciones blancas les cedan «un sitio en la mesa». Esa mesa no se construyó pensando en las personas negras, sino precisamente para excluirlas de ella, y por tanto es necesario cambiarla radicalmente para que todos podamos sentarnos en torno a algo nuevo. La situación es muy similar cuando nos planteamos incluir de forma significativa a las personas discapacitadas.

Contemplar a una persona discapacitada como a una extraña, o como una curiosidad digna de lástima, no va a contribuir demasiado a reducir los prejuicios de las personas neurotípicas. Por el contrario, las investigaciones sugieren que es un contacto colaborativo,[14] prolongado,[15] una cooperación entre *iguales* lo que se necesita para cambiar realmente la actitud pública.[16] No basta con que se tolere a los Autistas en tiendas y restaurantes. Necesitamos que se nos dé el mismo trato que a las personas neurotípicas en puestos de voluntariado, en el lugar de trabajo y en nuestras iglesias, centros comunitarios y gimnasios. Es necesario que estos centros de la vida pública se reorganicen radicalmente para adaptarse a las necesidades, estilos de trabajo y métodos de comunicación de todos. Solo cuando a los neurotípicos se les exija que trabajen y colaboren con nosotros como iguales se invertirá el guion social y la obligación a adaptarse a las necesidades de las personas neurodivergentes reemplazará su actual necesidad de enmascararse. No basta con que los Autistas blancos reciban el mismo trato que sus compañeros neurotípicos blancos; es necesario que también las mujeres, las personas negras, los trans, los inmigrantes y los miembros de otros grupos oprimidos estén en igualdad de condiciones.

Ampliación de la educación pública y profesional sobre la neurodiversidad

Aunque el contacto colaborativo es una poderosa fuerza para reducir los prejuicios, lo cierto es que supone una carga muy pesada para las personas Autistas que lideran el cambio. Ser visible como persona marginada es un arma de doble filo, como puede contar cualquier individuo transgénero que se muestre abiertamente como es. La conciencia pública tiene tanto poder para liberarte como para ponerte una diana en la espalda. En un mundo verdaderamente justo, no haría falta que me sentara a explicarles a las personas neurotípicas cómo pienso y proceso la información, ni que tuviera que ganármelas poco a poco para que me toleren, temiendo en todo momento que puedan burlarse de mí o atacarme si desafío con demasiada intensidad las expectativas neurotípicas.

Así que, aunque hacer que el mundo sea más accesible beneficia a los Autistas, la accesibilidad no es suficiente por sí sola. Los cambios políticos que he recomendado hasta ahora deben ir acompañados de un sólido programa de educación del público sobre la neurodiversidad. Los colegios públicos deberían incluir desde los primeros cursos de educación primaria unidades sobre el estigma de la salud mental y la neurodiversidad en las clases de salud y ciencias sociales. Como ya he comentado, el capacitismo y la necesidad de enmascararse afectan a las personas Autistas desde edad muy temprana, por lo cual las intervenciones deben empezar también muy pronto. Cuando a los niños les enseñamos sobre el racismo, el sexismo y el imperialismo que ha habido a lo largo de la historia, debemos destacar que a menudo se tachaba a los oprimidos de histéricos, paranoicos y locos. Es importante que todas las personas –tanto neurodiversas como neurotípicas– se den cuenta de que la rígida definición vigente de palabras como *cordura* y *funcional* se utiliza para dañarnos y deshumanizarnos. Y dado que los problemas de salud mental son tan comunes (en un año cualquiera, aproximadamente el veinte por ciento de la población experimenta algún trastorno mental),[*] sería beneficioso para todos recibir una sólida educación psicológica desde la infancia.

También debería impartirse formación específica sobre neurodiversidad a médicos, profesores y profesionales de la salud mental. Los educadores deberían ser conscientes de que algunos de sus alumnos, obedientes pero retraídos, pueden ser Autistas enmascarados que necesitan ayuda y de que los niños y niñas que son «un problema» porque se portan mal podrían ser también neurodiversos. Los terapeutas y orientadores necesitan una formación mucho más sólida para atender las necesidades de los pacientes Autistas y modificar o sustituir los tratamientos que rara vez funcionan con nosotros (como la terapia cognitivo-conductual) por otros que se adapten mejor a nuestras necesidades. Por supuesto, esto requiere también que

---

[*] N. del A. En la mayoría de los casos se trata de depresión o ansiedad, aunque hay que tener en cuenta que estas cifras son casi con toda seguridad una subestimación, debido al limitado acceso a los servicios de salud mental. https://www.nami.org/mhstats#:~:text=20.6%25%20of%20U.S.%20adults%20experienced,2019%20(13.1%20million%20people).

se lleven a cabo más investigaciones sobre cómo tratar, por ejemplo, los trastornos de la conducta alimentaria, la depresión, la ansiedad social y el consumo de sustancias adictivas en nuestras poblaciones. Los científicos Autistas y neurodiversos deberían tener prioridad a la hora de recibir financiación para estos trabajos. Muchos de los estudios publicados en la revista *Autism in Adulthood* ilustran hasta qué punto mejora la literatura científica en calidad y profundidad cuando son los afectados por un tema quienes lo investigan. Sin embargo, incluso cuando yo empecé en la escuela de posgrado, a principios de la década de 2010, los profesionales despreciaban a quienes nos dedicábamos a la «investigación egocéntrica», como la llamaban, dando a entender que si estudiabas algo en lo que tenías un interés personal, no se podía confiar en que fueras objetivo. Poco a poco, estas actitudes están cambiando, pero el estigma contra los investigadores con diagnósticos de salud mental o discapacidad sigue siendo grave. La concesión de subvenciones que fomenten activamente la participación de investigadores discapacitados y neurodiversos contribuiría en gran medida a contrarrestar ese prejuicio.

Como he comentado a lo largo del libro, la mayoría de los profesionales saben muy poco sobre el Autismo, especialmente en personas adultas y enmascaradas, y casi todos enfocan la discapacidad desde la óptica de la discapacidad médica. He ofrecido talleres sobre neurodiversidad a profesionales de la medicina y he dado clases a psicólogos clínicos, y al principio me quedaba estupefacto al descubrir que la mayoría ni siquiera habían *oído* hablar del modelo social de la discapacidad. Muchos profesionales de la salud siguen teniendo la convicción absoluta e inamovible de que la discapacidad es un defecto médico que hay que curar. Debido a que su formación les ha enseñado a enfocar las diferencias a través de una lente médica, y no saben que existen otras alternativas, patologizan rutinariamente rasgos y comportamientos Autistas completamente neutros e inofensivos. Nuestros profesionales y educadores deben estar informados de que existen otras formas de entender la discapacidad y darse cuenta de que sus actitudes condicionadas por los prejuicios crean a menudo discapacidad donde podría no haberla.

La siguiente tabla incluye algunos de los comportamientos Autistas comunes que profesores, terapeutas y médicos tienden a identificar como señales de disfunción, pero que en realidad son completamente inofensivos y deberían entenderse como tales y normalizarse:

COMPORTAMIENTOS COMUNES SANOS DE LAS PERSONAS AUTISTAS
Estudiar intensamente un tema que despierta nuestro interés.
No percibir sonidos o señales sociales cuando estamos concentrados en una tarea absorbente.
Necesidad de saber exactamente qué podemos esperar de una situación desconocida antes de entrar en ella.
Atenernos a un horario muy rígido y rechazar cualquier desviación del programa establecido.
Necesitar mucho tiempo para pensar en cómo responder a una cuestión compleja.
Pasar horas o días a solas durmiendo y reponiendo energías tras asistir a un acto social o trabajar en un proyecto que nos han exigido dedicar toda nuestra atención.
Necesitar disponer de «toda la información posible» antes de tomar una decisión.
No saber cómo nos sentimos o necesitar unos días para averiguar qué impresión tenemos de algo.
Necesitar que una norma o unas instrucciones «tengan sentido» antes de poder cumplirlas.
No estar dispuestos a dedicar energía a exigencias sociales que nos parecen injustas o arbitrarias, como llevar maquillaje o acicalarnos con esmero.

Cuanto más informados estén sobre el Autismo los profesionales y el público, menos necesidad tendremos los Autistas de enmascararnos. Dejaremos de pasar años languideciendo, sin que nadie nos acepte ni nos tenga en cuenta; sintiéndonos marginados pero sin entender por qué. En el primer capítulo del libro, asimilaba ser un Autista enmascarado a ser un homosexual encubierto. A los gais y las lesbianas se los obliga desde que nacen a esconder su identidad sexual, porque la sociedad da por sentado que todo el mundo es heterosexual y está organizada para satisfacer solo las necesidades de las personas heterosexuales. Sin darnos cuenta, empezamos a dedicar mucha energía a falsear quiénes somos, pero es un estatus que se nos impone, no lo elegimos libremente. De forma muy parecida, se espera que todos los Autistas, desde el momento de nacer, nos comportemos como neurotípicos. Si no se nos diagnostica durante la infancia y no se nos respeta por ser como somos, no tenemos más remedio que llevar puesta la máscara de neurotípicos durante años. Lo bueno es que, a medida que vaya aumentando la aceptación social de la neurodiversidad, esa idea de que todo el mundo debe pensar, actuar y sentir de la misma manera se irá erosionando poco a poco. Si las personas neurodiversas y nuestras aliadas neurotípicas continuamos luchando por que se nos trate con ecuanimidad, llegará un momento en que la sociedad dejará de discapacitarnos constantemente como hace ahora, al tiempo que intenta por todos los medios evitar que sepamos de nuestra discapacidad.

Sanidad universal y renta básica

Muchos Autistas acaban teniendo que enmascararse porque en la infancia no se los identifica como discapacitados. El desconocimiento por parte de profesores y cuidadores sobre las distintas maneras en que puede presentarse el Autismo posiblemente sea la razón principal; pero en países como Estados Unidos, la falta de cobertura sanitaria es otra razón de mucho peso. Según los datos de la encuesta realizada en 2020 por la organización Mental Health America, más del cincuenta y siete por ciento de los estadounidenses que experimentaron problemas de salud mental ese año no recibieron tratamiento.[17] En el caso de aquellos que hubieran querido recibir tratamiento pero no podían acceder a él, la falta de seguro médico o de un seguro adecuado estaba entre los impedimentos más comunes.[18] Teniendo en cuenta el alto precio de una evaluación del Autismo y lo difícil que es para los Autistas enmascarados encontrar profesionales competentes, está claro que el acceso a la atención de salud mental en Estados Unidos necesita una ampliación drástica. Al menos la mitad de las personas Autistas del país están sin diagnosticar, y probablemente el porcentaje de diagnósticos sea aún mucho más bajo entre las mujeres, las personas transgénero, las de color y las que viven en condiciones de pobreza. Para que pueda normalizarse la experiencia Autista y se creen sistemas sociales sólidos que nos apoyen y atiendan nuestras necesidades, es imprescindible que antes se presten los debidos cuidados de salud mental a todas las personas.

Los Autistas, y la mayoría de los demás individuos discapacitados, están desempleados y subempleados en proporción mucho más alta que la población neurotípica. Incluso aquellos de nosotros que tenemos la posibilidad de enmascararnos y dar una imagen «profesional» ocupamos un lugar muy precario. Un comportamiento inoportuno en el trabajo o una incorrección verbal pueden hacer que nos despidan al instante, sobre todo si somos visiblemente discapacitados o ya hemos revelado nuestra condición de neurodiversos. Y un Autista desempleado tiene muchas dificultades para encontrar trabajo, porque las entrevistas son situaciones ambiguas que nos causan un gran estrés. Es muy raro que se nos informe previamente de las preguntas de la entrevista; de hecho, una de las cosas que se valoran en un solicitante de empleo es que sepa responder y reaccionar socialmente de un modo aceptable sin que parezca que está esforzándose por hacerlo bien.

En la actualidad, las personas Autistas tenemos dos opciones: o enmascararnos para conseguir un trabajo y para mantenerlo, o solicitar prestaciones por discapacidad, tan exiguas que no se puede vivir de ellas y que, además, vienen acompañadas de una serie de advertencias y condiciones.[19] Si estás cobrando el subsidio por discapacidad, no puedes casarte con alguien que tenga ingresos (aunque esos ingresos provengan de su propia prestación por discapacidad) sin que eso afecte a la cuantía de lo que cobrarás cada mes.[20] Tampoco puedes tener más de dos mil dólares ahorrados ni poseer bienes, o se te descalificará y dejarás de percibir la prestación al mes siguiente.[21] Todo esto, en caso de que de entrada cumplas los requisitos para poder percibir la prestación, claro está. Las personas Autistas que no tienen un diagnóstico formal no pueden solicitarla, y aquellas a las que se les concede tienen que pasar por una reevaluación periódica (entre cada seis y dieciocho meses).[*]

Los trámites y la investigación de cada solicitud de prestaciones por discapacidad son terriblemente costosos. Por este motivo, el escritor y antropólogo David Graeber sugería en su libro *Trabajos de mierda* que sería mucho menos costoso, y mucho más justo desde el punto de vista social, proporcionar una renta básica universal a todas las personas, sin condiciones. Aunque sustituir todos los programas de bienestar social por una renta básica universal probablemente no sea una medida acertada, los datos disponibles indican que un enfoque menos restrictivo y más genérico de la prestación mejoraría indiscutiblemente la calidad de vida de las personas discapacitadas.[22] En lugar de obligar a los Autistas (y a otros) a demostrar una y otra vez que de verdad están discapacitados y no pueden trabajar, la renta básica universal se le concedería a todo el mundo, como afirmación simbólica y práctica de que todos los seres humanos merecen tener dinero suficiente para vivir, sean cuales sean sus circunstancias.

---

* N. del A. El derecho a las prestaciones por incapacidad tiene que restablecerse entre cada seis y dieciocho meses: https://www.ssa.gov/benefits/disability/work.html#:~:text=Reviewing %20Your%20Disability.

Abolición de los sistemas carcelarios

No se puede acabar con el capacitismo sin erradicar las estructuras sociales opresivas y deshumanizadoras que lo crearon. Como escriben el antropólogo Roy Grinker en *Nobody's Normal* [Nadie es normal] y el psiquiatra Andrew Scull en *Locura y civilización*, durante la mayor parte de la historia europea, solía encerrarse exactamente en las mismas instalaciones a las personas discapacitadas, a las que tenían trastornos mentales y a las que infringían la ley. No existía una separación legal clara entre una detención por tener un comportamiento inofensivo pero extravagante y una detención por agredir físicamente a alguien o robar. Tanto a los «delincuentes» como a los «locos» se los consideraba seres desechables, no seres humanos. Con el tiempo, los sistemas jurídicos europeos pensaron que era oportuno distinguir entre aquellos que tenían «mala conducta» porque estaban enfermos y aquellos que lo hacían porque eran unos delincuentes o unos malvados. Entonces, se separaron los manicomios por un lado y las cárceles por otro, aunque a ambos grupos de presos se les negaban los derechos legales. En el siglo xx, la separación entre «malvados» y «trastornados» dio un giro, cuando los psicólogos forenses empezaron a explicar el comportamiento delictivo como consecuencia de algunas afecciones mentales, como el trastorno antisocial de la personalidad, la esquizofrenia y el Autismo.[23] El mal ya no se entendía como un estado moral, sino como un estado psicológico de enfermedad básicamente incurable. A nivel práctico, esta perspectiva de la naturaleza humana no es mucho mejor que la anterior. Todavía hoy, a muchos niños Autistas de color se los hace entrar en el canal que va directo de la escuela a la cárcel desde el primer curso de primaria;[24] se los castiga con severidad por cometer faltas insignificantes e incluso se llama a la policía para que se ocupe de ellos en cuanto desobedecen a un profesor o se irritan. Estas reacciones se deben en parte a la convicción de que algunas personas son sencillamente «malas» y lo mejor es apartarlas de la sociedad, sin compasión.

El sistema de justicia penal y el sistema de salud mental están íntimamente entrelazados, y ambos se encargan de perpetuar el capacitismo. Como decía en un capítulo anterior, las personas discapacitadas tienen un riesgo muy alto de que la policía les pegue un tiro. Especialmente los Autistas negros y marrones tienen muchas probabilidades de sufrir violencia policial y acabar en la cárcel. Por eso, dejar de financiar el sistema policial y carcelario y buscar la manera de abolir estas instituciones opresivas contribuiría a liberar a las personas Autistas negras, así como a otras con discapacidades y trastornos mentales. Muchos de los opositores a la violencia policial racista abogan por que se sustituya a los policías por trabajadores sociales o terapeutas para que cuando se reciba una llamada de emergencia, se envíe a una fuerza de salud mental estatal. Esto es precisamente lo que se conseguiría con la Ley de Servicios de Emergencia y Apoyo a la Comunidad (CESSA) que Timotheus Gordon Jr. y sus compañeros activistas han luchado para que se apruebe en Illinois. Este cambio de normativa salvaría sin duda numerosas vidas al año, sobre todo vidas de neurodivergentes negros y marrones.

Sin embargo, igual de importante que oponernos a la violencia racista que ejerce la policía, con aprobación estatal, es tener en cuenta la frecuencia con que los profesionales de la salud mental ordenan el internamiento de personas de color y discapacitadas, les quitan la custodia de sus hijos, las declaran legalmente incompetentes y, en definitiva, fomentan las mismas injusticias sociales que la policía. En el verano de 2021, todo el mundo se quedó conmocionado al enterarse de que a Britney Spears se le había implantado un DIU anticonceptivo como medida tutelar[*] y de que su padre tenía el control no solo de sus finanzas, sino también de su agenda de actuaciones, el tiempo que pasaba con sus dos hijos y la conveniencia, o no, de que visitara a su novio. Estos son simplemente algunos de los derechos que se les

---

[*] N. del A. Con bastante frecuencia, se ejerce un control reproductivo sobre las personas con discapacidad: https://www.thedailybeast.com/britney-spears-forced-iud-is-common-in-conservatorships.

arrebatan de forma sistemática a las personas que tienen trastornos o discapacidades mentales, y aquellas que carecen de la visibilidad pública y los privilegios de alguien como Britney Spears no tienen prácticamente posibilidad de recurrir la orden judicial.

Aunque los servicios de salud mental que conocen, comprenden y respetan la cultura de sus pacientes pueden realmente cambiarles la vida, también es cierto que la psiquiatría y la psicología han causado un inmenso daño estructural precisamente a aquellos a quienes dicen querer ayudar. El estudio de Tuskegee* sobre la sífilis, la investigación de Hans Asperger sobre los Autistas de «alto funcionamiento» o las lobotomías forzosas practicadas a homosexuales y comunistas son solo algunos ejemplos de la inmensa violencia que se ha ejercido en nombre de la ciencia y del deseo de «proteger» al público. Desde un prisma médico e individual, cualquier intención de mejorar la salud mental de los pacientes puede derivar rápidamente en una exigencia de conformidad. Por lo tanto, si queremos crear un mundo en el que todas las personas Autistas de todos los orígenes puedan desenmascararse, tenemos que eliminar los sistemas de poder que podrían imponer castigos violentos a quienes discreta o abiertamente se negaran a conformarse.

El desenmascaramiento es para todos

Hace unos ocho años, de la noche a la mañana mi amiga Wendy dejó su trabajo de abogada. Supuse que, como le ocurre a mucha gente en el campo de la abogacía, el cansancio finalmente había podido con ella. A lo largo de los años siguientes, Wendy poco a poco se abrió camino como redactora jurídica. Parecía sentarle mucho mejor: podía

---

* N. de la T.: El experimento Tuskegee fue un estudio clínico llevado a cabo entre 1932 y 1972 en la ciudad estadounidense de Tuskegee (Alabama) por el Servicio de Salud Pública de Estados Unidos. Se estudió a seiscientos aparceros afroamericanos, en su mayoría analfabetos, para observar la progresión natural de la sífilis si no recibía tratamiento, lo cual en algunos casos provocaba la muerte de los sujetos.

trabajar desde casa, dedicarle más tiempo a su hija y pasarse semanas enteras sin quitarse de encima los pantalones de chándal.

Después de que yo me revelara como Autista, Wendy me habló en privado de aquella época de cambios: «Mi hija está en el espectro —me contó—. Hace unos años lo pasó francamente mal. Explotaba a cada momento, no tenía amigas, y no sabíamos por qué era. Ese es el verdadero motivo por el que dejé el trabajo».

Yo sospechaba desde hacía tiempo que también Wendy era Autista. Tenía un carácter reservado e introvertido y muy poca paciencia con la artificiosidad. Vestía con sencillez, llevaba el pelo largo, suelto, y no se maquillaba. Era sensible y artística, y nunca me pareció que encajara bien en el intenso mundo de la abogacía. Pero resultó que el Autismo no era la explicación: «Lo investigué a fondo, pero resulta que no soy Autista —me dijo—. ¿Estaba deprimida y ansiosa en aquella época? Sí, sin duda, porque tenía un trabajo horrible y veía a mi hija sufrir. Pero criarla me ha hecho ver que no soy Autista. Lo que pasa es que me encanta el estilo de vida Autista».

La vida de Wendy cambió de raíz después de que a su hija la diagnosticaran. Dejó de trabajar para poder asistir a terapia familiar y educar a su hija en casa. La familia empezó a participar en grupos para niños Autistas y sus familias, y su hija fue lentamente haciendo amigos. Se mudaron a una casa pequeña en el campo, y todos comenzaron a pasar mucho más tiempo al aire libre. Al dejar atrás la ciudad y vivir a ritmo más lento y más respetuoso con el Autismo, Wendy se dio cuenta de que la depresión prácticamente había desaparecido. Se sentía más relajada y llena. Encontraba tiempo para escribir poesía y tocar la guitarra, y para cuidar a sus parientes ya mayores si se ponían enfermos.

«Conocer de verdad a nuestra hija y organizar nuestras vidas en torno a su discapacidad es lo mejor que le ha pasado a la familia. Por eso me cabrea tanto oír a otras "mamás del Autismo" hablar en Internet sobre la desgracia que les ha tocado vivir. A nosotros nos ha salvado la vida».

Cuando Wendy descubrió que tenía una hija Autista, su vida se transformó por completo para mejor. Las circunstancias la obligaron a salirse de la noria de la conformidad, la productividad y el no tener un minuto libre, y a dar un paso atrás para reevaluar qué era lo que más le importaba en la vida. A pesar de no ser Autista, se desenmascaró radicalmente: se liberó de las exigencias de un trabajo que no concordaba con lo que necesitaba de verdad y empezó a dedicarse a una actividad mal remunerada en una casa desordenada y acogedora, con proyectos de manualidades por en medio y papeles esparcidos, sin sentir ya la presión de tener que aparentar que era una mujer portentosa y organizada que podía «tenerlo todo».

Por supuesto, lo que hizo posible que todas estas cosas cambiaran fue que Wendy contaba con apoyo económico, personal y comunitario. A su marido le entusiasmó la idea de que se fueran a vivir al campo. El coste de la vida en la zona rural a la que se trasladaron era mucho más bajo, y Wendy pudo permitirse trabajar a tiempo parcial. Gracias a que su marido tenía un buen puesto de trabajo en una empresa, tanto ella como su hija siguieron teniendo seguro médico, y contar con ese seguro hizo posible que evaluaran y diagnosticaran a su hija. La familia contaba con el apoyo de la comunidad, lo cual hizo posibles las clases particulares y recibir la ayuda de una cuidadora si era necesario. Cuando la madre de Wendy empezó a decir cosas sin sentido sobre el Autismo debido a su falta de información, Wendy pudo sentarse con ella en una serie de sesiones de terapia para resolver problemas del pasado e informarla debidamente.

Muchas personas Autistas y sus familias carecen de estas ventajas. Si no tenemos un techo, acceso a los servicios de salud y el apoyo de un grupo de personas que estén dispuestas a aprender y madurar con nosotros, ninguno tenemos la libertad para quitarnos la máscara y ser quienes de verdad somos. Por eso es tan importante que la intención de desenmascararnos sea más que un proyecto personal. Ni todas las autoafirmaciones y prácticas de visibilidad radical del mundo pueden acabar con la injusticia económica, el racismo, la transfobia o la exclusión social. Tenemos que luchar por crear un mundo más justo, tolerante y solidario para la humanidad, si queremos que todas las personas tengan la libertad de desenmascararse.

Conozco a muchos Autistas para los que el diagnóstico, o el autodescubrimiento, fue un momento clarificador y de afirmación. Una vez superado el *shock* y la vergüenza iniciales, adoptar una identidad neurodiversa puede hacerte examinar tu vida entera, reevaluar todo lo que hasta ahora has valorado y animarte a construir una vida más lenta, más pacífica y más bella. Pero las personas Autistas no somos las únicas que obtenemos un gran beneficio al aceptar nuestra identidad. Todos nos merecemos poder dar un paso atrás y preguntarnos si nuestra vida está en consonancia con nuestros valores, si el trabajo que hacemos y la cara que mostramos a los demás reflejan nuestro yo genuino, y, si no es así, qué nos gustaría cambiar.

Cuando aceptamos a los individuos tal y como son, en lugar de descalificarlos por sus necesidades y limitaciones, la vida puede avanzar a un ritmo más relajado y tolerante. Un mundo que permita a todos los Autistas desenmascararse con seguridad es un mundo en el que cualquier persona con intereses atípicos, emociones apasionadas, hipersensibilidades ambientales, peculiaridades sociales u otras diferencias sigue siendo considerada digna y completa. Crear ese mundo requerirá un trabajo político incansable, así como una tenaz autodefensa de nuestros derechos como Autistas. Pero tanto para la población neurodiversa como para la neurotípica, merecerá la pena.

CONCLUSIÓN

Integración

Antes de saber que era Autista, tenía un profundo sentimiento de alienación en todos los sentidos. Vivía en conflicto conmigo, sin comprender por qué la vida normal me resultaba tan opresiva y desconcertante. No tenía conexión con el mundo. No confiaba en los demás ni en mi capacidad para conectar y hacerme entender. Como no me relacionaba con nadie, también mi identidad flotaba a la deriva, sin una comunidad en la que anclarme. No sospechaba siquiera que fuera una persona transgénero, ni discapacitada, y no sabía qué quería de la vida. Interiormente, era un ser fracturado, una amalgama de personalidades ficticias y escudos protectores que mantenían a todo el mundo a distancia. Solo me atrevía a soltar el escudo cuando estaba a solas, pero incluso en esa soledad me sentía profundamente triste. Dentro de mí solo había confusión y mecanismos de defensa; creía que eso era todo, que no había nada en mi interior que valiera la pena defender.

Cuando una persona Autista enmascarada no sabe realmente quién es, ni recibe tampoco del exterior la sensación general de que se la acepta, las circunstancias la obligan a percibirse a sí misma como un revoltijo de partes compartimentadas e incoherentes: «Esta es la persona que tengo que ser en el trabajo y esta la que todos esperan que sea en casa. Estas son las cosas con las que fantaseo, pero no se las puedo contar a nadie. Estas son las drogas que me dan energía, y estas las mentiras que cuento en las fiestas para que piensen que soy interesante. Y estas son las estrategias de distracción que usaré para evitar tensiones si veo que alguien empieza a sospechar que en mí hay algo raro». No tenemos la oportunidad de unificarnos en un todo consistente que podamos nombrar o entender, o que los demás puedan ver y amar. Algunas de nuestras facetas no las tenemos en cuenta porque no nos sirven para lograr nuestro principal objetivo, que es dar una imagen lo más inofensiva posible para mantenernos a salvo.

En la comunidad transgénero, hay una expresión que utilizamos para referirnos al estado frágil y confuso que habitábamos antes de reconocer nuestra identidad de género y decidir salir del armario: lo llamamos «en modo huevo». El modo *huevo* es el de una persona transgénero que está, o demasiado aislada de la comunidad trans, o demasiado asustada para abrir los ojos, y no tiene posibilidad por tanto de reconocer quién es. Cuando estás en modo huevo, te sientes a disgusto y fuera de lugar sin saber por qué. Evitas prestar atención a ciertos deseos dolorosos que acechan dentro de ti, porque mirarlos de frente destrozaría la falsa identidad cisgénero que te has construido para sobrevivir. Cuando yo estaba en modo huevo, solía ponerme vestidos vaporosos y tops escotados porque creía que era demasiado «femenina» como para que me sentara bien la ropa andrógina que realmente quería llevar. Pensaba que mi cuerpo me había condenado a ser para siempre una mujer curvilínea. Allá a donde iba, la gente me repetía lo increíblemente femenina que era y hablaban todo el rato sobre el aspecto tan «fértil» que tenía. Mi familia, mis amigas e incluso gente a la que no conocía de nada hacían todo lo posible por convencerme de que le debía a la sociedad mis cualidades femeninas. El odio que sentía hacia mi cuerpo y el rechazo que recibía de la sociedad distorsionaban por completo mi manera de verme. Cuando al final atravesé esa resistencia y empecé a vestirme como me apetecía y a hablar en un tono de voz más bajo, me di cuenta de que me habían mentido. Me veía y me sentía muy bien siendo una persona trans andrógina. No había perdido nada por abandonar la fachada. Simplemente era libre. En mi experiencia, ser un Autista enmascarado es inquietantemente similar a esconderse en el armario por ser homosexual o transgénero. Es un estado de negación y autodesprecio que deforma la experiencia interior. Aunque a menudo tienes la sensación de que has perdido la cabeza, en realidad no es un problema de neurosis, sino el resultado de oír repetidamente, con insistencia a veces incluso violenta, que no eres quien dices ser y que cualquier cosa que hagas para demostrar lo contrario es una vergüenza.

Antes de saber que era Autista, me imponía muchas normas para «pasar» por una persona neurotípica. Una de ellas era que en ningún caso podía comprar un mueble que no pudiera mover sin ayuda de nadie. Ser autosuficiente significaba poder hacer las maletas y marcharme en cualquier momento. Entendía que pedir ayuda o llevar una vida de abundante interdependencia habría sido como pintarme en el cuerpo las palabras *infeliz* y *débil* con brillantes letras carmesí. Vivía de manera que nunca necesitara ayuda.

Dormía en un colchón inflable. Me hice una «cómoda» con cajas de plástico apilables que robé de detrás del supermercado de al lado de mi casa. Tenía un televisor pequeño directamente en el suelo. Estas medidas cumplían además otra norma que me había impuesto: gastar lo mínimo y sacrificar la comodidad en nombre de la frugalidad. Cuanto más dinero ahorrara, más autosuficiente podría ser y menos trágica sería la situación si me despedían del trabajo porque hacía algo raro o porque el agotamiento no me permitía rendir. Esta era la lógica a la que obedecían también mi conducta alimentaria y mi aislamiento social. La vida de una persona que no comía ni bebía ni apenas salía de casa era barata y de bajo riesgo. Conseguiría sobrevivir a base de encogerme más y más. Luego me preguntaba por qué me sentía siempre tan infeliz y a disgusto con todo, por qué recorría la casa a pisotones sollozando durante horas; pero no me daba cuenta de que todas aquellas privaciones compulsivas hacían que mi vida fuera todavía más triste.

Enmascararme hizo que, además, me alejara de toda la gente a la que quería. Me prohibí mostrarme vulnerable con nadie, decir una sola palabra sobre la rabia, la frustración, la disforia o el anhelo obsesivo que me bullían dentro. Cada vez que alguien de confianza intentaba conectar conmigo, lo rechazaba o lo trataba con frialdad absoluta. Mis amigos me preguntaban cómo estaba y les respondía con hostilidad. Si trataban de darme muestras físicas de afecto, me quedaba inmóvil. Incluso cuando empecé a derrumbarme física y mentalmente, seguí haciendo todo lo posible por dar una imagen recia, inconmovible. Hasta las personas más leales y comprensivas tenían que conformarse con querer a una versión a medias de mí. Tampoco yo sabía quién era. Cuando tenía tiempo libre, me sentaba en mi habitación y me quedaba mirando la pared o me ponía a navegar por Internet con total apatía.

Todo esto empezó a cambiar lentamente la tarde que me senté con mi primo en el jacuzzi del parque de atracciones y escuché su teoría de que todos los miembros de nuestra familia eran Autistas. Al principio, me pilló totalmente por sorpresa. Pero en cuanto oí la palabra *Autismo* aplicada a mis parientes, ya no pude evitar aplicármela también. Durante toda mi vida había sido un revoltijo de partes inconexas, y ahora, por fin, empezaba a tomar forma una imagen de mí cohesionada y existía un nombre que englobaba las sensaciones que había experimentado siempre.

Lo contrario de la alienación es la *integración*, una sensación psicológica de conexión y completud.[1] La persona que tiene una identidad integrada percibe un hilo que conecta los diversos yoes que ha sido en distintos momentos y lugares. Por supuesto que todo ser humano cambia con el tiempo y que en función de las situaciones o el entorno modifica su conducta. No hay un «verdadero yo» estático, independiente de todos los cambios y adaptaciones. Y este hecho puede ser muy perturbador para una persona Autista enmascarada, porque nos da la sensación de que no tenemos una «historia» coherente que contarnos sobre quiénes somos en realidad; nuestras personalidades son simplemente medios para alcanzar un fin, y es un objetivo externo lo que las impulsa, en vez de una fuerza o deseo interior. Por el contrario, a quienes tienen una identidad integrada no les molestan los cambios y las variaciones, porque perciben una conexión que perdura a través de las numerosas personas que han sido: unos valores fundamentales que persisten a lo largo de su vida y un relato de su evolución personal que explica cómo han pasado de ser la persona que fueron en distintos momentos del pasado a la que son hoy.[2]

Las investigaciones (y en particular los estudios que han realizado desde hace décadas los psicólogos Dan McAdams y Jonathan Adler) indican que aquellos que tienen un autoconcepto integrado son por lo general bastante adaptables, resilientes y comprensivos consigo mismos. Son capaces de desarrollar nuevas habilidades y de cambiar de rumbo cuando las circunstancias de la vida lo exigen. Se ven a sí mismos como protagonistas de la historia de su vida. También es más probable que experimenten lo que se denomina *crecimiento postraumático*, es decir, que interpreten las experiencias dolorosas del pasado como algo que los ayudó a convertirse en personas más fuertes y más capaces de entender y ayudar a otros, en lugar de concebir esas experiencias como una terrible «contaminación» que los ha debilitado o les ha arruinado la vida.[3] Concretamente, McAdams y su equipo de investigación han observado que, a medida que maduramos o nos recuperamos de una experiencia traumática, tendemos a elaborar un relato *redentor* de quien somos. En esa visión libertadora del yo, suelen destacar unas cuantas cualidades:

CUALIDADES MÁS DESTACADAS DEL YO REDENTOR[4]	
Generativo	Trabaja para mejorar el mundo o beneficiar a las generaciones futuras.
Sensible	Se interesa por las necesidades de los demás y le preocupa la injusticia social.
Comprometido con sus valores	Desarrolla su propio conjunto de creencias y valores fundamentales, que guían cómo se comporta a lo largo de su vida.
Capaz de equilibrar la independencia y la conexión	Tiene un fuerte sentimiento de autonomía y plena confianza en sus capacidades, pero también establece conexiones auténticas con otras personas y entiende que somos todos interdependientes.

Me llama la atención lo correlacionados que están el yo redentor y el proceso de desenmascararnos. El yo redentor es en esencia un yo Autista desenmascarado: no se avergüenza de su sensibilidad, está profundamente comprometido con sus valores, trabaja con pasión por las cosas que le importan y es lo bastante fuerte como para expresarse y defender su postura, y lo bastante vulnerable como para querer conectar y dejarse ayudar. Una persona que tiene un sentimiento integrado y redentor de sí misma sabe quién es y no se avergüenza. Es capaz de resolver las tensiones de la vida con una autenticidad que honra su ética personal y sus convicciones más profundas.

En el trabajo de McAdams y Adler (y otros estudios relacionados), nada indica que haya un único camino que una persona deba seguir para desarrollar una percepción integrada o redentora de quien es. Se ha visto que la terapia narrativa es beneficiosa para quienes desean reexaminar el relato que se cuentan de su vida y de su pasado y reformularlo desde una perspectiva nueva,[5] y algunos estudios sugieren también que, en principio, la terapia narrativa puede ayudar a las personas Autistas que tienen problemas de comunicación o ansiedad social.* Sin embargo, es perfectamente posible que ese sentimiento libertador surja espontáneamente, de manera orgánica, a medida que alguien va comprendiéndose a sí mismo y estableciendo vínculos sanos y solidarios. Personalmente, sé que conocer a otras personas Autistas y aprender a entender qué es el Autismo me llevó de forma natural a escribir un nuevo «relato» sobre mi pasado y sobre quién era yo.

La etapa final del ejercicio de «Integración basada en valores» de Heather Morgan, consiste en resumir los valores fundamentales en tres o cinco palabras y ver cómo se conecta cada valor con los demás hasta crear un todo cohesionado. Para ello, Heather suele animar a sus clientes a dibujar la manera en que se entrelazan esos valores fundamentales utilizando la metáfora visual que más sugestiva les parezca.[6] Uno de los clientes dibujó una guitarra de cinco cuerdas, correspondientes cada una de ellas a uno de sus cinco valores: apertura, aceptación, logro, superación y fascinación. Cada cuerda podía activarse y «tocarse» por separado, pero solo cuando se activaban juntas en resonante armonía se conseguía una música auténticamente buena. Otra clienta pintó sus valores (compasión, comunidad, creatividad, integridad, valor intrínseco y justicia) como los distintos colores de un arcoíris. Otra dibujó la rueda de una bicicleta, en la que sus valores eran los radios que partían del centro y se apoyaban mutuamente para

---

* N. del A.: Hay que tener en cuenta que la mayoría de las investigaciones sobre terapia narrativa en personas Autistas están enfocadas en niños y niñas o adolescentes. Algunos investigadores han teorizado que la terapia narrativa es una buena opción para los Autistas con altas capacidades verbales, pero puede que quienes no procesan la información con palabras no la encuentren adecuada. Más información en Falahi, V. y Karimisani, P. (2016). The effectiveness of Narrative Therapy on improvement of communication and social interaction of children with autism. *Applied Psychological Research Quarterly*, 7(2), 81-104.

hacer posible el avance. Cada una de estas metáforas refleja la forma en que los clientes de Heather veían conectarse sus principios, y esa metáfora los ayudaba a contemplar su vida como un todo mayor que la simple suma de las partes que lo componen.

A continuación tienes un poco de espacio para explorar cómo se relacionan entre sí tus valores. Antes, busca lo que escribiste en los ejercicios de «Integración basada en valores» que aparecían en la introducción y en los capítulos cinco y seis.

INTEGRACIÓN BASADA EN VALORES:
Conecta y unifica tus valores

1. Vuelve a examinar los momentos clave de tu vida que describiste en la introducción y los valores fundamentales que señalaste en el capítulo cinco como elementos esenciales de esos momentos.

   Escribe aquí debajo esos valores uno a continuación de otro. Lo ideal es que identifiques entre tres y cinco valores distintos:

2. En el espacio siguiente, define cada uno de ellos. Debería ser una definición personal, no la que da el diccionario. Se trata de que identifiques específicamente lo que cada valor significa para ti.

Valor:
Lo que este valor significa para mí:

Valor:
Lo que este valor significa para mí:

Valor:
Lo que este valor significa para mí:

Valor:
Lo que este valor significa para mí:

Valor:
Lo que este valor significa para mí:

3. Por último, dibuja una imagen que represente tus valores y cómo se
   conectan entre sí. Esta imagen podría simbolizar una afición tuya o
   una experiencia importante, o podría evocar uno de los momentos
   clave en los que te sentiste particularmente vivo. El objetivo es crear
   una imagen que conecte todos tus valores y te ayude a visualizarlos
   y recordarlos todos.

No es necesario que todos los valores tengan el mismo peso, como ocurre en las metáforas que has leído. Podrías dibujar un valor que sea especialmente importante para ti (por ejemplo, el amor) como un pilar sobre el que descansan los demás o como un gran paraguas que cubre y protege a los demás. Una clienta de Heather dibujó tres de sus valores como los brazos y la caña de un ancla, y el cuarto valor como la cadena que conectaba el ancla al «barco» de su vida.

A mí me llevó varios meses completar el proceso que propone Heather Morgan. Fui avanzando poco a poco mientras trabajaba en el primer borrador de este libro. Examiné con calma cuáles habían sido los momentos clave de mi pasado, momentos en que me hubiera sentido exultante de vida. Las lecturas de investigación que hice y las entrevistas a otras personas Autistas me sirvieron de guía en el proceso de autorreflexión. Al final, había ido recordando momentos muy variados en los que me había sentido rebosante de vida, momentos de satisfacción y plenitud como persona, y todos ellos me dejaron claro cuáles eran mis valores fundamentales. He pensado que quizá valga la pena compartirlos aquí contigo a modo de ejemplo:

Valor n.º 1: Transparencia

Qué significa este valor para mí: expresar con franqueza cómo me siento y cómo veo las cosas. Hacer comentarios tal vez incómodos, pero que entrañan una verdad que creo que es importante escuchar. Ser sincero conmigo mismo sobre quién soy, con quién me gusta estar y qué quiero de la vida. Manifestarme acerca de cualquier maltrato que vea.

Valor n.º 2: Valentía

Qué significa este valor para mí: confiar en mi intuición y estar dispuesto a asumir riesgos. Defender mis convicciones aunque sean impopulares. Decir «sí» con entusiasmo y pasión a las cosas que quiero, en lugar de buscar excusas para decir «no». Dejar que mis emociones se expresen con fuerza y audacia. Ocupar el espacio que me corresponde y darle un enorme y voraz mordisco a la vida.

Valor n.º 3: Inspiración

Lo que este valor significa para mí: observar el mundo que me rodea, llenarme de ideas y compartir mis pensamientos y pasiones con el mundo. Escuchar mi impulso creativo y mis ráfagas de claridad. Ser una luz que pueda guiar a los demás, animando a la gente para que haga lo que sea mejor para ella.

Valor n.º 4: Pasión

Qué significa este valor para mí: darme la libertad de sentir las cosas intensamente. Concederme tiempo para estar triste, enfadado, resentido o alegre. Dejar de filtrar las emociones por cómo podrían recibirlas los demás. Ser desvergonzadamente quien soy, moverme hacia las cosas que deseo y que me hacen sentirme bien, y darme permiso para abandonar las situaciones que me hacen sentirme mal.

Si doy un paso atrás y echo un vistazo a mis principales recuerdos y valores, veo que soy una persona dinámica, fuerte, de mente clara, que no deja de evolucionar y de crecer, y que ha dado la cara muchas veces para defender a las personas y las ideas que le importan. Veo lo diferente que soy de la figura inepta, impotente, despistada y desvalida que siempre he temido que vieran en mí los no discapacitados. Tampoco me parezco en nada al intelectual frígido y pasivo del que me he disfrazado con frecuencia.

Este ejercicio me hizo ver también con mucha claridad, y dolor, hasta qué punto me obligaba mi antigua vida enmascarada a vivir en un estado de bloqueo e insatisfacción. En la soledad de mi apartamento, sin relacionarme con nadie, no tenía ocasión de expresarme ni de poder inspirar a otras personas. Me daba tanto miedo incomodar a la gente que no me atrevía a defender mi perspectiva de las cosas ni me permitía tampoco hacer nada que me diera placer. Pero era la parte de mí que estaba empeñada en ser una persona neurotípica la que me fallaba siempre; mi verdadero yo era un ser hermoso que se merecía muchísimo más.

El resultado ideal de este ejercicio es haber ayudado paso a paso a la persona Autista a confiar más en sí misma. Y si miro atrás, no recuerdo una sola vez en la que me haya arrepentido de ninguna decisión que haya estado guiada por la franqueza, la confianza, la inspiración o la pasión. Cada vez que he mandado a la mierda las reglas artificiosas de la buena educación, o he dejado un trabajo que me hacía sentirme mal, o he dicho sí a una invitación inesperada sin pensarlo dos veces, o he hablado claro, o en un impulso me he hecho un tatuaje, ¡me he sentido increíblemente bien! Ha sido como sacar la cabeza y aspirar una bocanada de aire fresco, después de toda una vida sumergido bajo el agua. Y a la inversa: recuerdo innumerables decisiones desastrosas motivadas por el miedo, la inhibición o el deseo de ser cortés. Cada vez que me he disculpado por manifestarme con intensidad excesiva, que he quitado importancia a algo que necesitaba de verdad, que he tolerado una amistad en la que no se me respetaba o que he dicho que sí a un trabajo que sabía que no era para mí, me ha quedado un sentimiento de ansiedad y desánimo. Nunca ha dado pie a una auténtica conexión. Solo me ha hecho perder tiempo y energía y me ha llenado de resentimiento. Siempre me ha ido mejor cuando he sido yo mismo, sea cual sea el precio que haya pagado por ello.

Al pensar en cómo podían integrarse en un todo completo mis cuatro valores, vi un escudo. Cuando al hacer la transición elegí el nombre Devon, fue en parte porque significa 'defensor'. Mientras estuve en el armario (escondiendo a la vez el ser trans y el ser Autista) me encogía para protegerme. Mi existencia era en todo momento una disculpa por ser quien era. Ahora saco fuerzas de quien verdaderamente soy, y mi intención es ser un escudo al servicio de los demás: una presencia firme y valiente, alguien que dé la cara y se enfrente al mundo y ampare a quienes lo necesitan. Mis valores me protegen a mí y a las personas que me importan. Solía creer que mi máscara me protegía, pero pesaba tanto que, en realidad, lo único que hacía era dejarme sin fuerzas. Honrar mis valores hace exactamente lo contrario: pone mis rasgos más Autistas en primera línea, en lugar de esconderlos, y deja que sean ellos los que me guíen en la batalla. Ahora estoy agradecido por la persona que soy y sé que los demás también están agradecidos por conocerla. Y en el proceso hasta aceptar plenamente una identidad Autista, he conocido a cantidad de personas que han recorrido un camino similar hacia la autoaceptación y la apertura, y que finalmente se han sentido libres, integradas y en sintonía con sus valores tras años de disimulo y fingimiento impulsados por el miedo. Eso mismo quiero para ti.

No pretendo hacerte creer que la vida como persona visiblemente Autista sea fácil. La opresión que ejerce el capacitismo es muy fuerte, y hay Autistas que nunca llegan a desenmascararse del todo. Muchos de nosotros estamos en una posición tan precaria que autorrevelarnos puede ser demasiado peligroso. Algunos Autistas llegan a la conclusión de que es preferible conformarse con la aceptación de unos pocos círculos íntimos, y seguir llevando la máscara el resto del tiempo, que arriesgarse a sufrir abusos en las relaciones, a la violencia policial, a quedarse sin techo o incluso a un internamiento forzoso por desenmascararse. Para que puedan quitarse la máscara, el sistema social tiene que cambiar y tienen que mejorar significativamente sus circunstancias de vida.

La mayoría de los Autistas ocupan puestos de trabajo inferiores a los que su capacidad les permitiría desempeñar y sufren explotación, aislamiento y pobreza. Para las personas Autistas que son mujeres, transgénero, negras, pobres o marginadas, es particularmente peligroso pensar en quitarse la máscara. Incluso aquellos que tenemos la libertad para desenmascararnos radicalmente debemos estar dispuestos a enfrentarnos al dolor que han dejado en nosotros las experiencias traumáticas del pasado y a los prejuicios sociales. El hecho de que alguien afirme individualmente su valía no es suficiente para superar el poder de esa oposición. Un mundo que acepte la neurodiversidad sería, por definición, un lugar donde se concediera a todas las personas, culturas y formas de ser el mismo grado de dignidad, autonomía y respeto. A pesar de todo, para los Autistas que luchan por la justicia y por lograr una aceptación generalizada, desenmascararse es a la vez un esencial paso adelante y una manera de conservar la cordura mientras el mundo sigue siendo injusto. He sido testigo de hasta qué punto puede florecer social y psicológicamente una persona Autista cuando al fin escapa de una situación insegura y encuentra una comunidad que la acepta. Yo mismo he pasado por eso. Nunca conseguiremos construir una sociedad más neurodiversa si no nombramos nuestras dificultades comunes, formamos lazos de comunidad entre nosotros y declaramos en voz alta que nuestra forma de funcionar no es ni defectuosa ni mala. Gran parte del mundo neurotípico sigue queriendo «curarnos» de nuestra diferencia, utilizando terapias génicas e instrumentos de detección para impedir que nazca más gente como nosotros y métodos terapéuticos abusivos que nos entrenan, como a los perros, para que seamos más obedientes. Incluso a aquellos de nosotros a los que no se nos ha forzado a someternos a un tratamiento Autista formal, se nos manipula y presiona día tras día para reducirnos a una versión más sumisa y agradable de quienes verdaderamente somos.

Desenmascararnos es mostrar con orgullo un rostro de inconformismo, negarnos a ceder a las exigencias neurotípicas por mucho poder que tengan. Desenmascararnos es un acto de activismo audaz y una declaración de nuestra valía. Es negarnos a que nos silencien, dejar de vivir divididos y de escondernos y, como seres humanos completos, mostrarnos con firmeza junto a las demás personas discapacitadas y marginadas. Juntos, tenemos la fuerza para defender nuestra libertad, armados con el escudo y el poder que nos da aceptarnos radicalmente. Para ello, tenemos que saber antes quiénes somos y darnos cuenta de que nunca hemos tenido nada que ocultar.

Agradecimientos

Gracias a mi agente, Jenny Herrera, por ver el potencial de mis escritos y darme la confianza para emprender una vida como autor, en la que nunca habría tenido el valor de embarcarme solo. Lo he dicho en otras ocasiones y lo repito: has cambiado mi vida. A mi editora, Michele Eniclerico: muchas gracias por tu interés en este libro, por tu apoyo, tus preguntas penetrantes, tus perspicaces sugerencias de reestructuración y tu confianza en mi criterio. Te agradezco mucho que me animaras a hacer un libro dirigido específicamente a los Autistas, en lugar de apelar a una mirada neurotípica. El capítulo ocho es ahora la parte del libro de la que más orgulloso me siento, y ni siquiera estaría aquí sin tus sugerencias. Gracias, Jeanne Widen, de la Escuela de Estudios Profesionales y Continuados de Loyola, por apoyar siempre mi trabajo de escritor y considerarlo una parte valiosa de mi identidad académica. Siempre me has tratado con infinita calidez y confianza, y te estoy increíblemente agradecido. Gracias a todo el equipo de Harmony por hacer que este libro tenga un aspecto tan precioso y por ayudarme a presentarlo al mundo.

Son muchos los escritores y pensadores Autistas y neurodivergentes que han desempeñado un papel fundamental en la elaboración de este libro: Heather Morgan, James Finn, Jesse Meadows, Marta Rose, Keillan Cruickshank, Timotheus Gordon Jr, Jersey Noah y Jess White, gracias por cada conversación que hemos tenido, por todos los recursos que habéis creado para la comunidad y todos los comentarios que me habéis hecho llegar. A Amythest Schaber, Ruti Regan,

Jen White-Johnson, Sky Cubacub, Samuel Dylan Finch, ChrisTiana ObeySumner, Rian Phin, Tiffany Hammond, Anand Prahlad y a todas las personas que he citado en este libro: gracias por todo lo que habéis creado. Gracias a todos los que me permitisteis que os entrevistara, así como a los cientos de Autistas que respondisteis en Internet a las encuestas y a las peticiones de opiniones y comentarios sobre mis ideas. Al escribir este libro, he intentado incorporar el mayor número posible de perspectivas Autistas, y espero haber honrado todas las historias que habéis compartido conmigo y haber tratado vuestra generosidad con el respeto y la gratitud que merece.

Gracias a todos los que me habéis ayudado a sentirme menos roto a lo largo de los años, en especial a todos los amigos que me ofrecisteis vuestra comprensión cuando no me entendía a mí mismo y no sabía cómo relacionarme. Me esforcé por alejarme de los que me queréis, porque estaba consumido por la duda y el miedo, pero vuestro amor y vuestra honestidad han sido mis piedras de toque. Gracias a todos los amigos Autistas y neurodivergentes que me habéis revelado vuestra discapacidad desde que empecé a escribir sobre la mía propia, porque eso nos ha dado a vosotros y a mí la maravillosa oportunidad de intercambiar trucos para la vida y de ofrecernos mutuamente compasión. Gracias a mi familia por permitirme siempre ser yo y hablar desde mi experiencia sin intentar nunca silenciar mi voz. A todos mis amigos del servidor Dump Truck Discord, gracias por mantenerme relativamente estable y auténticamente conectado durante la pandemia. Por último, gracias a Nick por atenuar las luces, por ingeniar excusas para que pueda ausentarme de las funciones ajetreadas, por construir una habitación bajo la cama a la que escapar del agobio sensorial y enchufarte los auriculares cuando los efectos de sonido de chess.com son demasiado crispantemente altos. La mayor parte del tiempo, todavía me detesto por ser tan irritable e inseguro, y no puedo entender cómo alguien puede quererme tal y como soy. Te prometo que algún día seré capaz de reconocer tu aceptación y tu amor incondicionales como algo que yo, ¡y tú! ¡y todas las personas! merecemos.

Notas

Introducción
1. Thomas, P., Zahorodny, W., Peng, B., Kim, S., Jani, N., Halperin, W. y Brimacombe, M. (2012). The association of autism diagnosis with socioeconomic status. *Autism, 16*(2), 201-213.
2. Hull, L., Petrides, K. V. y Mandy, W. (2020). The female autism phenotype and camouflaging: A narrative review. *Review Journal of Autism and Developmental Disorders*, 1-12.
3. «Entrevista a Temple Grandin». 2 de enero de 2006. Consultado el 14 de abril de 2019.
4. Petrou, A. M., Parr, J. R. y McConachie, H. (2018). Gender differences in parent-reported age at diagnosis of children with autism spectrum disorder. *Research in Autism Spectrum Disorders*, *50*, 32-42.
5. Livingston, L. A., Shah, P. y Happé, F. (2019). Compensatory strategies below the behavioural surface in autism: A qualitative study. *The Lancet Psychiatry, 6*(9), 766-777.
6. https://www.cdc.gov/mmwr/volumes/69/ss/ss6904a1.htm?s_cid=ss6904a1_w.
7. Cage, E. y Troxell-Whitman, Z. (2019). Understanding the Reasons, Contexts and Costs of Camouflaging for Autistic Adults. *Journal of Autism and Developmental Disorders 49*, 1899-1911, https://doi.org/10.1007/s10803-018-03878-x.
8. Livingston, L. A., Shah, P. y Happé, F. (2019). Compensatory strategies below the behavioural surface in autism: A qualitative study. *The Lancet Psychiatry, 6*(9), 766-777.
9. Cassidy, S. A., Gould, K., Townsend, E., Pelton, M., Robertson, A. E. y Rodgers, J. (2020). Is camouflaging autistic traits associated with suicidal thoughts and behaviours? Expanding the interpersonal psychological theory of suicide in an undergraduate student sample. *Journal of Autism and Developmental Disorders, 50*(10), 3638-3648.

Capítulo 1
1. Corrigan, P. W. (2016). Lessons learned from unintended consequences about erasing the stigma of mental illness. *World Psychiatry, 15*(1), 67-73. https://doi.org/10.1002/wps.20295.

2. Ben-Zeev, D., Young, M. A. y Corrigan, P. W. (2010). DSM-V and the stigma of mental illness. *Journal of Mental Health, 19*(4), 318-327.

3. Ysasi, N., Becton, A. y Chen, R. (2018). Stigmatizing effects of visible versus invisible disabilities. *Journal of Disability Studies, 4*(1), 22-29.

4. Mazumder, R. y Thompson-Hodgetts, S. (2019). Stigmatization of Children and Adolescents with Autism Spectrum Disorders and their Families: A Scoping Study. *Review of Journal of Autism and Developmental Disorders, 6*, 96-107. https://doi.org/10.1007/s40489-018-00156-5.

5. Raymaker, D. M., Teo, A. R., Steckler, N. A., Lentz, B., Scharer, M., Delos Santos, A., ... y Nicolaidis, C. (2020). «Having All of Your Internal Resources Exhausted Beyond Measure and Being Left with No Clean-Up Crew»: Defining Autistic Burnout. *Autism in Adulthood, 2*(2), 132-143.

6. Buckle, K. L., Leadbitter, K., Poliakoff, E. y Gowen, E. (2020). No way out except from external intervention: Relatos experienciales de la inercia Autista.

7. Demetriou, E. A., Lampit, A., Quintana, D. S., Naismith, S. L., Song, Y. J. C., Pye, J. E., ... y Guastella, A. J. (2018). Autism spectrum disorders: meta-analysis of executive function. *Molecular Psychiatry, 23*(5), 1198-1204.

8. Thapar, A. y Rutter, M. (2020). Genetic advances in autism. *Journal of Autism and Developmental Disorders*, 1-12.

9. Gernsbacher, M. A., Dawson, M. y Mottron, L. (2006). Autism: Common, heritable, but not harmful. *Behavioral and Brain Sciences, 29*(4), 413.

10. Rylaarsdam, L. y Guemez-Gamboa, A. (2019). Genetic causes and modifiers of autism spectrum disorder. *Frontiers in Cellular Neuroscience, 13*, 385.

11. Hahamy, A., Behrmann, M. y Malach, R. (2015). The idiosyncratic brain: Distortion of spontaneous connectivity patterns in autism spectrum disorder. *Nature Neuroscience, 18*, 302-309. https://doi.org/10.1038/nn.3919.

12. Zhou, Y., Shi, L., Cui, X., Wang, S. y Luo, X. (2016). Functional Connectivity of the Caudal Anterior Cingulate Cortex Is Decreased in Autism. *PloS One, 11*(3), e0151879. https://doi.org/10.1371/journal.pone.0151879.

13. Allman, J. M., Watson, K. K., Tetreault, N. A. y Hakeem, A. Y. (2005). Intuition and autism: A possible role for Von Economo neurons. *Trends in Cognitive Sciences, 9*(8), 367-373.

14. Rosenberg, A., Patterson, J. S. y Angelaki, D. E. (2015). A computational perspective on autism. *Proceedings of the National Academy of Sciences, 112*(30), 9158-9165.

15. Hahamy, A., Behrmann, M. y Malach, R. (2015). The idiosyncratic brain: Distortion of spontaneous connectivity patterns in autism spectrum disorder. *Nature Neuroscience, 18*, 302-309. https://doi.org/10.1038/nn.3919; Dinstein, I., Heeger, D. J. y Behrmann, M. (2015). Neural variability: Friend or foe? *Trends in Cognitive Sciences, 19*(6), 322-328.

16. Este comunicado de prensa del Instituto Weizmann puede leerse en https://www.eurekalert.org/pub_releases/2015-01/wios-abg-012115.php.

17. Koldewyn, K., Jiang, Y. V., Weigelt, S. y Kanwisher, N. (2013). Global/local processing in autism: Not a disability, but a disinclination. *Journal of Autism and Developmental Disorders, 43*(10), 2329-2340. https://doi.org/10.1007/s10803-013-1777-z.

18. L. Mottron, S. Belleville y E. Ménard (1999). Local bias in autistic subjects as evidenced by graphic tasks: Perceptual hierarchization or working memory deficit? *Journal of Child Psychology and Psychiatry, 40*, 743-755.

19. D. Hubl, S. Bolte, S. Feineis-Matthews, H. Lanfermann, A. Federspiel, W. Strik, *et al.* (2003). Functional imbalance of visual pathways indicates alternative face processing strategies in autism. *Neurology, 61*, 1232-1237.

20. Minio-Paluello, I., Porciello, G., Pascual-Leone, A. y Baron-Cohen, S. (2020). Face individual identity recognition: A potential endophenotype in autism. *Molecular Autism, 11*(1), 1-16.

21. Longdon, E. y Read, J. (2017). «People with Problems, Not Patients with Illnesses»: Using psychosocial frameworks to reduce the stigma of psychosis. *Israel Journal of Psychiatry and Related Sciences, 54*(1), 24-30.

22. https://www.wired.com/story/how-earnest-research-into-gay-genetics-went-wrong/.

23. Guiraud, J. A., Kushnerenko, E., Tomalski, P., Davies, K., Ribeiro, H. y Johnson, M. H. (2011). Differential habituation to repeated sounds in infants at high risk for autism. *Neuroreport, 22*, 845-849.

24. Brosnan, M., Lewton, M. y Ashwin, C. (2016). Reasoning on the autism spectrum: A dual process theory account. *Journal of Autism and Developmental Disorders, 46*(6), 2115-2125.

25. Brosnan, M., Ashwin, C. y Lewton, M. (2017). Brief report: Intuitive and reflective reasoning in autism spectrum disorder. *Journal of Autism and Developmental Disorders, 47*(8), 2595-2601.

26. Seltzer, M. M., Krauss, M. W., Shattuck, P. T., Orsmond, G., Swe, A. y Lord, C. (2003). The symptoms of autism spectrum disorders in adolescence and adulthood. *Journal of Autism and Developmental Disorders, 33*(6), 565-581.

27. Hazen, E. P., Stornelli, J. L., O'Rourke, J. A., Koesterer, K. y McDougle, C. J. (2014). Sensory symptoms in autism spectrum disorders. *Harvard Review of Psychiatry, 22*(2), 112-124.

28. Jordan, C. J. y Caldwell-Harris, C. L. (2012). Understanding differences in neurotypical and autism spectrum special interests through internet forums. *Intellectual and Developmental Disabilities, 50*(5), 391-402.

29. Kapp, S. K., Steward, R., Crane, L., Elliott, D., Elphick, C., Pellicano, E. y Russell, G. (2019). «People should be allowed to do what they like»: Autistic adults' views and experiences of stimming. *Autism, 23*(7), 1782-1792.

30. Tchanturia, K., Smith, K., Glennon, D. y Burhouse, A. (2020). Towards an improved understanding of the Anorexia Nervosa and Autism spectrum comorbidity: PEACE pathway implementation. *Frontiers in Psychiatry, 11*, 640.

31. Wijngaarden-Cremers, P. J. M., Brink, W. V. y Gaag, R. J. (2014). Addiction and autism: A remarkable comorbidity. *Journal of Alcoholism and Drug Dependence, 2*(4), 170.

32. McKenzie, R. y Dallos, R. (2017). Autism and attachment difficulties: Overlap of symptoms, implications and innovative solutions. *Clinical Child Psychology and Psychiatry, 22*(4), 632-648.

33. McElhanon, B. O., McCracken, C., Karpen, S. y Sharp, W. G. (2014). Gastrointestinal symptoms in autism spectrum disorder: A meta-analysis. *Pediatrics, 133*(5), 872-883.

34. Baeza-Velasco, C., Cohen, D., Hamonet, C., Vlamynck, E., Diaz, L., Cravero, C., ... y Guinchat, V. (2018). Autism, joint hypermobility-related disorders and pain. *Frontiers in Psychiatry, 9*, 656.

35. Bolton, P. F., Carcani-Rathwell, I., Hutton, J., Goode, S., Howlin, P. y Rutter, M. (2011). Epilepsy in autism: Features and correlates. *British Journal of Psychiatry, 198*(4), 289-294.

36. Antshel, K. M., Zhang-James, Y. y Faraone, S. V. (2013). The comorbidity of ADHD and autism spectrum disorder. *Expert Review of Neurotherapeutics, 13*(10), 1117-1128.

37. Russell, G. y Pavelka, Z. (2013). Co-occurrence of developmental disorders: Children who share symptoms of autism, dyslexia and attention deficit hyperactivity disorder. *InTech*, 361-386

38. Hull, L., Levy, L., Lai, M. C., Petrides, K. V., Baron-Cohen, S., Allison, C., ... y Mandy, W. (2021). Is social camouflaging associated with anxiety and depression in autistic adults? *Molecular Autism, 12*(1), 1-13.

39. https://leader.pubs.asha.org/doi/10.1044/leader.FTR2.25042020.58.

40. Singer, Judy (1999). «Why can't you be normal for once in your life?» From a «problem with no name» to the emergence of a new category of difference, en Corker, Mairian y French, Sally (eds.). *Disability Discourse*. McGraw-Hill Education (Reino Unido). p. 61.

41. Takarae, Y. y Sweeney, J. (2017). Neural hyperexcitability in autism spectrum disorders. *Brain Sciences, 7*(10), 129.

42. Stewart, L. P. y White, P. M. (2008). Sensory filtering phenomenology in PTSD. *Depression and Anxiety, 25*(1), 38-45.

43. Bora, E., Aydin, A., Saraç, T., Kadak, M. T. y Köse, S. (2017). Heterogeneity of subclinical autistic traits among parents of children with autism spectrum disorder: Identifying the broader autism phenotype with a data-driven method. *Autism Research, 10*(2), 321-326.

44. https://www.cdc.gov/mmwr/volumes/67/ss/pdfs/ss6706a1-H.pdf.

45. Mandell, D. S., *et al.* (2009). Racial/ethnic disparities in the identification of children with autism spectrum disorders. *American Journal of Public Health, 99*(3), 493-498. https://doi.org/10.2105/AJPH.2007.131243.

46. https://www.cdc.gov/ncbddd/autism/addm-community-report/differences-in-children.html.

47. Stevens, K. (2019). Lived Experience of Shutdowns in Adults with Autism Spectrum Disorder.

48. Endendijk, J. J., Groeneveld, M. G., van der Pol, L. D., van Berkel, S. R., Hallers-Haalboom, E. T., Bakermans-Kranenburg, M. J. y Mesman, J. (2017). Gender differences in child aggression: Relations with gender-differentiated parenting and parents' gender-role stereotypes. *Child Development, 88*(1), 299-316.

49. Cage E. y Troxell-Whitman, Z. (2019). Understanding the Reasons, Contexts and Costs of Camouflaging for Autistic Adults. *Journal of Autism and Developmental Disorders, 49*(5), 1899-1911. https://doi.org/10.1007/s10803-018-03878-x.

50. Andersson, G. W., Gillberg, C. y Miniscalco, C. (2013). Pre-school children with suspected autism spectrum disorders: Do girls and boys have the same profiles? *Research in Developmental Disabilities, 34*(1), 413-422.

51. Silberman, S. *NeuroTribes: The Legacy of Autism and the Future of Neurodiversity*. Nueva York: Penguin, 2015, cap. 5, «Fascinating Peculiarities».

52. https://www.nature.com/articles/d41586-018-05112-1.

53. Burch, S. y Patterson, L. (2013). Not Just Any Body: Disability, Gender, and History. *Journal of Women's History, 25*(4), 122-137.

54. https://nsadvocate.org/2018/07/11/treating-autism-as-a-problem-the-connection-between-gay-conversion-therapy-and-aba/.

55. Hillier, A., Gallop, N., Mendes, E., Tellez, D., Buckingham, A., Nizami, A. y OToole, D. (2019). LGBTQ + and autism spectrum disorder: Experiences and challenges. *International Journal of Transgender Health, 21*(1), 98-110. https://doi.org/10.108 0/15532739.2019.1594484.

56. https://www.spectrumnews.org/news/extreme-male-brain-explained/.

57. Evans, S. C., Boan, A. D., Bradley, C. y Carpenter, L. A. (2019). Sex/gender differences in screening for autism spectrum disorder: Implications for evidence-based assessment. *Journal of Clinical Child & Adolescent Psychology, 48*(6), 840-854.

58. Metzl, J. M. *The Protest Psychosis: How Schizophrenia Became a Black Disease*. Boston: Beacon Press, 2010

59. Halladay, A. K., Bishop, S., Constantino, J. N., Daniels, A. M., Koenig, K., Palmer, K., Messinger, D., Pelphrey, K., Sanders, S. J., Singer, A. T., Taylor, J. L. y Szatmari, P. (2015). Sex and gender differences in autism spectrum disorder: Summarizing evidence gaps and identifying emerging areas of priority. *Molecular Autism, 6*, 36. https://doi.org/10.1186/s13229-015-0019-y.

60. Becerra, T. A., von Ehrenstein, O. S., Heck, J. E., Olsen, J., Arah, O. A., Jeste, S. S. ... y Ritz, B. (2014). Autism spectrum disorders and race, ethnicity, and nativity: A population-based study. *Pediatrics, 134*(1), e63-e71.

61. https://autismsciencefoundation.org/what-is-autism/how-common-is-autism /#:~:text=In%20the%201980s%20autism%20prevalence,and%20later%201 %20in%201000.

62. https://www.nami.org/Support-Education/Publications-Reports/Public-Policy-Reports/The-Doctor-is-Out#:~:text=800%2D950%2DNAMI&text=Each%20 year%20millions%20of%20Americans,States%20go%20without%20any%20 treatment.

63. Bora, E., Aydin, A., Saraç, T., Kadak, M. T. y Köse, S. (2017). Heterogeneity of subclinical autistic traits among parents of children with autism spectrum disorder: Identifying the broader autism phenotype with a data-driven method. *Autism Research, 10*(2), 321-326.

64. Encontrarás un desglose por estados de lo que se ha expuesto en https://www.ncsl. org/research/health/autism-and-insurance-coverage-state-laws.aspx.

65. https://www.clarifiasd.com/autism-diagnostic-testing/#:~:text=There%20is %20 a%20cost%20associated,more%20than%20doubles%20the%20cost.
66. https://www.quora.com/How-much-does-it-typically-cost-to-get-a-formal-diagnosis-of-an-autism-spectrum-disorder.
67. https://www.wpspublish.com/ados-2-autism-diagnostic-observation-schedule-second-edition.
68. https://devonprice.medium.com/from-self-diagnosis-to-self-realization-852e3a069451.
69. https://www.bgsu.edu/content/dam/BGSU/equity-diversity/documents/university-policies/evidence-prove-discrimination.pdf.
70. Encontrarás una explicación clara de los modelos social y médico de la discapacidad y su interacción en Goering, S. (2015). Rethinking disability: The social model of disability and chronic disease. Current Reviews in Musculoskeletal Medicine, 8(2), 134-138. https://doi.org/10.1007/s12178-015-9273-z.
71. https://www.phrases.org.uk/meanings/differently-abled.html.
72. Longmore, P. K. (1985). A Note on Language and the Social Identity of Disabled People. American Behavioral Scientist, 28(3), 419-423. https://doi.org/10.1177/0002 76485028003009.
73. https://journals.sagepub.com/doi/abs/10.1177/000276485028003009 ?journalCode=absb.
74. https://www.nature.com/articles/d41586-018-05112-1.
75. «Significant Gay Events Timeline» (PDF). Asociación de Policías Gay de Escocia. Archivado del PDF original el 15 de marzo de 2014. Consultado en la misma fecha.

Capítulo 2

1. Ashley, F. (2020). A critical commentary on «rapid-onset gender dysphoria». Sociological Review, 68(4), 779-799. https://doi.org/10.1177/0038026120934693.
2. https://www.washingtonpost.com/lifestyle/2020/03/03/you-dont-look-autistic-reality-high-functioning-autism/.
3. Bargiela, S., Steward, R. y Mandy, W. (2016). The experiences of late-diagnosed women with autism spectrum conditions: An investigation of the female autism phenotype. Journal of Autism and Developmental Disorders, 46(10), 3281-3294.
4. Mandy, W., Chilvers, R., Chowdhury, U., Salter, G., Seigal, A. y Skuse, D. (2012). Sex differences in autism spectrum disorder: Evidence from a large sample of children and adolescents. Journal of Autism and Development Disorders, 42: 1304-1313. doi:10.1007/s10803-011-1356-0.
5. Meier, M. H., Slutske, W. S., Heath, A. C. y Martin, N. G. (2009). The role of harsh discipline in explaining sex differences in conduct disorder: A study of opposite-sex twin pairs. Journal of Abnormal Child Psychology, 37(5), 653-664. https://doi.org/10.1007/s10802-009-9309-1.
6. Aznar, A. y Tenenbaum, H. R. (2015). Gender and age differences in parent-child emotion talk. British Journal of Developmental Psychology, 33(1), 148-155.

7. Fung, W. K. y Cheng, R. W. Y. (2017). Effect of school pretend play on preschoolers' social competence in peer interactions: Gender as a potential moderator. *Early Childhood Education Journal, 45*(1), 35-42.

8. Goin-Kochel, R. P., Mackintosh, V. H. y Myers, B. J. (2006). How many doctors does it take to make an autism spectrum diagnosis? *Autism, 10*: 439-451. doi:10.1177/1362361306066601.

9. http://www.myspectrumsuite.com/meet-rudy-simone-autistic-bestselling-author-advocate-director-worldwide-aspergirl-society/.

10. Fullchecklistarchivedathttps://mostlyanything19.tumblr.com/post/163630697943/atypical-autism-traits; original site Help4Aspergers.com is now down.

11. https://www.psychologytoday.com/us/blog/women-autism-spectrum-disorder/202104/10-signs-autism-in-women.

12. https://www.aane.org/women-asperger-profiles/.

13. https://slate.com/human-interest/2018/03/why-are-a-disproportionate-number-of-autistic-youth-transgender.html.

14. https://www.wesa.fm/post/some-autism-furry-culture-offers-comfort-and-acceptance#stream/0.

15. Huijnen, C., Lexis, M., Jansens, R. y de Witte, L. P. (2016). Mapping Robots to Therapy and Educational Objectives for Children with Autism Spectrum Disorder. *Journal of Autism and Developmental Disorders, 46*(6), 2100-2114. https://doi.org/10.1007/s10803-016-2740-6.

16. https://www.psychologytoday.com/us/blog/the-imprinted-brain/201512/the-aliens-have-landed.

17. Warrier, V., Greenberg, D. M., Weir, E., Buckingham, C., Smith, P., Lai, M. C. ... y Baron-Cohen, S. (2020). Elevated rates of autism, other neurodevelopmental and psychiatric diagnoses, and autistic traits in transgender and gender-diverse individuals. *Nature Communications, 11*(1), 1-12.

18. https://www.queerundefined.com/search/autigender.

19. van der Miesen, A. I. R., Cohen-Kettenis, P. T. y de Vries, A. L. C. (2018). Is there a link between gender dysphoria and autism spectrum disorder? *Journal of the American Academy of Child & Adolescent Psychiatry, 57*(11), 884-885. https://doi.org/10.1016/j.jaac.2018.04.022.

20. Neely Jr., B. H. (2016). To disclose or not to disclose: Investigating the stigma and stereotypes of autism in the workplace. Trabajo final de máster en Psicología, presentado como parte de los requisitos para la obtención del título en la Universidad Estatal de Pensilvania.

21. https://www.jkrowling.com/opinions/j-k-rowling-writes-about-her-reasons-for-speaking-out-on-sex-and-gender-issues/.

22. Dale, L. K. *Uncomfortable Labels: My Life as a Gay Autistic Trans Woman*. Londres: Jessica Kingsley, 2019

23. Dale, L. K. *Uncomfortable Labels: My Life as a Gay Autistic Trans Woman*. Londres: Jessica Kingsley, 2019, p. 26.

24. https://www.nature.com/articles/d41586-020-01126-w.

25. Fernando, S. *Institutional Racism in Psychiatry and Clinical Psychology*. Londres: Palgrave Macmillan, 2017.

26. Si quieres saber con detalle cómo han cambiado las definiciones de enfermedad mental y discapacidad a lo largo del tiempo, puedes consultar Scull, A. Madness in Civilization: A Cultural History of Insanity from the Bible to Freud, from the Madhouse to Modern Medicine. Princeton University Press, 2015.

27. Dababnah, S., Shaia, W. E., Campion, K. y Nichols, H. M. (2018). «We Had to Keep Pushing»: Caregivers' Perspectives on Autism Screening and Referral Practices of Black Children in Primary Care. *Intellectual and Developmental Disabilities, 56*(5), 321-336.

28. Begeer, S., El Bouk, S., Boussaid, W., Terwogt, M. M. y Koot, H. M. (2009). Under-diagnosis and referral bias of autism in ethnic minorities. *Journal of Autism and Developmental Disorders, 39*(1), 142.

29. Bhui, K., Warfa, N., Edonya, P., McKenzie, K. y Bhugra, D. (2007). Cultural competence in mental health care: A review of model evaluations. *BMC Health Services Research, 7*(1), 1-10.

30. https://www.apa.org/monitor/2018/02/datapoint#:~:text=In%202015%2C%2086%20percent%20of,from%20other%20racial%2Fethnic%20groups.

31. https://www.npr.org/sections/health-shots/2020/06/25/877549715/bear-our-pain-the-plea-for-more-black-mental-health-workers.

32. https://www.hollywoodreporter.com/features/this-is-the-best-part-ive-ever-had-how-chris-rocks-extensive-therapy-helped-prepare-him-for-fargo.

33. https://www.spectrumnews.org/news/race-class-contribute-disparities-autism-diagnoses/.

34. Mandell, D. S., Listerud, J., Levy, S. E. y Pinto-Martin, J. A. (2002). Race differences in the age at diagnosis among Medicaid-eligible children with autism. *Journal of the American Academy of Child & Adolescent Psychiatry, 41*(12), 1447-1453.

35. Dyches, T. T., Wilder, L. K., Sudweeks, R. R., Obiakor, F. E. y Algozzine, B. (2004). Multicultural issues in autism. *Journal of Autism and Developmental Disorders, 34*(2), 211-222.

36. Mandell, D. S., Ittenbach, R. F., Levy, S. E. y Pinto-Martin, J. A. (2007). Disparities in diagnoses received prior to a diagnosis of autism spectrum disorder. *Journal of Autism and Developmental Disorders, 37*(9), 1795-1802. https://doi.org/10.1007/s10803-006-0314-8.

37. https://www.spectrumnews.org/opinion/viewpoint/autistic-while-black-how-autism-amplifies-stereotypes/.

38. DeBose, C. E. (1992). Codeswitching: Black English and standard English in the African-American linguistic repertoire. *Journal of Multilingual & Multicultural Development, 13*(1-2), 157-167.

39. Walton, G. M., Murphy, M. C. y Ryan, A. M. (2015). Stereotype threat in organizations: Implications for equity and performance. *Annual Review of Organizational Psychology and Organizational Behavior, 2,* 523-550. https://doi.org/10.1146/annurev-orgpsych-032414-111322.

40. Molinsky, A. (2007). Cross-cultural code-switching: The psychological challenges of adapting behavior in foreign cultural interactions. *Academy of Management Review*, *32*(2), 622-640.

41. https://hbr.org/2019/11/the-costs-of-codeswitching.

42. Molinsky, A. (2007). Cross-cultural code-switching: The psychological challenges of adapting behavior in foreign cultural interactions. *Academy of Management Review*, *32*(2), 622-640.

43. https://www.spectrumnews.org/features/deep-dive/the-missing-generation/.

44. https://apnews.com/b76e462b44964af7b431a735fb0a2c75.

45. https://www.forbes.com/sites/gusalexiou/2020/06/14/police-killing-and-criminal-exploitation-dual-threats-to-the-disabled/#39d86f6e4f0f.

46. https://www.chicagotribune.com/opinion/commentary/ct-opinion-adam-toledo-little-village-20210415-yfuxq4fz7jgtnl54bwn5w4ztw4-story.html.

47. https://namiillinois.org/half-people-killed-police-disability-report/.

48. https://www.forbes.com/sites/gusalexiou/2020/06/14/police-killing-and-criminal-exploitation-dual-threats-to-the-disabled/#c4b478c4f0fa.

49. Prahlad, A. *The Secret Life of a Black Aspie: A Memoir*. Fairbanks: University of Alaska Press, 2017, p. 69.

50. Este hilo de Twitter de Marco Rogers tiene un contenido excelente y accesible sobre las diferencias raciales y culturales en los enfoques de la «conversación real»: https://twitter.com/polotek/status/1353902811868618758?lang=en.

51. Deep, S., Salleh, B. M. y Othman, H. (2017). Exploring the role of culture in communication conflicts: A qualitative study. *Qualitative Report*, *22*(4), 1186.

52. https://www.webmd.com/brain/autism/what-does-autism-mean.

53. https://www.vulture.com/2018/05/the-st-elsewhere-finale-at-30.html#:~:text=Today%20is%20the%2030th%20anniversary,gazes%20at%20all%20day%20long.

54. Encontrarás un resumen de algunos de los problemas de Music, incluida la forma en que tergiversa la comunicación aumentativa, en https://www.bitchmedia.org/article/sia-film-music-ableism-autistic-representation-film.

55. Wakabayashi, A., Baron-Cohen, S. y Wheelwright, S. (2006). Are autistic traits an independent personality dimension? A study of the Autism-Spectrum Quotient (AQ) and the NEO-PI-R. *Personality and Individual Differences*, *41*(5), 873-883.

56. Nader-Grosbois, N. y Mazzone, S. (2014). Emotion regulation, personality and social adjustment in children with autism spectrum disorders. *Psychology*, *5*(15), 1750.

57. Morgan, M. y Hills, P. J. (2019). Correlations between holistic processing, Autism quotient, extraversion, and experience and the own-gender bias in face recognition. *PloS One*, *14*(7), e0209530.

58. Fournier, K. A., Hass, C. J., Naik, S. K., Lodha, N. y Cauraugh, J. H. (2010). Motor coordination in autism spectrum disorders: A synthesis and meta- analysis. *Journal of Autism and Developmental Disorders*, *40*(10), 1227-1240.

59. Lane, A. E., Dennis, S. J. y Geraghty, M. E. (2011). Brief report: Further evidence of sensory subtypes in autism. *Journal of Autism and Developmental Disorders*, *41*(6), 826-831.

60. Liu, Y., Cherkassky, V. L., Minshew, N. J. y Just, M. A. (2011). Autonomy of lower-level perception from global processing in autism: Evidence from brain activation and functional connectivity. *Neuropsychologia*, *49*(7), 2105-2111. https://doi.org/10.1016/j.neuropsychologia.2011.04.005.

61. Este hilo de los Autisticats resume muy bien la investigación: https://twitter.com/autisticats/status/1343996974337564674. También está archivado permanentemente en https://threadreaderapp.com/thread/1343993141146378241.html.

62. Mottron, L., Dawson, M., Soulieres, I., Hubert, B. y Burack, J. (2006). Enhanced perceptual functioning in autism: An update, and eight principles of autistic perception. *Journal of Autism and Developmental Disorders*, *36*(1), 27-43.

63. https://www.queervengeance.com/post/autistic-people-party-too.

64. https://www.wcpo.com/news/insider/logan-joiner-addresses-his-fears-and-those-of-others-on-the-autism-spectrum-by-riding-and-reviewing-roller-coasters#:~:text=Facebook-,Roller%20coaster%20conqueror%20Logan%20Joiner%2C%20on%20the%20autism%20spectrum,helps%20others%20overcome%20their%20fears&text=Since%20then%2C%20he's%20gone%20from,reviewer%20with%20a%20YouTube%20following.

65. Gargaro, B. A., Rinehart, N. J., Bradshaw, J. L., Tonge, B. J. y Sheppard, D. M. (2011). Autism and ADHD: How far have we come in the comorbidity debate? *Neuroscience & Biobehavioral Reviews*, *35*(5), 1081-1088.

66. Möller, H. J., Bandelow, B., Volz, H. P., Barnikol, U. B., Seifritz, E. y Kasper, S. (2016). The relevance of «mixed anxiety and depression» as a diagnostic category in clinical practice. *European Archives of Psychiatry and Clinical Neuroscience*, *266*(8), 725-736. https://doi.org/10.1007/s00406-016-0684-7.

67. https://www.sciencemag.org/news/2018/05/cold-parenting-childhood-schizophrenia-how-diagnosis-autism-has-evolved-over-time.

68. Moree, B. N. y Davis III, T. E. (2010). Cognitive-behavioral therapy for anxiety in children diagnosed with autism spectrum disorders: Modification trends. *Research in Autism Spectrum Disorders*, *4*(3), 346-354.

69. https://medium.com/@KristenHovet/opinion-highly-sensitive-person-hsp-and-high-functioning-autism-are-the-same-in-some-cases-842821a4eb73.

70. https://kristenhovet.medium.com/opinion-highly-sensitive-person-hsp-and-high-functioning-autism-are-the-same-in-some-cases-842821a4eb73.

71. https://www.autismresearchtrust.org/news/borderline-personality-disorder-or-autism.

72. Knaak, S., Szeto, A. C., Fitch, K., Modgill, G. y Patten, S. (2015). Stigma towards borderline personality disorder: Effectiveness and generalizability of an anti-stigma program for healthcare providers using a pre-post randomized design. *Borderline Personality Disorder and Emotion Dysregulation*, *2*(1), 1-8.

73. King, G. (2014). Staff attitudes towards people with borderline personality disorder. *Mental Health Practice*, *17*(5).

74. Agrawal, H. R., Gunderson, J., Holmes, B. M. y Lyons-Ruth, K. (2004). Attachment studies with borderline patients: A review. *Harvard Review of Psychiatry*, *12*(2), 94-104. https://doi.org/10.1080/10673220490447218.

75. Scott, L. N., Kim, Y., Nolf, K. A., Hallquist, M. N., Wright, A. G., Stepp, S. D., Morse, J. Q. y Pilkonis, P. A. (2013). Preoccupied attachment and emotional dysregulation: Specific aspects of borderline personality disorder or general dimensions of personality pathology? *Journal of Personality Disorders*, *27*(4), 473-495. https://doi.org/10.1521/pedi_2013_27_099.

76. Lai, M. C. y Baron-Cohen, S. (2015). Identifying the lost generation of adults with autism spectrum conditions. *Lancet Psychiatry, 2*(11):1013-27. doi:10.1016/S2215-0366(15)00277-1. PMID:26544750.

77. Baron-Cohen S. The extreme male brain theory of autism. *Trends in Cognitive Science*, 1 de junio de 2002; 6(6): 248-254. doi: 10.1016/s1364-6613(02)01904-6. PMID: 12039606.

78. Sheehan, L., Nieweglowski, K. y Corrigan, P. (2016). The stigma of personality disorders. *Current Psychiatry Reports*, *18*(1), 11.

79. https://www.nytimes.com/2021/05/24/style/adhd-online-creators-diagnosis.html.

80. Lau-Zhu, A., Fritz, A. y McLoughlin, G. (2019). Overlaps and distinctions between attention deficit/hyperactivity disorder and autism spectrum disorder in young adulthood: Systematic review and guiding framework for EEG-imaging research. *Neuroscience and Biobehavioral Reviews*, *96*, 93-115. https:// doi.org/10.1016/j.neubiorev.2018.10.009.

81. Jesse Meadows tiene un fabuloso ensayo sobre el vínculo entre el Autismo y el TDAH: https://www.queervengeance.com/post/what-s-the-difference-between-adhd-and-autism.

82. Velasco, C. B., Hamonet, C., Baghdadli, A. y Brissot, R. (2016). Autism Spectrum Disorders and Ehlers-Danlos Syndrome hypermobility-type: Similarities in clinical presentation. *Cuadernos de medicina psicosomática y psiquiatría de enlace* (118), 49-58.

83. Black, C., Kaye, J. A. y Jick, H. (2002). Relation of childhood gastrointestinal disorders to autism: Nested case-control study using data from the UK General Practice Research Database. *BMJ*, *325*(7361), 419-421.

84. Bolton, P. F., Carcani-Rathwell, I., Hutton, J., Goode, S., Howlin, P. y Rutter, M. (2011). Epilepsy in autism: Features and correlates. *British Journal of Psychiatry*, *198*(4), 289-294.

85. https://www.youtube.com/watch?v=GCGlhS5CF08.

86. https://www.instagram.com/myautisticpartner/.

87. https://autisticadvocacy.org/2012/10/october-2012-newsletter/.

88. https://www.iidc.indiana.edu/irca/articles/social-communication-and-language-characteristics.html. Véase también Foley-Nicpon, M., Assouline, S. G. y Stinson, R. D. (2012). Cognitive and academic distinctions between gifted students with autism and Asperger syndrome. *Gifted Child Quarterly*, *56*(2), 77-89.

89. Para más información sobre este tema, véase Price, D. Laziness Does Not Exist [La pereza no existe]. Nueva York: Atria Books, 2021

Capítulo 3

1. Hume, K. (2008). Transition Time: Helping Individuals on the Autism Spectrum Move Successfully from One Activity to Another. *The Reporter 13*(2), 6-10.

2. Raymaker, Dora M., *et al.* (2020). «Having All of Your Internal Resources Exhausted Beyond Measure and Being Left with No Clean-Up Crew»: Defining Autistic Burnout. *Autism in Adulthood*, 132-143. http://doi.org/10.1089/aut.2019.0079.

3. Livingston, L. A., Shah, P. y Happé, F. (2019). Compensatory strategies below the behavioural surface in autism: A qualitative study. *Lancet Psychiatry*, 6(9), 766-777.

4. J. Parish-Morris, J., MY Lieberman, M. Y., Cieri, C., *et al.* (2017). Linguistic camouflage in girls with autism spectrum disorder. *Molecular Autism, 8*, 48.

5. Livingston, L. A., Colvert, E., Social Relationships Study Team ('equipo del estudio relaciones sociales'), Bolton, P. y Happé, F. (2019). Good social skills despite poor theory of mind: Exploring compensation in autism spectrum disorder. *Journal of Child Psychology and Psychiatry*, 60, 102.

6. Cage, E. y Troxell-Whitman, Z. (2019). Understanding the reasons, contexts and costs of camouflaging for autistic adults. *Journal of Autism and Developmental Disorders, 49*, 1899-1911.

7. Lai, M.-C., Lombardo, M. V., Ruigrok, A. N. V., *et al.* (2017). Quantifying and exploring camouflaging in men and women with autism. *Autism, 21,* 690-702.

8. Zablotsky, B., Bramlett, M. y Blumberg, S. J. (2015). Factors associated with parental ratings of condition severity for children with autism spectrum disorder. *Disability and Health Journal*, 8(4), 626-634. https://doi.org/10.1016/j.dhjo.2015.03.006.

9. https://sociallyanxiousadvocate.wordpress.com/2015/05/22/why-i-left-aba/.

10. https://autisticadvocacy.org/2019/05/association-for-behavior-analysis-international-endorses-torture/.

11. https://www.nbcnews.com/health/health-care/decades-long-fight-over-electric-shock-treatment-led-fda-ban-n1265546.

12. https://www.nbcnews.com/health/health-care/decades-long-fight-over-electric-shock-treatment-led-fda-ban-n1265546.

13. https://newsone.com/1844825/lillian-gomez-puts-hot-sauce-on-crayons/.

14. Lovaas, O. Ivar. *Teaching Developmentally Disabled Children: The Me Book Paperback.* 1 de abril 1981, p. 50, «Hugs».

15. https://neurodiversityconnects.com/wp-content/uploads/2018/06/PTSD.ABA_.pdf.

16. https://madasbirdsblog.wordpress.com/2017/04/03/i-abused-children-for-a-living/?iframe=true&theme_preview=true.

17. https://southseattleemerald.com/2018/12/05/intersectionality-what-it-means-to-be-autistic-femme-and-black/.

18. https://truthout.org/articles/as-an-autistic-femme-i-love-greta-thunbergs-resting-autism-face/.

19. Woods, R. (2017). Exploring how the social model of disability can be re-invigorated for autism: In response to Jonathan Levitt. *Disability & Society*, 32(7), 1090-1095.

Capítulo 4

1. Bellini, S. (2006). The development of social anxiety in adolescents with autism spectrum disorders. *Focus on Autism and Other Developmental Disabilities*, 21(3), 138-145.

2. Lawson, R. P., Aylward, J., White, S. y Rees, G. (2015). A striking reduction of simple loudness adaptation in autism. *Scientific Reports*, *5*(1), 1-7.
3. Takarae, Y. y Sweeney, J. (2017). Neural hyperexcitability in autism spectrum disorders. *Brain Sciences*, *7*(10), 129.
4. Samson, F., Mottron, L., Soulieres, I. y Zeffiro, T. A. (2012). Enhanced visual functioning in autism: An ALE meta-analysis. *Human Brain Mapping*, *33*, 1553-1581.
5. Takahashi, H., Nakahachi, T., Komatsu, S., Ogino, K., Iida, Y y Kamio, Y. (2014). Hyperreactivity to weak acoustic stimuli and prolonged acoustic startle latency in children with autism spectrum disorders. *Molecular Autism*, *5*, 23.
6. Jones, R. S., Quigney, C. y Huws, J. C. (2003). First-hand accounts of sensory perceptual experiences in autism: A qualitative analysis. *Journal of Intellectual & Developmental Disability*, *28*(2), 112-121.
7. Rothwell, P. E. (2016). Autism spectrum disorders and drug addiction: Common pathways, common molecules, distinct disorders? *Frontiers in Neuroscience*, *10*, 20.
8. https://www.theatlantic.com/health/archive/2017/03/autism-and-addiction/518289/.
9. Rothwell, P. E. (2016). Autism spectrum disorders and drug addiction: Common pathways, common molecules, distinct disorders? *Frontiers in Neuroscience*, *10*, 20.
10. https://devonprice.medium.com/the-queens-gambit-and-the-beautifully-messy-future-of-autism-on-tv-36a438f63878.
11. Brosnan, M. y Adams, S. (2020). The Expectancies and Motivations for Heavy Episodic Drinking of Alcohol in Autistic Adults. *Autism in Adulthood*, *2*(4), 317-324.
12. Flanagan, J. C., Korte, K. J., Killeen, T. K. y Back, S. E. (2016). Concurrent Treatment of Substance Use and PTSD. *Current Psychiatry Reports*, *18*(8), 70. https://doi.org/10.1007/s11920-016-0709-y.
13. Sze, K. M. y Wood, J. J. (2008). Enhancing CBT for the treatment of autism spectrum disorders and concurrent anxiety. *Behavioural and Cognitive Psychotherapy*, *36*(4), 403.
14. Helverschou, S. B., Brunvold, A. R. y Arnevik, E. A. (2019). Treating patients with co-occurring autism spectrum disorder and substance use disorder: A clinical explorative study. *Substance Abuse: Research and Treatment*, *13*, 1178221819843291. Para más información sobre las modificaciones de la TCC (aunque esta investigación es muy limitada, ya que se basa en una muestra de niños y niñas pequeños y refleja una perspectiva notablemente capacitista de las habilidades sociales de las personas Autistas) puedes consultar: J. J. Wood, A. Drahota, K. Sze, K. Har, A. Chiu y Langer, D. A. (2009). Cognitive behavioral therapy for anxiety in children with autism spectrum disorders: A randomized, controlled trial. *Journal of Child Psychology and Psychiatry, 50*, 224-234.
15. https://jessemeadows.medium.com/alcohol-an-autistic-masking-tool-8aff572ca520.
16. https://www.youtube.com/watch?v=q8J59KXog1M.
17. Assouline, S. G., Nicpon, M. F. y Doobay, A. (2009). Profoundly gifted girls and autism spectrum disorder: A psychometric case study comparison. *Gifted Child Quarterly*, *53*(2), 89-105.
18. https://www.youtube.com/watch?v=zZb0taGNLmU.

19. Hobson, H., Westwood, H., Conway, J., McEwen, F. S., Colvert, E., Catmur, C., ... y Happe, F. (2020). Alexithymia and autism diagnostic assessments: Evidence from twins at genetic risk of autism and adults with anorexia nervosa. *Research in Autism Spectrum Disorders*, *73*, 101531.

20. Wiskerke, J., Stern, H. y Igelström, K. (2018). Camouflaging of repetitive movements in autistic female and transgender adults. *BioRxiv*, 412619.

21. Coombs, E., Brosnan, M., Bryant-Waugh, R. y Skevington, S. M. (2011). An investigation into the relationship between eating disorder psychopathology and autistic symptomatology in a non-clinical sample. *British Journal of Clinical Psychology*, *50*(3), 326-338.

22. Huke, V., Turk, J., Saeidi, S., Kent, A. y Morgan, J. F. (2013). Autism spectrum disorders in eating disorder populations: A systematic review. *European Eating Disorders Review*, *21*(5), 345-351.

23. Tchanturia, K., Dandil, Y., Li, Z., Smith, K., Leslie, M. y Byford, S. (2020). A novel approach for autism spectrum condition patients with eating disorders: Analysis of treatment cost-savings. *European Eating Disorders Review*.

24. Tchanturia, K., Adamson, J., Leppanen, J. y Westwood, H. (2019). Characteristics of autism spectrum disorder in anorexia nervosa: A naturalistic study in an inpatient treatment programme. *Autism, 23*(1), 123-130. https://doi.org/10.1177/1362361317722431.

25. Tchanturia, K., Dandil, Y., Li, Z., Smith, K., Leslie, M. y Byford, S. (2020). A novel approach for autism spectrum condition patients with eating disorders: Analysis of treatment cost-savings. *European Eating Disorders Review*.

26. Li, Z., Dandil, Y., Toloza, C., Carr, A., Oyeleye, O., Kinnaird, E. y Tchanturia, K. (2020). Measuring Clinical Efficacy Through the Lens of Audit Data in Different Adult Eating Disorder Treatment Programmes. *Frontiers in Psychiatry*, *11*, 599945. https://doi.org/10.3389/fpsyt.2020.599945.

27. https://www.youtube.com/watch?v=6Her9P4LEEQ.

28. Zalla, T. y Sperduti, M. (2015). The sense of agency in autism spectrum disorders: A dissociation between prospective and retrospective mechanisms? *Frontiers in Psychology*, *6*, 1278.

29. Zalla, T., Miele, D., Leboyer, M. y Metcalfe, J. (2015). Metacognition of agency and theory of mind in adults with high functioning autism. *Consciousness and Cognition, 31*, 126-138. doi:10.1016/j.concog.2014.11.001.

30. Schauder, K. B., Mash, L. E., Bryant, L. K. y Cascio, C. J. (2015). Interoceptive ability and body awareness in autism spectrum disorder. *Journal of Experimental Child Psychology, 131,* 193-200. https://doi.org/10.1016/j.jecp.2014.11.002.

31. Schauder, K. B., Mash, L. E., Bryant, L. K. y Cascio, C. J. (2015). Interoceptive ability and body awareness in autism spectrum disorder. *Journal of Experimental Child Psychology*, *131*, 193-200.

32. https://www.spectrumnews.org/features/deep-dive/unseen-agony-dismantling-autisms-house-of-pain/.

33. https://www.spectrumnews.org/news/people-alexithymia-emotions -mystery/#:~:text=In%20a%20series%20of%20studies,to%20alexithymia%2C %20not%20to%20autism.
34. Poquérusse, J., Pastore, L., Dellantonio, S. y Esposito, G. (2018). Alexithymia and Autism Spectrum Disorder: A Complex Relationship. *Frontiers in Psychology*, 9, 1196. https://doi.org/10.3389/fpsyg.2018.01196.
35. https://www.marketwatch.com/story/most-college-grads-with-autism-cant-find- jobs-this-group-is-fixing-that-2017-04-10-5881421#:~:text=There%20 will%20be%20500%2C000%20adults,national%20unemployment%20rate%20 of%204.5%25.
36. Ohl, A., Grice Sheff, M., Small, S., Nguyen, J., Paskor, K. y Zanjirian, A. (2017). Pre- dictors of employment status among adults with Autism Spectrum Disorder. *Work* 56(2): 345-355. doi:10.3233/WOR-172492. PMID: 28211841.
37. Romuáldez, A. M., Heasman, B., Walker, Z., Davies, J. y Remington, A. (2021). «People Might Understand Me Better»: Diagnostic Disclosure Experiences of Autis- tic Individuals in the Workplace. *Autism in Adulthood*.
38. Baldwin, S., Costley, D. y Warren, A. (2014). Employment activities and experiences of adults with high-functioning autism and Asperger's disorder. *Journal of Autism and Developmental Disorders*, 44(10), 2440-2449.
39. Romano, M., Truzoli, R., Osborne, L. A. y Reed, P. (2014). The relationship between autism quotient, anxiety, and internet addiction. *Research in Autism Spectrum Disorders*, 8(11), 1521-1526.
40. Mazurek, M. O., Engelhardt, C. R. y Clark, K. E. (2015). Video games from the perspective of adults with autism spectrum disorder. *Computers in Human Behavior*, 51, 122-130.
41. Mazurek, M. O. y Engelhardt, C. R. (2013). Video game use and problem behaviors in boys with autism spectrum disorders. *Research in Autism Spectrum Disorders*, 7(2), 316-324.
42. Griffiths, S., Allison, C., Kenny, R., Holt, R., Smith, P. y Baron-Cohen, S. (2019). The vulnerability experiences quotient (VEQ): A study of vulnerability, mental health and life satisfaction in autistic adults. *Autism Research*, 12(10), 1516-1528.
43. Halperin, D. A. (1982). Group processes in cult affiliation and recruitment. *Group*, 6(2), 13-24.
44. https://www.spectrumnews.org/features/deep-dive/radical-online-communities -and-their-toxic-allure-for-autistic-men/.
45. https://medium.com/an-injustice/detransition-as-conversion-therapy-a-survivor- speaks-out-7abd4a9782fa; https://kyschevers.medium.com/tell-amazon-to-stop-se- lling-pecs-anti-trans-conversion-therapy-book-7a22c308c84d.
46. Lifton, R. J. (2012). Los ocho criterios necesarios según el doctor Robert J. Lifton para reformar el pensamiento eight. Publicado originalmente en *Thought Reform and the Psychology of Totalism,* cap. 22 (2.ª ed., Chapel Hill: University of North Carolina Press, 1989) y cap. 15 (Nueva York, 1987).
47. Deikman, A. J. *The Wrong Way Home: Uncovering the Patterns of Cult Behavior in American Society.* Boston: Beacon Press, 1990.

48. Dawson, L. L. *Comprehending Cults: The Sociology of New Religious Movements*. Vol. 71. Oxford: Oxford University Press, 2006

49. https://www.huffpost.com/entry/multilevel-marketing-companies-mlms-cults-similarities_l_5d49f8c2e4b09e72973df3d3.

50. En la charla TEDx «Academia Is a Cult» (El mundo académico es una secta), Karen Kelskey describe los patrones abusivos de los programas académicos, en particular los programas posdoctorales que explotan la mano de obra de los estudiantes: https://www.youtube.com/watch?v=ghAhEBH3MDw.

51. Wood, C. y Freeth, M. (2016). Students' Stereotypes of Autism. *Journal of Educational Issues, 2*(2), 131-140.

52. Walker, P. (2013). Complex PTSD: From surviving to thriving: A guide and map for recovering from childhood trauma. CreateSpace.

53. http://pete-walker.com/fourFs_TraumaTypologyComplexPTSD.htm?utm source=yahoo&utm_medium=referral&utm_campaign=in-text-link.

54. Raymaker, D. M., *et al.* (2020). *Autism in Adulthood*, 2(2): 132-143. http://doi.org/10.1089/aut.2019.0079.

55. https://letsqueerthingsup.com/2019/06/01/fawning-trauma-response/.

56. https://www.healthline.com/health/mental-health/7-subtle-signs-your-trauma-response-is-people-pleasing.

57. https://www.autism-society.org/wp-content/uploads/2014/04/Domestic_Violence___Sexual_Assult_Counselors.pdf.

58. Kulesza, W. M., Cisłak, A., Vallacher, R. R., Nowak, A., Czekiel, M. y Bedynska, S. (2015). The face of the chameleon: The experience of facial mimicry for the mimicker and the mimickee. *Journal of Social Psychology*, *155*(6), 590-604.

59. https://www.instagram.com/p/B_6IPryBG7k/.

Capítulo 5

1. https://www.spectrumnews.org/opinion/viewpoint/stimming-therapeutic-autistic-people-deserves-acceptance/.

2. Ming, X. Brimacombe, M. y Wagner, G. (2007). Prevalence of motor impairment in autism spectrum disorders. *Brain Development, 29*, 565-570.

3. Kurcinka, M. S. *El niño tozudo: una guía para padres de niños más intensos, sensibles, perspicaces, persistentes y llenos de energía*. Trad. Marta Fonoll. Barcelona: Medici, 2004.

4. Waltz, M. (2009). From changelings to crystal children: An examination of «New Age» ideas about autism. *Journal of Religion, Disability & Health*, *13*(2), 114-128.

5. Freedman, B. H., Kalb, L. G., Zablotsky, B. y Stuart, E. A. (2012). Relationship status among parents of children with autism spectrum disorders: A population-based study. *Journal of Autism and Developmental Disorders*, *42*(4), 539-548.

6. https://www.washingtonpost.com/outlook/toxic-parenting-myths-make-life-harder-for-people-with-autism-that-must-change/2019/02/25/24bd60f6-2f1b-11e9-813a-0ab2f17e305b_story.html.

7. https://www.realsocialskills.org/blog/orders-for-the-noncompliance-is-a-social-skill. Consultado en enero de 2021.

8. Corrigan, P. W., Rafacz, J. y Rüsch, N. (2011). Examining a progressive model of self-stigma and its impact on people with serious mental illness. *Psychiatry Research, 189*(3), 339-343.

9. Corrigan, P. W., Kosyluk, K. A. y Rüsch, N. (2013). Reducing self-stigma by coming out proud. *American Journal of Public Health, 103*(5), 794-800.

10. Martínez-Hidalgo, M. N., Lorenzo-Sánchez, E., García, J. J. L. y Regadera, J. J. (2018). Social contact as a strategy for self-stigma reduction in young adults and adolescents with mental health problems. *Psychiatry Research, 260*, 443-450.

11. Grove, R., Hoekstra, R. A., Wierda, M. y Begeer, S. (2018). Special interests and subjective wellbeing in autistic adults. *Autism Research, 11*(5), 766-775.

12. Dawson, M. The Misbehaviour of the Behaviourists: Ethical Challenges to the Autism-ABA Industry. https://www.sentex.ca/~nexus23/naa_aba.html.

13. Grove, R., Hoekstra, R. A., Wierda, M. y Begeer, S. (2018). Special interests and subjective wellbeing in autistic adults. *Autism Research, 11*(5), 766-775.

14. Teti, M., Cheak-Zamora, N., Lolli, B. y Maurer-Batjer, A. (2016). Reframing autism: Young adults with autism share their strengths through photo-stories. *Journal of Pediatric Nursing, 31*, 619-629.

15. Jordan, C. J. y Caldwell-Harris, C. L. (2012). Understanding differences in neurotypical and autism spectrum special interests through internet forums. *Intellectual and Developmental Disabilities, 50*(5), 391-402.

16. https://poweredbylove.ca/2020/05/08/unmasking/.

17. Haruvi-Lamdan, N., Horesh, D., Zohar, S., Kraus, M. y Golan, O. (2020). Autism spectrum disorder and post-traumatic stress disorder: An unexplored co-occurrence of conditions. *Autism, 24*(4), 884-898.

18. Fisher, J. (2017). *Cómo sanar la fragmentación interna de los sobrevivientes de trauma: y superar la alienación interior.* Trad. Miriam Ramos Morrison. Madrid: Ediciones Pléyades, 2020.

Capítulo 6

1. Rose, M. Principles of Divergent Design, 1A. https://www.instagram.com/p/CKzZOnrh_Te/.

2. Van de Cruys, S., Van der Hallen, R. y Wagemans, J. (2017). Disentangling signal and noise in autism spectrum disorder. *Brain and Cognition, 112*, 78-83.

3. Zazzi, H. y Faragher, R. (2018). «Visual clutter» in the classroom: Voices of students with Autism Spectrum Disorder. *International Journal of Developmental Disabilities, 64*(3), 212-224.

4. Si puedes permitírtelo, lee esta crítica sobre cómo el minimalismo es a menudo un símbolo de estatus de clase: https://forge.medium.com/minimalism-is-a-luxury-good-4488693708e5.

5. Rose, M. Principles of Divergent Design, Part 2A. https://www.instagram.com/p/CK4BHVjhmiR/.

6. White, R. C. y Remington, A. (2019). Object personification in autism: This paper will be very sad if you don't read it. *Autism, 23*(4), 1042-1045.

7. Encontrarás un análisis de los «objetos calmantes» para reducir el estrés de las personas Autistas en Taghizadeh, N., Davidson, A., Williams, K. y Story, D. (2015). Autism spectrum disorder (ASD) and its perioperative management. Pediatric Anesthesia, 25(11), 1076-1084.

8. Luke, L., Clare, I. C., Ring, H., Redley, M. y Watson, P. (2012). Decision-making difficulties experienced by adults with autism spectrum conditions. Autism, 16(6), 612-621.

9. https://algedra.com.tr/en/blog/importance-of-interior-design-for-autism.

10. https://www.vice.com/en/article/8xk854/fitted-sheets-suck.

11. https://www.discovermagazine.com/health/this-optical-illusion-could-help-to-diagnose-autism.

12. https://www.monster.com/career-advice/article/autism-hiring-initiatives-tech.

13. Baker, E. K. y Richdale, A. L. (2017). Examining the behavioural sleep-wake rhythm in adults with autism spectrum disorder and no comorbid intellectual disability. Journal of Autism and Developmental Disorders, 47(4), 1207-1222.

14. Galli-Carminati, G. M., Deriaz, N. y Bertschy, G. (2009). Melatonin in treatment of chronic sleep disorders in adults with autism: A retrospective study. Swiss Medical Weekly, 139(19-20), 293-296.

15. https://www.businessinsider.com/8-hour-workday-may-be-5-hours-too-long-research-suggests-2017-9.

16. Olsson, L. E., Gärling, T., Ettema, D., Friman, M. y Fujii, S. (2013). Happiness and satisfaction with work commute. Social Indicators Research, 111(1), 255-263.

17. Su, J. Working Hard and Work Outcomes: The Relationship of Workaholism and Work Engagement with Job Satisfaction, Burnout, and Work Hours. Normal: Illinois State University, 2019.

18. Sato, K., Kuroda, S. y Owan, H. (2020). Mental health effects of long work hours, night and weekend work, and short rest periods. Social Science & Medicine, 246, 112774.

19. https://www.instagram.com/_steviewrites/?hl=en.

20. Aday, M. (2011). Special interests and mental health in autism spectrum disorders (No. D. Psych (C)). Deakin University.

21. Kapp, S. K., Steward, R., Crane, L., Elliott, D., Elphick, C., Pellicano, E. y Russell, G. (2019). «People should be allowed to do what they like»: Autistic adults' views and experiences of stimming. Autism, 23(7), 1782-1792.

22. Rose, M. (2020). Neuroemergent Time: Making Time Make Sense for ADHD & Autistic People. Martarose.com.

23. https://twitter.com/roryreckons/status/1361391295571222530.

24. http://unstrangemind.com/autistic-inertia-an-overview/.

25. https://autistrhi.com/2018/09/28/hacks/.

26. Sedgewick, F., Hill, V., Yates, R., Pickering, L. y Pellicano, E. (2016). Gender differences in the social motivation and friendship experiences of autistic and non-autistic adolescents. Journal of Autism and Developmental Disorders, 46(4), 1297-1306.

27. http://rebirthgarments.com/radical-visibility-zine.

28. Sasson, N. J., Faso, D. J., Nugent, J., Lovell, S., Kennedy, D. P. y Grossman, R. B. (2017). Neurotypical Peers are Less Willing to Interact with Those with Autism

Based on Thin Slice Judgments. *Scientific Reports*, *7*, 40700. https://doi.org/10.1038/srep40700.

29. McAndrew, F. T. y Koehnke, S. S. (2016). On the nature of creepiness. *New Ideas in Psychology*, *43*, 10-15.

30. Leander, N. P., Chartrand, T. L. y Bargh, J. A. (2012). You give me the chills: Embodied reactions to inappropriate amounts of behavioral mimicry. *Psychological Science*, *23*(7), 772-779. Nota: Muchos de los estudios de John Bargh sobre el efecto de los estímulos ambientales percibidos inconscientemente (*priming*) no han podido reproducirse en los últimos años. Si tienes interés en el tema, puedes leer un artículo sobre otra serie de estudios distintos, aunque relacionados, que fallaron a la hora de intentar reproducir los efectos de la temperatura ambiental percibida: Lynott, D., Corker, K. S., Wortman, J., Connell, L., Donnellan, M. B., Lucas, R. E. y O'Brien, K. (2014). Replication of «Experiencing physical warmth promotes interpersonal warmth» by Williams and Bargh (2008). *Social Psychology*.

31. Sasson, N. J. y Morrison, K. E. (2019). First impressions of adults with autism improve with diagnostic disclosure and increased autism knowledge of peers. *Autism*, *23*(1), 50-59.

32. La youtuber Sundiata Smith tiene un vídeo sobre el cuidado natural del cabello negro para personas que estén en el espectro. Puedes verlo en https://www.youtube.com/watch?v=KjsnIG7kvWg.

33. https://www.instagram.com/postmodernism69/?hl=en.

Capítulo 7

1. Gayol, G. N. (2004). Codependence: A transgenerational script. *Transactional Analysis Journal*, *34*(4), 312-322.

2. Romuáldez, A. M., Heasman, B., Walker, Z., Davies, J. y Remington, A. (2021). «People Might Understand Me Better»: Diagnostic Disclosure Experiences of Autistic Individuals in the Workplace. *Autism in Adulthood*.

3. Sasson, N. J. y Morrison, K. E. (2019). First impressions of adults with autism improve with diagnostic disclosure and increased autism knowledge of peers. *Autism*, *23*(1), 50-59.

4. https://www.distractify.com/p/jay-will-float-too-tiktok#:~:text=Source%3A%20TikTok-,Jay%20Will%20Float%20Too's%20Latest%20TikTok,Lesser%2DKnown%20Aspect%20of%20Autism&text=On%20July%2028%2C%20a%20TikTok,grappling%20with%20the%20sheer%20cuteness.

5. https://nicole.substack.com/p/a-little-bit-autistic-a-little-bit.

6. Richards, Z. y Hewstone, M. (2001). Subtyping and subgrouping: Processes for the prevention and promotion of stereotype change. *Personality and Social Psychology Review*, *5*(1), 52-73.

7. https://letsqueerthingsup.com/2019/06/01/fawning-trauma-response/.

8. Martin, K. B., Haltigan, J. D., Ekas, N., Prince, E. B. y Messinger, D. S. (2020). Attachment security differs by later autism spectrum disorder: A prospective study. *Developmental Science*, *23*(5), e12953.

9. Bastiaansen, J. A., Thioux, M., Nanetti, L., van der Gaag, C., Ketelaars, C., Minderaa, R. y Keysers, C. (2011). Age-related increase in inferior frontal gyrus activity and social functioning in autism spectrum disorder. *Biological Psychiatry, 69*(9), 832-838. doi:10.1016/j.biopsych.2010.11.007. Epub 2011 Feb 18. PMID: 21310395.

10. Lever, A. G. y Geurts, H. M. (2016). Age-related differences in cognition across the adult lifespan in autism spectrum disorder. *Autism Research, 9*(6), 666-676.

11. Bellini, S. (2006). The development of social anxiety in adolescents with autism spectrum disorders. *Focus on Autism and Other Developmental Disabilities, 21*(3), 138-145.

12. Crompton, C. J., Ropar, D., Evans-Williams, C. V., Flynn, E. G. y Fletcher-Watson, S. (2019). Autistic peer-to-peer information transfer is highly effective. *Autism*, 1362361320919286.

13. https://www.jacobinmag.com/2015/05/slow-food-artisanal-natural-preservatives/.

14. https://poweredbylove.ca/2019/08/19/why-everyone-needs-a-personal-mission-statement-and-four-steps-to-get-started-on-your-own/.

15. Adaptado de la entrada del blog anterior; las preguntas y las partes citadas son de Heather R. Morgan; los escritos/propuestas adicionales son obra mía.

16. Silberman, S. *NeuroTribes: The Legacy of Autism and the Future of Neurodiversity*. Nueva York: Penguin, 2015, cap. 5: «Princes of the Air».

17. http://cubmagazine.co.uk/2020/06/autistic-people-the-unspoken-creators-of-our-world/.

18. https://www.wired.com/2015/08/neurotribes-with-steve-silberman/.

19. https://www.cam.ac.uk/research/news/study-of-half-a-million-people-reveals-sex-and-job-predict-how-many-autistic-traits-you-have.

20. https://www.accessliving.org/defending-our-rights/racial-justice/community-emergency-services-and-support-act-cessa/; https://www.nprillinois.org/statehouse/2021-06-02/illinois-begins-to-build-mental-health-emergency-response-system.

21. https://www.imdb.com/title/tt2446192/.

22. Pramaggiore, M. (2015). «The taming of the bronies: Animals, autism and fandom as therapeutic performance». *Journal of Film and Screen Media, 9*.

23. Crompton, C. J., Hallett, S., Ropar, D., Flynn, E. y Fletcher-Watson, S. (2020). «I never realised everybody felt as happy as I do when I am around autistic people»: A thematic analysis of autistic adults' relationships with autistic and neurotypical friends and family. *Autism, 24*(6), 1438-1448.

24. Cresswell, L., Hinch, R. y Cage, E. (2019). The experiences of peer relationships amongst autistic adolescents: A systematic review of the qualitative evidence. *Research in Autism Spectrum Disorders, 61,* 45-60.

25. Encontrarás un resumen de los principales problemas que ha causado Autism Speaks en https://www .washingtonpost.com/outlook/2020/02/14/biggest-autism-advocacy-group-is-still-failing-too-many-autistic-people/.

Capítulo 8

1. Puedes leer este artículo sobre el célebre mensaje de interés público «Yo soy el autismo», difundido por Autism Speaks, en http://content.time.com/time/health/article/0,8599,1935959,00.html.
2. Oliver, Michael. *The Politics of Disablement*. Londres: Macmillan Education, 1990.
3. Si quieres leer un informe detallado de las distintas maneras en que se les ha negado sistemáticamente a las personas Sordas el acceso a la lengua de signos y a una escolarización accesible, te recomiendo Solomon, A. (2012). Lejos del árbol: historias de padres e hijos que han aprendido a quererse. Trad. Sergio Lledó y Joaquín Chamorro. Madrid: Debate, 2014
4. Uono, S. e Hietanen, J. K. (2015). Eye contact perception in the West and East: A cross-cultural study. *PloS One*, *10*(2), e0118094, https://doi.org/10.1371/journal.pone.0118094.
5. Grinker, R. R. (2021). *Nobody's Normal: How Culture Created the Stigma of Mental Illness*. Nueva York: Norton, 30.
6. Esteller-Cucala, P., Maceda, I., Børglum, A. D., Demontis, D., Faraone, S. V., Cormand, B. y Lao, O. (2020). Genomic analysis of the natural history of attention-deficit/hyperactivity disorder using Neanderthal and ancient Homo sapiens samples. *Scientific Reports*, *10*(1), 8622. https://doi.org/10.1038/s41598-020-65322-4.
7. Véase, por ejemplo: Shpigler, H. Y., Saul, M. C., Corona, F., Block, L., Ahmed, A. C., Zhao, S. D. y Robinson, G. E. (2017). Deep evolutionary conservation of autism-related genes. *Proceedings of the National Academy of Sciences*, *114*(36), 9653-9658. Y: Ploeger, A. y Galis, F. (2011). Evolutionary approaches to autism: An overview and integration. *McGill Journal of Medicine: MJM*, *13*(2).
8. https://www.un.org/development/desa/disabilities/disability-laws-and-acts-by-country-area.html.
9. https://www.americanbar.org/groups/crsj/publications/human_rights_magazine_home/human_rights_vol34_2007/summer2007/hr_summer07_hero/#:~:text=In%20Chicago%20in%201984%2C%20people,My%20name%20is%20Rosa%20Parks.%E2%80%9D.
10. https://www.chicagotribune.com/news/ct-xpm-1987-05-27-8702080978-story.html.
11. https://autisticadvocacy.org/wp-content/uploads/2016/06/Autistic-Access-Needs-Notes-on-Accessibility.pdf.
12. http://ada.ashdownarch.com/?page_id=428#:~:text=Any%20disabled%20person%20who%20encounters,statutory%20damages%20plus%20attorney's%20fees.
13. Si quieres leer un análisis completo de cómo cambiaron estas actitudes desde la Edad Media hasta la era industrial, te recomiendo Locura y civilización, de Andrew Scull, y los tres primeros capítulos de Nobody's Normal [Nadie es normal], de Roy Richard Grinker.
14. Mancini, T., Caricati, L. y Marletta, G. (2018). Does contact at work extend its influence beyond prejudice? Evidence from healthcare settings. *Journal of Social Psychology*, *158*(2), 173-186.

15. Cameron, L. y Rutland, A. (2006). Extended contact through story reading in school: Reducing children's prejudice toward the disabled. *Journal of Social Issues*, *62*(3), 469-488.

16. Kende, J., Phalet, K., Van den Noortgate, W., Kara, A. y Fischer, R. (2018). Equality revisited: A cultural meta-analysis of intergroup contact and prejudice. *Social Psychological and Personality Science*, *9*(8), 887-895.

17. https://mhanational.org/issues/2020/mental-health-america-access-care-data #adults_ami_no_treatment.

18. https://mhanational.org/issues/2020/mental-health-america-access-care-data #four.

19. https://www.publicsource.org/is-my-life-worth-1000-a-month-the-reality-of-feeling-undervalued-by-federal-disability-payments/.

20. https://www.specialneedsalliance.org/the-voice/what-happens-when-persons-living-with-disabilities-marry-2/.

21. https://www.ssa.gov/ssi/text-resources-ussi.htm.

22. https://www.vox.com/policy-and-politics/2017/5/30/15712160/basic-income -oecd-aei-replace-welfare-state.

23. Metzl, J. M. *The Protest Psychosis: How Schizophrenia Became a Black Disease.* Boston: Beacon Press, 2010.

24. https://psmag.com/education/america-keeps-criminalizing-autistic-children.

Conclusión

1. McAdams, D. y Adler, J. M. Autobiographical Memory and the Construction of a Narrative Identity: Theory, Research, and Clinical Implications, en Maddux, J. E. y Tagney, J. P. *Social Psychological Foundations of Clinical Psychology*. Nueva York: Guilford Press, 2010.

2. Véase McAdams, D. P., Josselson, R. E. y Lieblich, A. E. Identity and Story: Creating Self in Narrative. Washington, D. C.: *American Psychological Association*, 2006.

3. Adler, J. M., Kissel, E. C. y McAdams, D. P. (2006). Emerging from the CAVE: Attributional style and the narrative study of identity in midlife adults. *Cognitive Therapy and Research*, *30*(1), 39-51.

4. McAdams, D. y Adler, J. M. Autobiographical Memory and the Construction of a Narrative Identity: Theory, Research, and Clinical Implications, en Maddux, J. E. y Tagney, J. P. *Social Psychological Foundations of Clinical Psychology*. Nueva York: Guilford Press, 2010.

5. Cashin, A., Browne, G., Bradbury, J. y Mulder, A. (2013). The effectiveness of narrative therapy with young people with autism. *Journal of Child and Adolescent Psychiatric Nursing*, *26*(1), 32-41.

6. https://poweredbylove.ca/2017/11/09/your-values-diagram/.

Índice temático